合格革命

2024年度版

ビジ法

ビジネス実務法務検定試験®

3級テキスト&一問一答

ビジネス実務法務検定試験® 研究会

早稲田経営出版

TAC PUBLISHING Group

は し が き

　本書は、ビジネス実務法務検定試験®3級に短期間の学習で合格するために刊行されたものであり、以下のような特長を有しています。

1　**短期合格を達成するためには、満点を目指さない学習をすることが大切**です。

　　3級検定試験は、100点満点で70点以上を得点すれば合格できる試験であることを考慮すれば、短期合格のためにはメリハリのある学習をすることが必要であり、かつ、それで十分です。

　　そこで、本書では、過去の3級検定試験の本試験問題を徹底的に分析し、過去に一度も問われていない項目や、1～2回程度しか問われていない出題頻度の低い項目については、これをバッサリと切り捨てて、**出題頻度の高い項目（合格点を確実に取るために必要十分な項目）**のみを効率的に学習できるようにしました。

2　**各節の冒頭にA・B・Cの出題頻度を示すランクづけ**（Aがもっとも出題頻度の高いもの）**を明示**しましたので、時間がない方でも、A・Bの節を重点的に学習することにより、短期間で合格レベルに達することを可能にしました。

3　試験でよく問われる**キーワードやキーフレーズにはゴシック体を用いて**、メリハリのある学習ができるようにしました。

4　各章末に**一問一答トレーニングとして、出題頻度の高い過去の本試験問題と解答を掲載**しました。これにより、IBT、CBT試験において、選択肢の正誤を瞬時に判断する力が身につきます。

　日本経済は低迷を続け、ビジネスをめぐる環境は一段と厳しさを増しており、ビジネスパーソンが習得すべき法律知識は、より高度かつ実践的なものが要求される時代となっています。このような中、企業に必要不可欠な人材として生き残るためには、ビジネス実務法務検定資格が大きな武器となることは間違いありません。

　本書を利用される皆さまが、学習の省力化・効率化を図り、見事、ビジネス実務法務3級検定試験に短期で合格されることを願ってやみません。

2024年2月吉日　　　　　　　　　ビジネス実務法務検定試験®研究会

ビジネス実務法務検定試験®の概要

ビジネス実務法務検定試験®とは？

　企業が求める、ビジネスシーンで必要とされる実践的な法律知識を身に付けることができる試験です。現代社会では企業の継続的な活動のために、コンプライアンス（法令遵守）能力を身に付け、リスクを事前に認識し、回避・解決できることが一人ひとりに求められています。本検定試験の学習を通じて、その基礎となる実践的な法律知識を体系的・効率的に学び、能力を測定することができます。

学習のメリット

　ビジネス実務法務検定試験®を学習することによる主なメリットは、3つあります。

　1つ目は、企業が求めるビジネスパーソンに必要とされる実践的な法律知識を、効率的に身に付けられることです。民法・会社法（商法）を中心に、数多くの法律を学習するため、様々なビジネスシーンで生じ得るリスク等に機敏に反応することが可能となります。

　2つ目は、就職や転職、キャリアアップに役立つことです。元々、本検定試験は企業のニーズに応えて設立された試験ですので、当然、企業側の注目度も高くなっています。社内の推奨資格としたり、人事異動や採用時の参考資料として取り入れる企業も増えています。

　3つ目は、他の法律系資格取得へのステップアップとなることです。ビジネス実務法務検定試験®で出題される法律は、民法・会社法（商法）など、他の資格試験と重複する科目も多く、学習後に宅地建物取引士、行政書士、中小企業診断士、司法書士などの法律系資格を狙う場合には、とても有利なスタートをきることができます。

傾向と対策

　3級の出題範囲は多岐にわたりますが、**メインは、民法と会社法（商法）を中心とする第2章・第3章・第5章・第8章の部分**です。この部分だけで、配点にして60〜70点程度を占めています。中でも、**民法は50点以上を占める最重要科目**です。したがって、3級試験に合格するためには、まず、民法を重点的に学習すべきです。また、民法はすべての法律の基本となっているものですから、これをしっかりと学習すれば、法的思考力を習得でき、他の法律の学習もスムーズに進んで、合格点を獲得できる実力を着実に身に付けることができます。

　IBT試験（インターネット経由の試験）になってからは、全体的に問題文が従来よりも短く、コンパクトになりました。従来は、1ページに収まらないような長文問題が出題されることもありましたが、IBT試験になってからは、どの問題もパソコンの1画面に収まる分量となっています。

　解答にあたっては、従来ならばできた「問題用紙の余白に図を書いたり、キーワードに線を引く」といった作業が、IBT試験のもとではできなくなり、また、パソコン上のメモ機能は使えるものの、メモ用紙のようなものを用いることも認められませんので、これらの点に配慮して、問題文の短文化・軽量化を図ったものと思われます。

　以上の点に鑑みれば、**一問一答形式の問題演習を行うことは、従来以上に効果的な学習方法**であるといえます。本書各章末の一問一答形式の問題は、厳選された良問ばかりですので、繰り返し解いてください。

実受験者数・合格者数・合格率

	第48回	第49回	第50回	第51回	第52回	第53回	第54回
実受験者数	9,372人	6,461人	7,818人	6,261人	7,307人	7,344人	8,259人
合格者数	7,097人	5,639人	6,714人	5,427人	5,866人	3,511人	4,392人
合格率	75.7%	87.3%	85.9%	86.7%	80.3%	47.8%	53.2%

（注）2021年度（第49回）からIBT試験となりました。

試験概要について

　ビジネス実務法務検定試験®は2021年度からIBT（インターネット経由での試験）へ変わりました。IBTは受験者本人のコンピュータで受験する試験です。受験日時は受験者が選ぶことができ、プライバシーが配慮され受験に適した環境であれば、どこでも受験できます（○：自宅、会社等　×：公共スペース）。

　同時に、CBT（テストセンターのコンピュータを用いた試験）も恒久的に実施され、受験者はIBT・CBTを自由に選択できます。

試験期間	1年に2シーズン試験期間が設けられます。 ※2024年度は以下の通りです。 　第1シーズン：6月21日(金)〜7月8日(月) 　第2シーズン：10月25日(金)〜11月11日(月)
受験申込	インターネット受付のみ ※申込時には、電子メールアドレスが必要です。
申込期間	約10日間　※2024年度は以下の通りです。 　第1シーズン：5月17日(金)〜5月28日(火)　18：00 　第2シーズン：9月20日(金)〜10月1日(火)　18：00
受 験 料	5,500円（税込） ※CBTの場合は、CBT利用料2,200円（税込）が別途発生します。
受験資格	学歴・年齢・性別・国籍に制限はありません。
試験時間	90分 ※試験時間とは別に試験開始前に本人確認、受験環境の確認等が行われます。
合格基準	100点満点とし、70点以上をもって合格とします。
成績照会	試験終了後、即時採点された結果が画面に表示されます。

　受験申込及び試験の詳細については東京商工会議所検定センターホームページ、または東京商工会議所のビジネス実務法務検定試験®公式ホームページにてご確認ください。

東京商工会議所検定センターホームページ：https://kentei.tokyo-cci.or.jp/

ビジネス実務法務検定試験®公式ホームページ：https://kentei.tokyo-cci.or.jp/houmu/

本書の特長

　本書には、以下のような特長があります。読者の皆さまは、この特長を踏まえて本書をご利用ください。より一層学習効果を上げることができます。

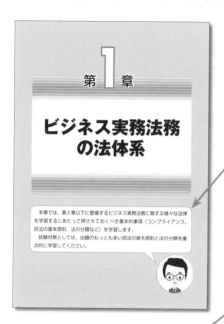

学習の指針

各章の冒頭で、試験の傾向や優先的に押さえるべき重要項目を明示して、学習の指針としています。

重要度

本番で出題が予想される重要事項については、重要度（出題可能性）の高い順にA・B・Cのランクを付けて、アクセントを付けた学習ができるようにしてあります。

この節で学習すること

本格的な学習に入る前に、その節で学習する内容の全体像をつかみ、あらかじめ知識を整理することで、効率的な学習ができます。

注意 ⚠

間違えて覚えがちなテーマについて注意を喚起し、ケアレス・ミスを防止します。

ココが出る!

本試験での頻出論点です。
ズバリココ！である箇所は波線でリンクさせてあります。

用 語

難解な法律用語を分かりやすい言葉で説明し、疑問を解消します。

語呂合わせ

覚えにくい重要ポイントや重要数字については、語呂合わせで整理し、暗記の助けとなるようにしています。

◀ 発 展 ▶

本文と関連する事項や実例、その他本文プラスαの説明をすることにより、理解を深めていただけます。

［右ページ見本 1（p.4）］

② 民法の基本原則

民法という法律は、次の4つの基本原則から成り立っています。

❶ **権利能力（権利・義務の主体となることができる法律上の資格）平等の原則**
すべての個人が平等な権利主体として扱われるという原則です。

❷ **私的自治の原則**
権利主体（個人・法人）は、私的な関係を自己の意思に基づいて自由に形成するとする原則です。
契約自由の原則（人は、契約をするかしないか、どのような内容の契約をするか等を自分の意思で自由に決めることができるという原則）は、私的自治の原則の内容のひとつです（第3章第1節参照）。
なお、私的自治の原則については、借地借家法の規定を初めとする強行法規（当事者が法律と異なる内容の取決めをしてもその効力を生じず、当事者の意思にかかわりなくその適用が強制される規定）によって、その修正がなされています。

❸ **所有権絶対の原則**
個人が物を全面的に支配する私有の権利（所有権）は、不可侵のものとして尊重され、他人によっても、国家権力によっても侵害されないとする原則です。
しかし、私有財産権は公共の福祉により制約される等、この原則も修正されています。

❹ **過失責任主義**
人は、たとえ他人に損害を与えても故意・過失がなければ損害賠償義務を負わないとする原則です。この過失責任主義は、私的自治の原則が不法行為の場面で現れたものといえます。
しかし、自動車損害賠償保障法、製造物責任法、各種の環境保全関係法等で無過失責任論の考え方を採用する等、この原則も修

4

［右ページ見本 2（p.126）］

語呂合わせ ▶手形・小切手の不渡りの場合の銀行取引停止処分

不渡りを出すと、すべてが無　　　に帰する。
6か月以内に2回目の不渡り

❾ **手形の不渡事由**
① 0号不渡事由
形式不備、裏書不備、呈示期間内に呈示されなかったこと等、主に手形所持人に原因のあるものです。振出人は支払いを拒絶しても不渡処分を受けることはありません。
② 1号不渡事由
資金不足や取引なしという振出人の一方的な責任を原因とするものです。この場合、不渡届が出され、振出人はこれに対し異議申立をすることはできません。
振出人は、不渡処分を免れるための手段として、手形所持人に直接依頼して取立銀行に手形を返却する旨申し入れてもらう（これを「依頼返却」という）ことがあります。
③ 2号不渡事由
契約不履行や詐欺、紛失、盗難、偽造、変造等手形自体に問題があって支払いを拒絶する場合です。この場合、振出人は、資金不足による不渡りではないことを明らかにするために、不渡手形の額面と同額の現金（これを「異議申立提託金」という）を提供して異議申立を行えば、不渡処分を受けません。

⓾ 手形・小切手を紛失した場合の処理

手形・小切手の所持人が手形・小切手を紛失したり、盗難に遭ったりした場合、その手形・小切手を第三者により善意取得されて、手形・小切手上の権利を失うのを防止するためには、除権決定を得ることが必要です。
除権決定とは、権利と証券の結び付きを解いて、証券を単なる紙切れにするための決定をいいます。手形・小切手を紛失したり

126

重要度

本番で出題が予想される重要テーマについては、その重要度（出題可能性）の高い順にA、B、Cのマークを付して、アクセントを付けた学習ができるようにしてあります。

出題の表記

過去の本試験の出題回および出題番号を示しました。
* 「44-4-ウ」（例）は「第44回試験・第4問・肢ウ」を意味しています。
* 「改」は、当該問題につき、法改正等に合わせた変更等や肢別化する際に必要な表現変更等を施してある旨の表示です。
* 過去に出題がないものの重要である論点については独自に問題を作成し、「オリジナル」と表記しました。

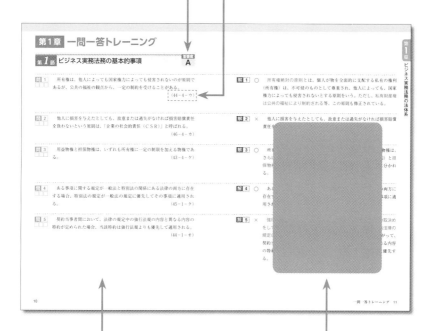

一問一答トレーニング

各章末に、頻出の本試験問題の選択肢と解答・解説を載せています。各章の学習の最後に解いてみましょう。何回も解いて、知識を確実に身につけましょう。

こたえかくすシート

付属のこたえかくすシートで解答・解説を隠しながら学習することができるので、とても便利です。

目　次

第 **1** 章

ビジネス実務法務の法体系

　本章では、第2章以下に登場するビジネス実務法務に関する様々な法律を学習するにあたって押さえておくべき基本的事項（コンプライアンス、民法の基本原則、法の分類など）を学習します。

　試験対策としては、出題のもっとも多い民法の基本原則と法の分類を重点的に学習してください。

この節で学習すること

1
ビジネス実務法務における基本用語

よく聞く言葉もありますが、ここで一つ一つ正確に意味を確認しておきましょう。

人はみな「平等」で「自由」であり、その「所有権は絶対」で、「過失がなければ責任なし」とされます。これが民法の4つの原則です。

2
民法の基本原則

権利には、物の所有権などの「物権」と、人へなにかを求める権利である「債権」があります。

3
権利とは

4
知的財産権とは

知的活動により生み出された財産を独占使用する権利を、「知的財産権」といいます。

5
法の分類

法律には様々な分類の仕方があります。もっとも出題されやすいのは「一般法」「特別法」です。

「訴訟の種類」「審級制度」「裁判所の種類」について学びます。

6
裁判所

❶ ビジネス実務法務における基本用語

❶ コンプライアンス

　コンプライアンス（Compliance）とは、一般に、法令等の遵守を意味し、これは、法令等のみを遵守すればよいわけではなく、その背景等にある法令等の趣旨や精神に沿った活動が求められているということです。

　法令等とは、法令（法律、政令、省令、条例等）、業界団体の自主的ルール、企業の内規、企業倫理、社会規範等をいいます。これに反した企業は、刑事的責任、民事的責任、行政処分等の不利益を受けることがあります。

❷ リスクマネジメント

　リスクマネジメント（Risk Management）とは、一般に、企業活動に支障をきたすおそれのある不確定な要素（**リスク**）を的確に把握し、その不確定要素の顕在化による損失の発生を効率的に予防する施策を講じるとともに、顕在化したときの効果的な対処方法をあらかじめ講じる、一連の経営管理手法をいいます。

◀ 発 展 ▶

リスクマネジメントは、一般に、①リスクの洗い出し、②リスクの分析、③リスクの処理、④結果の検証というプロセスを経て行われます。

❸ CSR

　CSR（Corporate Social Responsibility）とは、一般に、企業の社会的責任を意味し、企業が、利益の追求だけでなく、様々なステークホルダー（利害関係者）との関係で企業としての行動規範を策定し、これに従い適切に行動することを求める考え方のことをいいます。

　これに基づく企業活動の例として、環境保護に配慮した企業活動やボランティアなどの社会貢献活動を挙げることができます。

② 民法の基本原則

民法という法律は、次の4つの基本原則から成り立っています。

❶ 権利能力（権利・義務の主体となることができる法律上の資格）平等の原則

すべての個人が平等な権利主体として扱われるという原則です。

❷ 私的自治の原則

権利主体（個人・法人）は、私的な関係を自己の意思に基づいて自由に形成できるとする原則です。

契約自由の原則（人は、契約をするかしないか、どのような内容の契約をするか等を自分の意思で自由に決めることができるという原則）は、私的自治の原則の内容のひとつです（第3章第1節参照）。

なお、私的自治の原則については、借地借家法の規定を始めとする**強行法規**（当事者が法律と異なる内容の取決めをしてもその効力を生じず、当事者の意思にかかわりなくその適用が強制される規定）によって、その修正がなされています。

❸ 所有権絶対の原則

個人が物を全面的に支配する私有の権利（所有権）は、不可侵のものとして尊重され、他人によっても、国家権力によっても侵害されないとする原則です。

しかし、私有財産権は**公共の福祉**により制約される等、この原則も修正されています。

❹ 過失責任主義

人は、たとえ他人に損害を与えても**故意・過失**がなければ損害賠償義務を負わないとする原則です。この過失責任主義は、私的自治の原則が不法行為の場面で現れたものといえます。

しかし、自動車損害賠償保障法、製造物責任法、各種の環境保全関係法等で**無過失責任**論の考え方を採用する等、この原則も修

正がなされ、または否定がなされています。

③ 権利とは

人が契約などをすることによって取得する「権利」には、様々な分類の仕方がありますが、その分類の1つに、物権と債権という分類があります。

❶ 物権とは

① 特定の物を排他的・直接的に支配できる権利を、物権といいます。所有権がその代表例です。

② 所有権に一定の制限を加える物権を、**制限物権**といいます。
制限物権は、さらに、**用益物権**と**担保物権**とに分かれます。

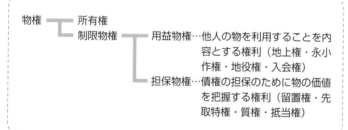

物権 ┬ 所有権
　　　└ 制限物権 ┬ 用益物権…他人の物を利用することを内容とする権利（地上権・永小作権・地役権・入会権）
　　　　　　　　　└ 担保物権…債権の担保のために物の価値を把握する権利（留置権・先取特権・質権・抵当権）

❷ 債権とは

特定の人に対して一定の行為を請求できる権利を、債権といいます。売買代金債権、貸金債権、請負代金債権などがその例です。

④ 知的財産権とは

権利には、物権と債権のほか、知的財産権と呼ばれる権利があります。知的財産権とは、個人や企業の知的活動により創出された財産を独占的に使用できる権利をいいます。

知的財産権には、特許権・実用新案権・意匠権・商標権・著作権・営業秘密等がありますが、この知的財産権と、物権および債

用　語

「地上権」とは、他人の土地において工作物または竹木を所有するため、その土地を使用できる権利をいいます。
「地役権」とは、設定行為で定めた目的に従い、他人の土地を自己の土地の便益に供することができる権利をいいます。

権とを総称して、「財産権」といいます。

❺ 法の分類

法は、様々な観点から、次のように分類できます。

ココが出る！

特に「一般法と特別法」「任意法規と強行法規」がよく出題されています。

用　語

「慣習」とは、人の行動様式のうち反復して繰り返されるものをいいます。

(1) **成文法と不文法**…法律が文章になっている（成文法）か否（不文法）か。
　　憲法・民法・刑法・商法等は、成文法にあたる。慣習法（**慣習**のうち法的効力を認められたもの）や判例法（裁判所の判決に含まれている法理のうち他の類似の事件についても繰り返し判断基準とされることにより法的効力を有するに至ったもの）等は、不文法にあたる。

(2) **一般法と特別法**…法の適用領域が限定されている（特別法）か否（一般法）か。
　　特別法は一般法に優先して適用される（たとえば、商人間の取引には、特別法である商法が一般法である民法に優先して適用される）。

(3) **任意法規と強行法規**…契約当事者間で法律の規定と異なる定めをするなど、当事者がそれに従う意思がないと認められるときは、その適用が強制されない法律の規定（任意法規）か、契約当事者がこれと異なる内容の取決めをしてもその効力を生じず、当事者の意思にかかわりなくその適用が強制される規定（強行法規）か。
　　所有権等の物権に関する規定に強行法規が多く存在し、契約や債権に関する規定に任意法規が多く存在する。

注意

ある法律の規定が任意法規か強行法規かの区別は実際には容易ではありませんが、強行法規の中には、強行法規である旨が法律上明示されているものもあります。

(4) **公法と私法**…規律を受ける当事者の双方または一方が国家機関（公法）か、双方とも私人（私法）か。
　　憲法・刑法・行政法等は公法にあたり、民法・商法等は私法にあたる。

(5) **民事法と刑事法**…民事裁判の基準となる（民事法）か、刑事裁判の基準となる（刑事法）か。
　　民法・商法・民事訴訟法等は民事法にあたり、刑法・刑事訴訟法等は刑事法にあたる。

(6) **実体法と手続法**…法律関係の内容を定めるもの（実体法）か、内容を実現するための手続を定めるもの（手続法）か。
　　民法・商法・刑法等は実体法にあたり、民事訴訟法・刑事訴訟法等は手続法にあたる。

◀ 発展 ▶

道路運送法は、白タク（車のナンバープレートが白地ベースの車でのタクシー営業行為）を禁止していますが、当該営業者と乗客との間の運送契約は無効とはなりません。

なお、法律の規定の中には、**取締規定（経済政策や行政目的に基づき国民に対してある行為を制限し、または禁止することを定める規定）**と呼ばれるものがあります。この取締規定に違反した

場合には、行政罰や許可の取消し等の制裁が科されることはありますが、契約などの私法上の行為の効力自体は否定されない（無効とはならない）ことに注意してください。

⑥ 裁判所

❶ 訴訟の種類

裁判所で扱う訴訟は、次のように分けられます。

① 民事訴訟…私人間の紛争の解決を目的とする訴訟。
② 刑事訴訟…犯罪を犯した人に刑罰を科すかどうかを決める訴訟。
③ 行政訴訟…行政権の行使等についての紛争の解決を目的とする訴訟。

なお、たとえば、売買契約が締結された場合において、売主が売買の目的物を引き渡そうとしないときに、買主が力ずくでその目的物を売主のもとから奪い取るような行為を**自力救済**といいますが、これは原則として禁止されており、権利の行使に対して相手方が応じない場合には、裁判所の手続を通じて権利を実現することが必要です。

> ■ココが出る！
> 自力救済は禁止されています。

❷ 審級制度

民事訴訟・刑事訴訟・行政訴訟のいずれについても、ある事件の裁判に対して不服がある場合には、より上級の裁判所に対して再審査を求める（**上訴**する）ことができます。

> 上訴 ┬ 控訴…第一審の判決に不服のある当事者が上級の裁判所に再審査を求めること
> 　　　└ 上告…第二審の判決に不服のある当事者が上級の裁判所に再審査を求めること

❸ 裁判所

裁判所には、最高裁判所・高等裁判所・地方裁判所・家庭裁判所・簡易裁判所の5種類があります。

① 地方裁判所…民事事件・刑事事件・行政事件を扱う。

② 家庭裁判所…家庭事件・少年の刑事事件を扱う。

③ 簡易裁判所…民事事件（訴訟額が140万円以下）・刑事事件（軽微な犯罪に関するもの）を扱う。

第1章 一問一答トレーニング

第1節 ビジネス実務法務の基本的事項

問 1 　所有権は、他人によっても国家権力によっても侵害されないのが原則であるが、公共の福祉の観点から、一定の制約を受けることがある。

(44-4-ウ)

問 2 　他人に損害を与えたとしても、故意または過失がなければ損害賠償責任を負わないという原則は、「企業の社会的責任（ＣＳＲ）」と呼ばれる。

(46-4-カ)

問 3 　用益物権と担保物権は、いずれも所有権に一定の制限を加える物権である。

(43-4-ケ)

問 4 　ある事項に関する規定が一般法と特別法の関係にある法律の両方に存在する場合、特別法の規定が一般法の規定に優先してその事項に適用される。

(45-1-ク)

問 5 　契約当事者間において、法律の規定中の強行法規の内容と異なる内容の特約が定められた場合、当該特約は強行法規よりも優先して適用される。

(44-1-オ)

解 1 ○　所有権絶対の原則とは、個人が物を全面的に支配する私有の権利（所有権）は、不可侵のものとして尊重され、他人によっても、国家権力によっても侵害されないとする原則をいう。ただし、私有財産権は公共の福祉により制約される等、この原則も修正されている。

解 2 ×　他人に損害を与えたとしても、故意または過失がなければ損害賠償責任を負わないという原則は、「過失責任主義」と呼ばれる。

解 3 ○　所有権に一定の制限を加える物権を制限物権といい、制限物権は、さらに、用益物権（他人の物を利用することを内容とする権利）と担保物権（債権の担保のために物の価値を把握する権利）とに分かれる。

解 4 ○　ある事項に関する規定が一般法と特別法の関係にある法律の両方に存在する場合、特別法の規定が一般法の規定に優先してその事項に適用される。

解 5 ×　強行法規とは、契約当事者が当該法律の規定と異なる内容の取決めをしてもその効力を生じず、当事者の意思にかかわりなく当該法律の規定の適用が強制される場合における当該規定をいう。したがって、契約当事者間において、法律の規定中の強行法規の内容と異なる内容の特約が定められた場合には、当該法律の規定が当該特約に優先する。

問 6 　裁判所に提起されたすべての訴訟は、私人と私人との間の法的紛争の解決を目的とする民事訴訟と、行政権の行使その他の公法上の権利関係についての争いを解決することを目的とする行政訴訟のいずれかに分けられる。 (43-1-イ)

問 7 　裁判所の判決に不服がある者が、より上級の裁判所に対して再審査を求めることを上訴という。 (43-8-コ)

解 6 ×　裁判所で扱う訴訟は、①民事訴訟（私人間の紛争の解決を目的とする訴訟）、②刑事訴訟（犯罪を犯した人に刑罰を科すかどうかを決める訴訟）、③行政訴訟（行政権の行使等についての紛争の解決を目的とする訴訟）に分けられる。

解 7 ○　裁判所の判決に不服がある者が、より上級の裁判所に対して再審査を求めることを上訴という。このうち、第一審の判決に不服のある当事者が上級の裁判所に再審査を求めることを控訴といい、第二審の判決に不服のある当事者が上級の裁判所に再審査を求めることを上告という。

第2章

取引を行う主体

本章では、取引を行う主体である人（自然人・法人）に関する基本的事項（制限行為能力者、代理、商人、商行為など）と会社の仕組みについて学習します。

試験対策としては、制限行為能力者、代理、会社（特に株式会社）の仕組みからの出題が多いので、これらに重点を置いて学習してください。

この節で学習すること

1 権利能力・意思能力・行為能力

権利をもつ能力、意思をもつ能力、行為をする能力です。誰にでもある「能力」もあれば、そうでない「能力」もあります。

一定の条件に当てはまる人を「行為をする能力がない人」として保護する制度です。

2 制限行為能力者

会社や財団などのことです。主にその設立の基準と分類について学習します。

3 法人

4 企業の取引活動と商法

商法と民法の規定の違いを押さえましょう。

5 商業登記制度

商業登記とは商人の営業に関して取引上必要な事項を広く公示するための制度です。

民法のヤマ場です。どのような制度なのか、全体像をしっかりつかみましょう。そのうえで成立要件や効果を押さえましょう。

6 代理制度

売買契約などの取引を行う主体（人）には、様々な能力が要求されます。民法で勉強する「能力」には、権利能力・意思能力・行為能力・事理弁識能力・責任能力等がありますが、ここでは、権利能力・意思能力・行為能力について説明します。

❶ 権利能力・意思能力・行為能力

(1)	**権利能力**…	**権利・義務の主体となることができる法律上の資格**をいう。 この権利能力は、自然人の団体（社団）や財産の集合（財団）にも認められる。
(2)	**意思能力**…	**自分の行った行為の結果を判断することができる精神的能力**をいう。 意思無能力者が行った契約などの行為は、**無効**である。
(3)	**行為能力**…	**契約などの行為を単独で有効に行うことができる精神的能力**をいう。 後述する制限行為能力者が行った契約などの行為は、原則として、**取り消すことができる**^(注)。

(注)　「取り消すことができる」とは、その契約などの行為は、一応有効であるが、一定の者が取り消すことによって、無効となるということです。これとは反対に、一定の者が「追認」をすると、その契約などの行為は、完全に有効となります。

注意
意思無能力者が行った行為は、取り消すことができるのではなく、初めから無効であることに注意しましょう。

注意
制限行為能力者が行った行為は、無効ではなく、取り消すことができることに注意しましょう。

❷ 制限行為能力者

制限行為能力者とは、恒常的に意思能力がなかったり、不十分であるとみられる者を定型化（画一化）したものであり、民法は、制限行為能力者がした行為について取消しを認めることにより、その財産の保護を図っています。

制限行為能力者としては、民法上、次の4種類の者が規定されています。

(1) **未成年者**…満18歳未満の者をいう。
未成年者が法律行為をするには、その保護者である法定代理人（親権者または未成年後見人）の同意を得なければならない。未成年者が法定代理人の同意を得ずにした行為は、原則として、未成年者自身または法定代理人が取り消すことができる。
ただし、①単に権利を得（贈与を受ける等）、または義務を免れる（債務を免除される等）行為、②法定代理人が目的を定め（学費等）、または定めないで処分を許した財産（小遣い等）の処分、③法定代理人から営業の許可を受けた場合の営業に関する行為は、未成年者が単独で有効に行うことができ、取り消すことはできない。
法定代理人は、取消権・追認権・同意権・代理権を有する。

(2) **成　年
被後見人**…精神上の障害によって事理弁識能力を欠く常況にある者で家庭裁判所の後見開始の審判を受けた者をいう。成年被後見人については、その保護者として、成年後見人が家庭裁判所により選任される。
成年被後見人がした行為は、日用品の購入その他日常生活に関する行為以外は、成年被後見人自身または成年後見人が取り消すことができる。
成年後見人は、取消権・追認権・代理権を有する。

(3) **被保佐人**…精神上の障害によって事理弁識能力が著しく不十分な者で家庭裁判所の保佐開始の審判を受けた者をいう。被保佐人については、その保護者として、保佐人が家庭裁判所により選任される。
被保佐人は、原則として、単独で契約などの法律行為ができるが、借財、**不動産の売買**、長期の賃貸借（宅地の場合は5年超、建物の場合は3年超）などの**重要な財産上の行為**を、保佐人の同意を得ずにしたときは、被保佐人自身または保佐人が取り消すことができる。
保佐人は、取消権・追認権・同意権を有するほか、審判により、当事者の選択した特定の法律行為について、被保佐人の申立てまたは同意を要件として、代理権を付与される。

(4) **被補助人**…精神上の障害によって**事理弁識能力が不十分**な者で、申立てと本人の同意を要件として家庭裁判所の補助開始の審判を受けた者をいう。被補助人については、その保護者として補助人が家庭裁判所により選任される。

被補助人は、原則として、単独で法律行為ができるが、審判により、当事者の選択した特定の法律行為については、被補助人の申立てまたは同意を要件として、その保護者である補助人に代理権または同意権（同意権の対象となるのは不動産の売買などの重要な財産上の取引の一部に限定される）が付与されるので、**補助人の同意を要する特定の法律行為を、被補助人が補助人の同意を得ずにした場合**には、被補助人自身または補助人が取り消すことができる。

〈制限行為能力者の種類〉

種類	意義	保護者
未成年者	満18歳未満の者	親権者または未成年後見人
成年被後見人	精神上の障害により事理弁識能力を欠く常況にある者で、家庭裁判所の後見開始の審判を受けた者	成年後見人
被保佐人	精神上の障害により事理弁識能力が著しく不十分な者で、家庭裁判所の保佐開始の審判を受けた者	保佐人
被補助人	精神上の障害により事理弁識能力が不十分な者で、家庭裁判所の補助開始の審判を受けた者	補助人

〈制限行為能力者の保護者の権限〉

制限行為能力者の種類	保護者の種類	保護者の権限			
		代理権	同意権	取消権	追認権
未成年者	親権者または未成年後見人	○	○	○	○
成年被後見人	成年後見人	○	×	○	○
被保佐人	保佐人	△(注)	○	○	○
被補助人	補助人	△(注)	△(注)	△(注)	△(注)

○：あり　×：なし

(注)　家庭裁判所の審判により、特定の法律行為について、保佐人
または補助人に権限が付与されます。その権限が付与された場
合のみ同意権等が認められます。

　　　未成年者の保護者である親権者等のように代理権を有する者
が、制限行為能力者を代理して契約をした場合、当該契約は完
全に有効であり、**当該保護者も制限行為能力者もその契約を取
り消すことはできません**。

ところで、取引を行う主体を「人」といいますが、人には、自
然人（人間）のほかに、会社などの法人があります。そこで、以
下においては、法人について説明することにします。

③ 法　人

❶　法人の設立についての基準

法人は、次のような基準によって設立されます。

①　準則主義

これは、法の定める要件が具備されていれば、当然に法人の
設立を認める主義をいいます。

会社、労働組合、弁護士会、一般社団法人、一般財団法人等
でこの主義がとられています。

②　認可主義

これは、法律の定める要件を具備し、主務官庁の認可を受け
ることによって法人が設立されるとする主義をいいます。

学校法人、医療法人、社会福祉法人、生活協同組合、農業協
同組合、健康保険組合等でこの主義がとられています。

③ 認証主義

　　これは、所轄庁の認証により法人が設立されるとする主義をいいます。特定非営利活動法人（NPO法人）、宗教法人等でこの主義がとられています。

④ 特許主義

　　これは、その法人の設立について根拠法の制定が必要とされる主義をいいます。特殊銀行（日本政策投資銀行、国際協力銀行）、独立行政法人（住宅金融支援機構、都市再生機構等）、地方住宅供給公社等でこの主義がとられています。

❷ 法人の分類

① **公法人と私法人**

　　公法人とは、国や法人格（権利能力）を持つ公共団体（地方公共団体、特殊法人）をいい、私法人とは、公法人以外の法人をいいます。

② **私法人の種類**

　イ **社団法人と財団法人**

　　社団法人とは、自然人の集合体である団体自身に権利能力が与えられたものをいい、財団法人とは、財産の集合に権利能力が与えられたものをいいます。

　ロ **公益法人と営利法人**

　　公益法人とは、学術、技芸、慈善その他公益を目的とする法人をいい、営利法人とは、営利事業を営むことを目的とする法人をいいます。

❸ 権利能力なき社団

　これは、法人と同じ働きをしていながら、法人格（権利能力）を持たない団体をいいます。法人格を取得していないマンション管理組合などがこれにあたります。

　権利能力なき社団は、権利主体性が認められないため、法人と異なり、社団名義で不動産の登記をすることはできないとされています。

　なお、町内会のような**地縁団体**については、市町村長の認可を

◀ **発 展** ▶

剰余金の分配を目的としない社団・財団について、その行う事業の公益性の有無にかかわらず、準則主義（登記）により簡便に法人格を取得することができるようにするため、「一般社団法人及び一般財団法人に関する法律」が定められています。この法律に基づいて設立された社団法人または財団法人を「**一般社団法人**」または「**一般財団法人**」といいます。

◀ **発 展** ▶

その目的が公益でも営利でもない法人もあり、たとえば、団体の構成員間の利益を図ることを目的とする法人もあります。このような法人を「**中間法人**」といいます。この中間法人と公益法人を併せて「**非営利法人**」と呼ぶこともあります。

用 語

「地縁団体」とは、町はまたは字の区域その他市町村内の一定の区域に住所を有する者の地縁に基づいて形成された団体をいいます。

得ることにより、その法人化が認められています。

❹ 特定非営利活動法人（NPO法人）

これは、特定非営利活動を行うことを主たる目的とする団体であって、特定非営利活動促進法により設立された法人をいいます。特定非営利活動法人（NPO法人）は、保健、医療または福祉の増進を図る活動等であって、不特定かつ多数のものの利益の増進に寄与することを主たる目的とするものについて設立することができます。

④ 企業の取引活動と商法

❶ 商人とは

商人とは、自己の名をもって（自分が権利・義務の主体となって）商行為を行うことを業とする者（営利の目的で継続的に同種の行為を反復して行う者）をいいます。

各種の会社（合名会社、合資会社、合同会社、株式会社）が商人の代表格であり、商人の行う取引については、民法のほか、商法が適用されます。

❷ 商行為とは

商行為には、次のものがあります。

ココが出る!

特に「一方的商行為については当事者双方に商法が適用される」ことを押さえてください。

◀ 発 展 ▶

絶対的商行為と営業的商行為を併せて「**基本的商行為**」と呼びます。
附属的商行為は、基本的商行為に対して「**補助的商行為**」とも呼ばれます。

①	**絶対的商行為**
	強度の営利性があるために誰が行っても常に商行為となるもの（売却して利益を得るための不動産や動産、有価証券の有償取得、取引所での取引など）
②	**営業的商行為**
	営業として反復的に営まれたときに商行為となるもの（賃貸して利益を得るための不動産や動産の有償取得、作業の請負、運送契約など）
③	**附属的商行為**
	商人が営業のためにする補助的な行為（営業資金の借入れなど）

④ **一方的商行為**

　一方の当事者にとってのみ商行為となるもの（たとえば、消費者が小売店で商品を購入する場合における小売店の商品の販売は、商人たる小売店にとってのみ商行為に該当する）
一方的商行為については当事者双方に商法が適用される。

❸ 取引に関する民法と商法の規定の違い

ココが出る！

民法と商法の規定の違いは、超頻出項目です。

	民　　法	商　　法
代理における顕名の要否 （P26参照）	必要	不要
債務者が複数存在する場合の債務の性質 （P203〜204参照）	分割債務（債務額を債務者の人数で頭割りする）	連帯債務（債務者全員が債務全額の責任を負う）
保証契約の性質（P202〜203参照）	原則として通常の保証	当然に連帯保証
	保証人には催告の抗弁権と検索の抗弁権あり	連帯保証人には両抗弁権なし
買主の検査・通知義務の有無（P86参照）	なし	あり
金銭消費貸借（P93参照）	無利息が原則	当然に利息付
委任契約（P103参照）	無償委任が原則	当然に 有償委任⁽注⁾
留置権が成立するための牽連性の要否(P207参照)	必要	不要

（注）　商人がその営業の範囲内において他人のために行為をしたときは、報酬の約定がなくても、相当な報酬を請求することができます。

⑤ 商業登記制度

　商業登記とは、商人の営業に関する取引上重要な事項を公示するために、商業登記簿になされる登記をいいます。

　商業登記簿は、株式会社についていえば、**本店所在地の登記所**に備え付けられています。

　登記事項としては、株式会社についていえば、会社の目的、商号、本店および支店の所在場所、会社の存続期間・解散事由、資

本金の額、発行可能株式総数、発行する株式の内容、取締役の氏名、代表取締役の氏名・住所等があります。

❶ 商業登記の効力

商業登記には、次のような効力があります。

ココが出る！

商業登記の効力については、特に「善意の第三者」に主張（対抗）できるかどうかという点を押さえてください。

①	一般的効力 — 消極的公示力	登記事項については、登記がない限り**善意の第三者**に主張できない。
	┗ 積極的公示力	登記があれば、原則として、**善意の第三者**に対しても、登記事項の存在を主張できる。

たとえば、会社が支配人（支店長、営業所長など）を解任した場合、解任後に支配人だった者が**善意の第三者**と取引をしたときは、解任の登記をしていない限り、会社は、その第三者に対して責任を負わなければなりません。

②	**特別な効力**
	イ 商号の譲渡は、**登記**をすることにより、これを第三者に対抗できる。
	ロ 会社は、その**本店所在地**において**設立の登記**をすることによって成立する。

③	**不実の登記**
	真実に反する登記（不実の登記）は、無効です。しかし、故意または過失により不実の登記をした場合には、登記事項が真実でないことを**善意の第三者**に対抗できません（悪意の第三者には対抗できます）。
	たとえば、会社が支配人として選任していない者を支配人として登記したとしても、その登記は無効ですが、**善意の第三者**には、登記された者が支配人でないことを対抗することができません。

注 意

登記事項について登記をしたとしても、第三者が正当な事由（災害による交通途絶など）によってその登記があることを知らなかったときは、当該善意の第三者には、登記した事項の存在を主張することができません。

❷ 商 号

① 商号自由の原則

原則として、商号は自由に選定できます。

② 商号単一の原則

一個の営業についての商号の数は、原則として一個に限られます。

ココが出る！

会社の商号は、会社設立時の登記事項の1つとされています。

③ 会社の商号

会社は、商号を**必ず登記**し、商号中に会社の種類（合名会社・合資会社・合同会社・株式会社）を示す文字を使用しなければなりません。

そして、会社でない者は、その名称または商号中に会社であることを示す文字を用いてはなりません。

④ **個人企業の商号**

個人企業は、商号を登記するか否かは**自由**です。

⑤ **同一・類似商号の使用禁止**

何人も、不正の目的をもって、他の商人であると誤認されるおそれのある商号を使用することは禁止されており、これに違反する行為により、営業上の利益を侵害され、または侵害されるおそれがある者は、侵害者に対し、その侵害の停止または予防を請求することができます。

◀ ココが出る!

商号の登記は、その商号が他人の既に登記した商号と同一であり、かつ、その営業所（会社にあっては、本店）の所在場所が当該他人の商号の登記にかかる営業所の所在場所と同一であるときは、することができません。

⑥ **不正競争防止法による商号の保護**

不正競争防止法によれば、広く認識されている自己の商号と同一あるいは類似の商号を第三者が無断で使用し、自己の商品・営業と混同を生じさせ、それによって営業上の利益が侵害されるおそれがある場合、当該第三者にその侵害の予防を請求することができます。

⑦ **名板貸人の責任**

自己の商号を使用して営業または事業を行うことを他人（名義借受人）に許諾した商人（会社）は、当該商人（会社）が当該営業または事業を行うものと誤認して当該他人と取引をした者に対し、当該他人と連帯して、当該取引によって生じた債務を弁済する責任を負います。この場合における自己の商号の使用を他人に許諾した者を「名板貸人」といいます。

❻ 代理制度

契約などの行為を他人（代理人）に代わって行わせ、その行為の効果（契約の成立による権利の取得など）を取得する制度を「代理」といいます。

次の図における①～③が代理の成立要件です。

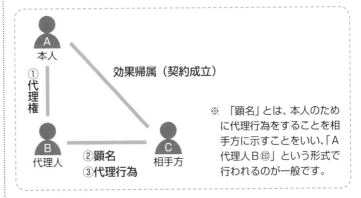

効果帰属（契約成立）

① 代理権

② 顕名
③ 代理行為

本人 A

代理人 B

相手方 C

※ 「顕名」とは、本人のために代理行為をすることを相手方に示すことをいい、「A 代理人B㊞」という形式で行われるのが一般です。

❶ 代理の種類

① 任意代理

委任（本人の意思）により代理権が発生する場合をいいます。

② 法定代理

法律により代理権が発生する場合（未成年者の法定代理人など）をいいます。

❷ 顕名がない場合の代理行為の効果

民法上は、顕名がない場合には、相手方において、代理人が本人のために代理行為をしていることを知っていたり（悪意）、または不注意で知らなかった（有過失）ときを除き、代理人自身のために行為をしたものと扱われます（本人に効果が帰属しない）。

なお、**商法上は、商人間の取引においては、顕名がなくても代理が成立する**（本人に効果が帰属する）とされています。

注 意 ⚠

委任状の交付があれば、通常、代理権の授与があったものと考えられますが、委任状の交付がなくても、原則として、代理権の授与は認められます。

◀ **発 展** ▶

代理と似た制度に**使者**がありますが、代理の場合は、代理人が意思決定をするのに対し、使者の場合は、本人が意思決定をする点で異なります。
また、**代表**とも異なります。すなわち、会社などの法人の代表者の行為は、法人の機関としてなされ、法人に代わってなされる代理行為とは異なります。
さらに、**問屋**（証券会社等）とも異なります。問屋の場合は、契約の効果がいったん問屋に帰属し、その後本人に移転します（間接代理）。
他人（本人）の計算で自分の名でする法律行為を、**間接代理**といいます。

ココが出る!

商人間の取引では顕名は不要です。

❸ 無権代理の効果

代理権を有しない者（無権代理人）が代理行為を行う場合を「無権代理」といいます。

無権代理が行われた場合の効果等を整理すれば、以下のとおりです。

①	**原則**…本人に効果が帰属しない（不確定的無効）。
②	**例外**…本人が**追認**すれば、契約時に遡って本人に効果が帰属する（有効に確定）。 無権代理人に対して追認がなされても、それを相手方が知れば、追認の効果を、本人は相手方に対して主張できる。 本人が**追認拒絶**をすれば、無効に確定する。 無権代理人に対して追認拒絶がなされても、それを相手方が知れば、追認拒絶の効果を、本人は相手方に対して主張できる。
③	**相手方に認められる権利** イ 催告権………相当の期間を定めて本人に対して追認するか追認拒絶をするか確答を求める権利。**善意・悪意を問わない。** 本人が確答しない場合は、**追認拒絶**とみなされる。 ロ 取消権………**善意の場合（有過失でもよい）。**本人が追認しない間に行使できる。 ハ 無権代理人に対する責任追及…**善意・無過失**（ただし、**無権代理人が自己に代理権がないことを知っていたときは、無過失であることは不要**）の場合。 履行請求または損害賠償請求のいずれかをなしうる。 ただし、無権代理人が制限行為能力者であるときは、無権代理人に対する責任追及はできない。

ココが出る！

特に「相手方に認められる権利」がよく出題されています。

❹ 代理権の濫用

代理人が自己または第三者の利益を図る目的で代理権の範囲内の行為をした場合、たとえば、Aから土地売却の代理権を与えられたBが、売却代金を自己の借金の返済に充てる目的で、Aの代理人としてCに土地を売却したような場合、相手方がその目的を知り（悪意）、または知ることができた（有過失）ときは、その行為は、代理権を有しない者がした行為（無権代理行為）とみなされます。

前例の場合、CがBの目的につき悪意または有過失の場合には、Bのした土地売却の効果は、Aには帰属しないことになります。

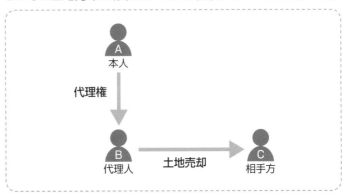

❺　表見代理

代理権を有しない者が代理行為を行った場合でも、表見代理が成立する場合には、本人の追認がなくても、その代理行為は初めから有効であり、本人に効果が帰属します。

表見代理が成立するためには、本人に帰責事由（帰責性）があること、相手方において無権代理人が代理権を有しないことにつき**善意・無過失**であること（正当の理由があること）が必要です。

民法は、表見代理が成立する場合として、次の5つの類型を規定しています。

① 　**代理権授与の表示による表見代理**

本人が代理人とされた者に対して実際には代理権を与えていないにもかかわらず、相手方に対してその者に代理権を与えた旨の表示がなされ、その者が代理行為を行った場合をいいます。

たとえば、AがBを代理人とする予定でBに委任状を交付したが、結局代理権を与えなかったところ、Bが当該委任状をCに呈示して代理行為をしたような場合が該当します。この場合、Cが善意・無過失であれば、代理行為の効果がAに帰属し、AC間に有効に契約が成立します。

注意

表見代理が成立するためには、相手方が「善意・無過失」でなければならないことを押さえてください。

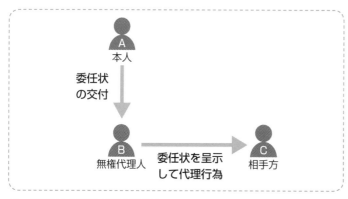

② 権限外の行為の表見代理

　代理人が本人から与えられた代理権の範囲を超えて代理行為を行った場合をいいます。

　たとえば、AがBに土地を賃貸する代理権を与えたところ、Bが土地をCに売却したような場合が該当します。この場合、Cが善意・無過失であれば（正当の理由があれば）、代理行為の効果がAに帰属し、AC間に有効に売買契約が成立します。

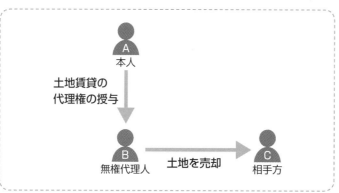

③ 代理権消滅後の表見代理

　かつて代理権を持っていた者が、代理権がなくなった後に代理行為を行った場合をいいます。

　たとえば、BがAから土地を売却する代理権を授与されていたが、その後破産して代理権が消滅したにもかかわらず、Aの代理人として土地をCに売却したような場合が該当します。この場合、Cが善意・無過失であれば、代理行為の効果がAに帰属し、AC間に有効に契約が成立します。

◀ 発 展 ▶

表見代理が成立した結果、本人に損害が生じた場合には、本人は、代理人と称して法律行為を行った者に対して不法行為または債務不履行として被った損害の賠償を請求することができます。

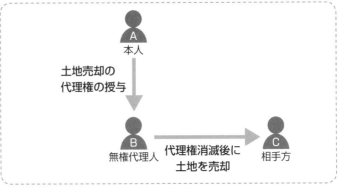

◀ 発 展 ▶

表見代理の類型である④と⑤については、「複合型の表見代理」と呼ぶこともあります。

④ 代理権授与の表示による表見代理と権限外の行為の表見代理の重畳適用

　　第三者に対して他人に代理権を与えた旨を表示した者は、その代理権の範囲内においてその他人が第三者との間で行為をしたとすればその責任を負うべき場合において、その他人が第三者との間でその代理権の範囲外の行為をしたときは、第三者がその行為についてその他人の代理権があると信ずべき正当な理由があるときに限り、その行為についての責任を負います。

　　これは、たとえば、Aから土地の賃貸に関する委任状の交付を受けてはいるが実際には賃貸の代理権を与えられていないBが、その委任状を呈示して、Aの代理人としてCに土地を売却したような場合が該当します。この場合、Cにおいて、Bに土地売却の代理権があると信ずべき正当な理由がある（善意・無過失）ときは、代理行為の効果がAに帰属し、ＡＣ間に有効に土地の売買契約が成立します。

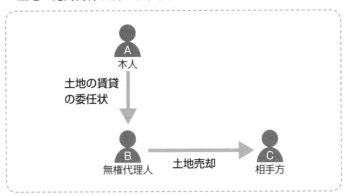

⑤ 代理権消滅後の表見代理と権限外の行為の表見代理の重畳適用

　他人に代理権を与えた者は、代理権の消滅後に、その代理権の範囲内においてその他人が第三者との間で行為をしたとすればその責任を負うべき場合において、その他人が第三者との間でその代理権の範囲外の行為をしたときは、第三者がその行為についてその他人の代理権があると信ずべき正当な理由があるときに限り、その行為についての責任を負います。

　これは、たとえば、BがAから土地を賃貸する代理権を授与されていたが、その後破産して代理権が消滅したにもかかわらず、Aの代理人として土地をCに売却したような場合が該当します。この場合、CにおいてBに土地売却の代理権があると信ずべき正当な理由がある（善意・無過失）ときは、代理行為の効果がAに帰属し、ＡＣ間に有効に土地の売買契約が成立します。

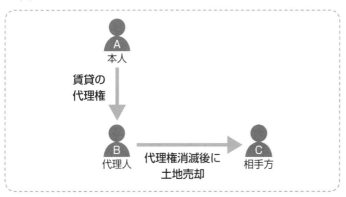

　なお、表見代理が成立する場合でも、相手方は、その主張をしないで、無権代理人との間でした契約を取り消したり、無権代理人に対して責任追及をすることができる（判例）点に注意してください。

❻ 自己契約・双方代理の禁止
　① 同一の法律行為について当事者の一方が相手方の代理人となることを**自己契約**といいますが、本人に不利益を与えるおそれがあるため、自己契約は禁止され、これに違反してなさ

れた場合には、本人に効果が帰属しません（無権代理となる）。

　もっとも、本人が追認をすれば、本人に効果が帰属します。また、本人があらかじめ自己契約を行うことにつき同意した場合にも、本人に効果が帰属します。

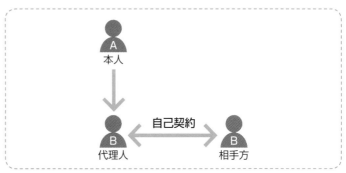

②　同一人が同一の法律行為の当事者双方の代理人を兼ねることを**双方代理**といいます。双方代理も、本人に不利益を与えるおそれがあるため、禁止され、これに違反してなされた場合には、本人に効果が帰属しません（無権代理となる）。

　もっとも、本人が追認をすれば、効果が本人に帰属します。また、本人があらかじめ双方代理を行うことにつき同意した場合にも、本人に効果が帰属します。

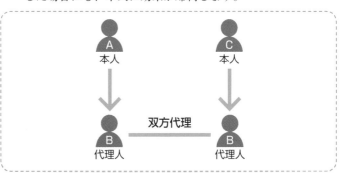

◀ 発 展 ▶

双方代理が認められる例としては、同一人が登記権利者（買主のように登記をすることにより直接に利益を受ける者）および登記義務者（売主のように登記をすることにより直接に不利益を受ける登記名義人）の双方の代理人となって、売主から買主への所有権移転登記の申請手続をする場合をあげることができます。

③　自己契約・双方代理であっても、債務の履行（たとえば、買主が売主に代金を支払う）および本人があらかじめ許諾した行為については、本人に不利益を与えるおそれがないため、禁止されません。

第2節 会社のしくみ

この節で学習すること

①会社の種類

①1 合名会社
「直接・無限・連帯責任」を押さえましょう。

「合名会社」と比較して、違いを押さえましょう。
①2 合資会社

「間接・有限責任」を押さえましょう。
①3 合同会社

①4 株式会社
「所有と経営の分離」を押さえましょう。

②株式会社

②1 株式会社の基本的なしくみ
やや抽象的でわかりにくいですが、「株式」の意味をしっかりつかむところから始めましょう。

「株主=会社の所有者」なので、株主にはいろいろな権利があります。
②2 株主と会社との関係

公開会社と大会社の定義を押さえましょう。
②3 株式会社の種類

②4 株式会社の機関
人間でいえば「頭脳」にあたるもので、とても重要です。しっかり学習をしましょう。

⑤ 監査等委員会設置会社
会社法では、いろいろな構造・機関設計の会社を作ることができます。そのひとつです。

これも機関設計のひとつです。特徴は、代表取締役ではなく代表執行役が置かれるところです。
⑥ 指名委員会等設置会社

日常用語でいう社員のことを会社法では「使用人（従業員）」と呼びます。3種類あります。
⑦ 会社の従業員

1 会社の種類

　会社とは、営利を目的とした社団法人をいい、合名会社・合資会社・合同会社・株式会社の4種類があります。

　合名会社・合資会社・合同会社を総称して「**持分会社**」といいます。持分会社は、株式会社と異なり、民法上の組合に近い企業形態であり、組合的規律に服します。すなわち、持分会社は、社員（出資者）が原則として自ら業務執行を行い、重要事項の決定は、原則として社員の全員一致で行います（所有と経営の一致）。したがって、持分会社では、株式会社と異なり、社員とは別に経営者（取締役等）を置くことを予定していません。

　また、合名会社・合資会社・合同会社は、「**人的会社**」（社員の個性が重視され、社員と会社との関係および社員相互間の関係が密接な会社）とも呼ばれ、「**物的会社**」（社員の個性が重視されず、社員と会社との関係および社員相互間の関係が希薄な会社）である株式会社と区別されます。

❶ 合名会社

　合名会社とは、社員の全員が、会社債務につき直接・無限・連帯責任を負っている会社をいいます。

　たとえば、会社が取引先に対して100億円の債務を負担している場合に、会社財産が50億円しかないときは、会社財産の全部を債務の弁済に充てても、なお50億円の会社債務が残ることになります。この場合に、残る50億円につき、社員の全員が、直接・無限・連帯責任を負うような会社を合名会社といいます。

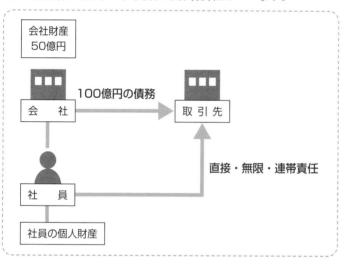

　「**直接**」とは、会社債権者から直接請求を受ければ、これに応じなければならないという意味であり、「**無限**」とは、会社債務が完済されるまで限度なく債務を負担するという意味です。そして、「**連帯**」とは、社員が複数いても、個々の社員が会社債務全額について責任を負うという意味です。

　このように合名会社においては、社員の責任が極めて重いため、会社の経営に無関心ではいられなくなります。それゆえ、各社員が、会社の業務を執行し、会社を代表する権限を有します（**所有と経営の一致**）。

◀ 発　展 ▶

人的会社である合名会社・合資会社・合同会社の社員の地位は、いずれも**持分**といいます。

なお、合名会社の社員の地位を**持分**といいますが、持分を他の者に譲渡するには原則として他の社員全員の同意が必要とされており、社員の交代が制限されているため、合名会社では、出資（持分）の払戻しを受けることにより退社をすること（社員の地位を失うこと）が認められています。

❷ 合資会社

合資会社とは、会社債務につき直接・無限・連帯責任を負う「**無限責任社員**」と、会社債務につき直接・有限・連帯責任を負う「**有限責任社員**」から構成されている会社をいいます。

無限責任社員の権利・義務は、合名会社の社員と同様ですが、有限責任社員は、会社債務につき、直接・連帯責任は負うものの、その出資額を限度とした有限の責任を負うにすぎない点で、無限責任社員と異なります。

❸ 合同会社

合同会社とは、会社債務につき間接・有限責任を負う社員のみからなる会社をいいます。

合同会社の内部関係については、組合的規律が適用され、定款の変更、社員の加入、持分の譲渡は、原則として社員全員の一致によるものとされ、**社員自らが会社の業務執行にあたります**。

❹ 株式会社

株式会社とは、会社に対して株式の引受価額を限度とした出資義務を負うのみで、会社債務につき会社債権者に対して直接の責任を負わない（**間接・有限責任**）社員（株主）のみから構成されている会社をいいます。

ただ、「間接・有限責任」といっても、実際には、株主は、株式の引受けの際に会社に対して出資義務を履行（株金の払込み）すれば、その後は、何らの義務も負うことはありません。

　株式会社にあっては、社員たる株主は、会社の実質的所有者ではありますが、通常、会社経営の意思もなければ、その能力もありませんので、会社の業務を執行したり、会社を代表する権限を有しません。それゆえ、業務執行については、株主総会において選任された取締役等に一任されます（**所有と経営の分離**）。

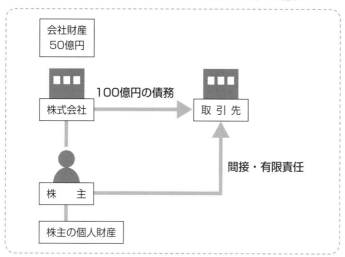

　なお、会社法上、有限会社を新たに設立することはできませんが、会社法が施行される前に存在していた有限会社は、会社法の施行後も「特例有限会社」として存続することができます。

〈4種の会社の比較〉

	合名会社	合資会社	合同会社	株式会社
社員の責任	直接・無限・連帯責任	直接・無限・連帯責任か直接・有限・連帯責任	間接・有限責任	間接・有限責任
会社の業務執行	各社員が行う	各社員が行う	各社員が行う	取締役等が行う
社員の地位の譲渡	制限される	制限される	制限される	原則として自由

ココが出る！

特に「社員の責任」の違いを押さえてください。

❷ 株式会社

　会社法は、端的にいえば、大規模な株式会社を想定して、どのようにすれば、会社は大きな利益（利潤）をあげることができるか、ということを定めた法律です。

　そこで、以下においては、株式会社のしくみについて、より詳しく説明することにします。

❶ 株式会社の基本的なしくみ

❶ 株主の地位

注　意 ⚠

資本の充実・維持の観点から、株主には出資の払戻しを受けることにより退社することは認められていません。

① 株式会社の社員の地位は、細分化された割合的単位の形をとり、これを「株式」といいます。株式の所有者を「株主」といいます。

② 株主は、原則として、その有する株式の内容および数に応じて会社から平等に扱われます（**株主平等の原則**）。

③ 株式の譲渡は、原則として自由です（**株式譲渡自由の原則**）。

④ 株主は、間接・有限責任を負うにすぎません。

❷ 所有と経営の分離

用　語

「取締役会設置会社」とは、取締役会を置く株式会社および会社法の規定により取締役会を置かなければならない株式会社をいいます。

　取締役会設置会社を例にとれば、株式会社の実質的所有者である株主は、株主総会において会社の根本的事項に関する意思決定をしますが、その他の会社の経営に関する意思決定は、取締役会に委ねられ、実際の業務執行行為は代表取締役に一任されます。そして、株主総会で選任した監査役に取締役の業務執行状況を監査させます（大会社には、さらに監査役会が置かれることがあります）。

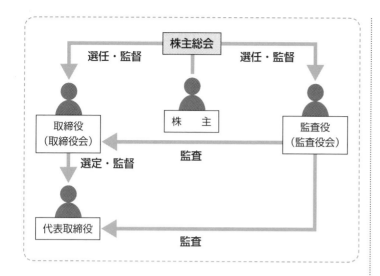

❸　資本制度（会社財産確保の基準）

　株式会社においては、社員たる株主は、間接・有限責任を負う
にすぎず、会社債権者に対しては何らの責任も負わないため、会
社債権者にとっては、債権の回収を図るうえで会社財産が唯一の
たよりとなります。そこで、株式会社においては、会社債権者保
護の要請から、会社財産確保の基準として資本制度が採用されて
います。

① **資本とは**

　資本とは、会社財産を確保するための基準となる一定の金額
をいいます。この意味の資本は、一般に資本金と呼ばれ、会社
の定款には記載されませんが、登記および貸借対照表により公
示されます。

② **資本充実・維持の原則**

　資本は、会社財産を確保するための基準となる一定の金額で
すから、その額が名目的に定まるだけでなく、資本額に相当す
る財産が現実に会社に拠出され、かつ、保有されなければなり
ません。これを「資本充実・維持の原則」といいます。

◀ **発　展** ▶

かつて存在した最低
資本金制度は、現在
は廃止されていま
す。その結果、資本
金の額を1円とする
株式会社の設立が可
能となり、また、既
存の株式会社も、資
本金の額の減少の手
続により、資本金の
額を1円とすること
が可能となっていま
す。ただ、これでは
会社債権者が害され
るおそれがありま
す。そこで、会社債
権者保護の観点か
ら、資本金の額にか
かわらず、純資産額
が300万円を下回る
場合には、剰余金が
あるときでも、これ
を株主に分配するこ
とはできないとする
規制が設けられてい
ます。

❷ 株主と会社との関係（株主の会社に対する権利）

　株主は、会社の実質的所有者ですから、会社に対して様々な権利を有します。

❶ 自益権と共益権

①　自益権とは、株主が出資者として会社から経済的利益を受けることを目的とする権利をいいます。

　　自益権には、主なものとして、次の権利があります。

イ　剰余金配当請求権

ロ　残余財産分配請求権

ハ　名義書換請求権

ニ　募集株式の割当てを受ける権利

ホ　新株予約権の割当てを受ける権利

ヘ　株式買取請求権

②　共益権とは、株主が会社の管理運営に参加することを目的とする権利をいいます。共益権のうち、議決権（株主総会に出席し、議題に対して賛否を表示する権利）以外の権利は、会社の管理運営が適法ないし妥当に行われない場合に株主の利益を保護するために認められる権利であり、監督是正権と呼ばれます。

❷ 単独株主権と少数株主権

①　単独株主権とは、1株しか有しない株主でも行使できる権利をいいます。

②　少数株主権とは、総株主の議決権の一定割合以上または一定数以上の議決権を有する株主だけが行使できる権利をいいます。

　　自益権はすべて単独株主権ですが、共益権には単独株主権と少数株主権とがあります。

　　ここで、以下に共益権についてのまとめの表を掲げておきましょう。

〈共益権〉

単独株主権	保有期間等の要件がないもの	①議決権 ②各種解散命令請求権 ③累積投票請求権 ④株主総会決議取消請求権 ⑤設立無効の訴え提起権 ⑥募集株式差止請求権 ⑦定款閲覧謄写権 ⑧計算書類閲覧謄写権 ⑨議事録閲覧謄写権 ⑩特別清算開始申立権
	6か月前より継続保有（公開会社のみ）	①代表訴訟提起権 ②取締役等の違法行為差止請求権
少数株主権	総株主の議決権の1％以上（公開会社である取締役会設置会社の場合は6か月前より継続保有も要件）	株主総会の招集手続等に関する検査役選任請求権
	公開会社の場合は総株主の議決権の1％以上か300個以上の議決権を6か月前より継続保有（公開会社でない取締役会設置会社の場合は保有期間の要件なし、取締役会設置会社でない場合は単独株主権）	議題提案権・議案の要領の通知請求権
	総株主の議決権の3％以上を6か月前より継続保有（公開会社でない場合は保有期間の要件なし）	株主総会招集権・株主総会招集請求権
	総株主の議決権の3％以上か発行済株式の3％以上を6か月前より継続保有（公開会社でない場合は保有期間の要件なし）	①役員解任の訴え ②清算人の解任請求権
	総株主の議決権の3％以上か発行済株式の3％以上を保有	①会計帳簿閲覧権 ②業務執行に関する検査役選任請求権
	総株主の議決権の10％以上か発行済株式の10％以上を保有	会社解散の訴え
	総株主の議決権の10％以上を保有	会社更生手続開始申立権

◀ ココが出る！ ▶

「議決権」「代表訴訟提起権」「取締役等の違法行為差止請求権」がよく出題されています。

◀ 発 展 ▶

取締役会非設置会社では、議題提案権・議案の要領の通知請求権は、単独株主権とされており、他の少数株主権についても、定款の定めにより、その行使要件を引き下げ、または単独株主権とすることができます。

◀ 発 展 ▶

近年、1人の株主が膨大な数の議案を提案するなど、株主提案権の濫用的な行使事例が発生し、株主総会が混乱する事態がありました。そこで、会社法は、取締役会設置会社の**株主が議案要領通知請求権を行使して提案することができる議案の数を10までとする**こととしています。

❸ 株式会社の種類

❶ 公開会社

公開会社とは、その発行する全部または一部の株式の内容として譲渡による当該株式の取得について株式会社の承認を要する旨の定款の定めを設けていない株式会社をいいます。これに対し、その発行する株式の全部について定款で譲渡制限を設けている会社を**非公開会社**といいます。

注意

「公開会社＝上場会社」ではないことに注意してください。公開会社にあたるか否かと株式の上場の有無とは無関係です。

❷ 大会社

大会社とは、次に掲げる要件のいずれかに該当する株式会社をいいます。

①　最終事業年度にかかる貸借対照表に資本金として計上した額が5億円以上であること。

②　最終事業年度にかかる貸借対照表の負債の部に計上した額の合計額が200億円以上であること。

❹ 株式会社の機関

ココが出る！

特に、取締役会の設置の要否、監査役の設置の要否を押さえてください。

機関とは、会社が法人として活動をするために不可欠の組織上の存在をいいますが、会社法が要求する機関設計は、次のとおりです。

①　すべての株式会社は、**株主総会**および1人または2人以上の**取締役**を置かなければなりません。

② 取締役会の設置は、原則として任意ですが、公開会社、監査役会設置会社、監査等委員会設置会社および指名委員会等設置会社の場合には、取締役会を置かなければなりません。

③ 監査等委員会設置会社および指名委員会等設置会社^(注)でない取締役会設置会社は、監査役を置かなければなりません。

さらに、公開会社である大会社（監査等委員会設置会社および指名委員会等設置会社を除く）は、監査役会も置かなければなりません。

ただし、大会社以外の非公開会社の場合には、会計参与を置けば、監査役を置くことを要しません。

(注) **監査等委員会設置会社**とは、監査等委員会を置く株式会社をいう。**指名委員会等設置会社**とは、指名委員会、監査委員会および報酬委員会を置く株式会社をいう。

④ 監査等委員会設置会社および指名委員会等設置会社には、監査等委員会または監査委員会が置かれるため、監査役を置くことはできませんが、会計監査人は置かなければなりません。

また、大会社の場合も、会計監査人の設置が必要です。

⑤ 監査等委員会設置会社および指名委員会等設置会社でない会社が会計監査人を置く場合には、監査役を置かなければなりません。

⑥ 会計参与は、すべての株式会社において任意に置くことができます。

❶ **株主総会**

① 株主総会は、株式会社における**意思決定**の**最高機関**です。

② 定時株主総会と臨時株主総会とがあり、どちらも原則として取締役が招集します。

ただし、取締役会設置会社の場合は、取締役会の決議に基づき代表取締役が招集します。

定時株主総会は、毎事業年度の終了後一定の時期に招集しなければなりませんが、臨時株主総会は、必要がある場合には、いつでも、招集することができます。

注意

株主総会における株主の議決権は、株式1株ごとに1個の議決権が与えられます（一株一議決権の原則）。

ココが出る！

ココが出る!

取締役会設置会社の場合を押さえましょう。

◀ **発 展** ▶

会社法は、株式会社が定款に電子提供措置をとる旨を定めることにより、株主から個別の承諾を得ていない場合であっても、株主総会資料を適法に提供したものとする「**株主総会資料の電子提供制度**」を創設しています

注 意

株主も当該株式会社の取締役に就任することができます。

③　株主総会は、会社法に規定する事項および株式会社の組織、運営、管理その他株式会社に関する一切の事項について決議をすることができますが、**取締役会設置会社**の場合、株主総会で決議できる事項は、**会社法および定款に定められた株式会社の基本的事項**（定款の変更、資本金の額の減少、会社の解散・合併・事業の譲渡、取締役・監査役・会計参与の選任・解任、取締役・監査役・会計参与の報酬の決定等）に限られます。

❷　取締役

①　意　義

取締役会を設置するか否かによって、取締役の意義・地位が異なります。

イ　**取締役会非設置会社**

取締役会非設置会社にあっては、取締役は、**株主総会によって選任**され、各取締役は、会社の業務執行を行う権限を有し、対外的に会社を代表する機関であり、必要的・常置機関です。

取締役の人数については1人でも足りますが、2人以上いるときは、原則としてその過半数で業務を決定します。また、代表取締役を選定したときは、その者が会社を代表します。

ロ　**取締役会設置会社**

取締役会設置会社にあっては、取締役は、**株主総会によって選任**され、取締役会を通じて会社の業務執行の意思決定を行うとともに、取締役の業務執行の監督をする者です。つまり、取締役は、取締役会の構成員にすぎず、取締役自身は、原則として会社の業務を執行し、または対外的に会社を代表することはできません。会社の業務を執行するのは、取締役会において取締役の中から選定される代表取締役または業務執行取締役であり、対外的に会社を代表するのは、代表取締役です。

ただし、後述する指名委員会等設置会社においては、取締役会決議により選任された執行役が会社の業務を執行し、取

締役会が執行役の中から選定した代表執行役が対外的に会社を代表します。

取締役会設置会社においては、取締役は、3人以上でなければならないとされています。

◀ ココが出る!

	取締役会非設置会社	取締役会設置会社
取締役の選任方法	株主総会で選任	株主総会で選任
取締役の権限	原則として業務執行権・代表権を有するが、代表取締役を選定したときは代表取締役が会社を代表する	業務執行権も代表権も有しない（業務執行は代表取締役または業務執行取締役が行い、代表取締役が会社を代表する）
取締役の人数	1人でもよい	3人以上

② 取締役と会社の関係

取締役と会社の関係は、民法上の委任または準委任の関係であり、取締役は、会社に対して善良な管理者としての注意義務（**善管注意義務**）を負います。そして、この会社に対して負う善管注意義務は、会社法上は、**忠実義務**（法令および定款ならびに株主総会の決議を遵守し、株式会社のため忠実にその職務を行う義務）として具体化されています。

③ 競業避止義務

ビールの製造販売の事業を営む甲株式会社の取締役Aが、自ら別のビール会社を設立してビールの製造販売の事業を始めるように、取締役が自己または第三者のために会社の事業の部類に属する取引(競業取引)を自由にできることにすると、会社の取引先を奪うなど会社の利益を害する危険が大きいといえます。

そこで、会社法は、取締役が競業取引をする場合には、株主総会（取締役会設置会社においては取締役会）において、その取引につき重要な事実（取引の相手方、目的物、数量、価額、取引期間、利益など）を開示して、その承認を受けなければならないものとしました。これを**競業避止義務**といいます。

◀ ココが出る!

用 語

「善管注意義務」とは、委任を受けた人の、職業、地位、能力等において、社会通念上要求される注意義務をいいます。

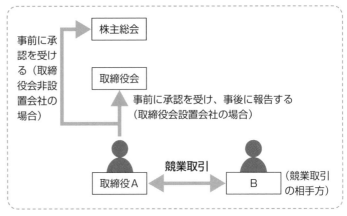

　なお、取締役会設置会社においては、競業取引をした取締役は、取締役会の承認の有無を問わず、その取引につき重要な事実を取締役会に報告しなければなりません。

④　**利益相反取引の制限**

　取締役が会社から金銭の貸付を受けたり、取締役個人の債務につきその取締役が会社を代表して連帯保証をする場合のように、取締役が会社の犠牲のもとで自己または第三者の利益を図るおそれがある取引を**利益相反取引**といいます。

　会社法は、取締役が利益相反取引を行う場合には、株主総会（取締役会設置会社においては取締役会）の承認を要することとしました。さらに、取締役会設置会社においては、利益相反取引を行った取締役は、取締役会の承認の有無にかかわらず、その取引についての重要な事実を取締役会に報告する義務を負います。

　利益相反取引には、次の2種類があります。

イ　**直接取引**

　直接取引とは、取締役が自ら当事者として（自己のために）、または他人の代理人もしくは代表者として（第三者のために）、会社と取引をすることをいいます。

　直接取引の例としては、以下の場合があります。

　a　取締役が会社から金銭の貸付を受ける場合

　b　取締役が会社から会社の製品その他の財産を譲り受ける場合

　　c　取締役が会社に対して自己の製品その他の財産を譲渡
　　する場合

ロ　間接取引

　　間接取引とは、会社と取締役以外の第三者との取引によ
り、取締役が利益を受け、会社が不利益を受ける取引をいい
ます。

　　たとえば、代表取締役Aが、第三者Bから10億円の貸付を
受ける際に、会社を自分個人の債務の連帯保証人とする連帯
保証契約を、会社を代表してBとの間で締結するような場合
が、間接取引に該当します。この場合、もしもAが10億円の
借金を返済しないときは、会社が連帯保証人として10億円を
Bに返済しなければならず、会社が返済すれば、Aは債務を
免れます。しかし、会社は明らかに損害を受けています。そ
れゆえ、この連帯保証契約は、会社と代表取締役Aとの利益
が相反する取引といえるのです。

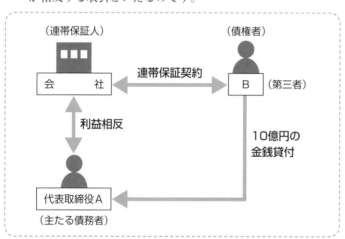

⑤　取締役の報酬

　　指名委員会等設置会社ではない場合、取締役の報酬は、定款
に取締役の報酬に関する事項が定められている場合には、それ
に従って決定されます。定款に定めがない場合には、株主総会
の決議によって決定されます。

⑥ 取締役の責任

イ 会社に対する責任

取締役が法令や定款の定めに違反する行為をするなど、その任務を怠り（原則過失責任）、会社に損害を与えた場合には、その取締役は、会社に対して損害賠償責任を負います。

この場合、当該行為が取締役会の決議に基づいて行われたときは、その**決議に賛成した取締役も連帯して損害賠償責任を負います**。

ロ 第三者に対する責任

取締役が故意または過失によって会社債権者等の第三者に損害を与えた場合には、その第三者に対して民法の不法行為責任を負い、その損害を賠償する責任を負います。

また、取締役がその職務を執行するについて、<u>悪意または重大な過失によって第三者に損害を与えた場合には</u>、その第三者に対してその損害を賠償する責任を負います。この場合、当該行為が取締役会の決議に基づいて行われたときは、その**決議に賛成した取締役も連帯して損害賠償責任を負います**。

ハ 株主代表訴訟

取締役がその任務を怠り（原則過失責任）、会社に損害を与えた場合、その取締役に対する責任追及は、本来、会社自身がすべきですが、会社がこの責任追及を怠っているときは、6か月前から引き続き株式を保有する株主（非公開会社の場合、6か月前から引き続き株式を保有する必要はない）等は、会社のために取締役の責任を追及する訴えを提起することができます。この責任追及の訴えを株主代表訴訟といいます。

さらに、子会社の監督および親会社の株主保護の観点から、一定の要件を満たす親会社の株主は、子会社の取締役などの責任を追及できる**多重代表訴訟**の制度があります。

❸ 取締役会

① 取締役会の意義・権限

取締役会は、取締役全員によって構成され、会社の業務執行

◀ 発 展 ▶

配当可能な利益がないのに、自己株式の取得・買取りまたは剰余金の配当がなされた場合、当該行為に関する職務を行った取締役は、その交付した金銭等の帳簿価額に相当する金銭を会社に支払う義務を負います。

ココが出る！

ココが出る！

注 意 ⚠

株主代表訴訟を提起するには、原則として、会社に対する提訴請求を経る必要があります。

◀ 発 展 ▶

取締役等の役員等の責任を追及する訴えが提起された場合等において、株式会社が費用や補償金を補償すること（会社補

の意思決定と取締役の職務執行の監督をする権限を有する機関です。取締役会の設置は、原則として任意ですが、公開会社においては必ず設置する必要があります。

取締役会（指名委員会等設置会社を除く）は、法令・定款により株主総会の決議事項とされた事項を除き、業務執行に関する重要事項につき決定する権限を有します。

取締役会の主な決議事項としては、次のものがあります。

イ　**重要な財産の処分および譲受け**

ロ　**多額の借財**

ハ　**支配人その他の重要な使用人の選任・解任**

ニ　支店その他の重要な組織の設置・変更・廃止

なお、**取締役会は、上記の事項その他の重要な業務執行の決定を取締役（代表取締役）に委任することはできない**ことに注意してください。

② **代表取締役**

代表取締役とは、対内的には会社の業務を執行し、対外的には会社を代表する権限を有する機関（指名委員会等設置会社でない取締役会設置会社では必要的機関）をいいます。

なお、**代表取締役であるというだけで、会社債務について当然に連帯保証債務を負担するというような直接的な責任を負うわけではない**ことに注意してください。

イ　**代表取締役の選定**

a　取締役会非設置会社では、原則として取締役が会社を代表します（取締役が2人以上ある場合には、各自、株式会社を代表します）ので、代表取締役を選定しなくてもかまいませんが、2人以上の取締役が存在する場合には、定款、定款の定めに基づく取締役の互選または株主総会決議によって、取締役の中から代表取締役を定めることができます。

代表取締役は、株式会社の業務に関する一切の裁判上または裁判外の行為をする権限を有し、**この代表取締役の権限に加えた制限は、善意の第三者に対抗することができません。**

償）についての必要な手続規定や会社補償をすることができる費用等の範囲に関する規定が設けられています。また、株式会社が役員等を被保険者とする会社役員賠償責任保険（Ｄ＆Ｏ保険）に加入するために必要な手続規定等も設けられています。

ココが出る！

ココが出る！

当然には責任を負わないことを押さえてください。

注意 ⚠

代表取締役が2人以上ある場合でも、各自は、単独で会社を代表して業務執行をすることができます。

ココが出る！

注 意 ⚠

指名委員会等設置会社では、取締役会で選定される代表執行役が業務執行権・代表権を有するため、代表取締役を設置することはできません。

◀ **発 展** ▶

条文上は第三者には善意しか要求されていませんが、判例は、**無重過失**をも要求しています。

b　取締役会設置会社（指名委員会等設置会社を除く）では、取締役会は、取締役の中から代表取締役を選定しなければなりません。

ロ　**表見代表取締役**

株式会社は、代表取締役以外の取締役に社長、副社長その他株式会社を代表する権限を有するものと認められる名称を付した場合には、当該取締役がした行為について、**善意の第三者**に対してその責任を負わなければなりません。この場合の取締役を**表見代表取締役**といいます。

たとえば、甲株式会社の平取締役（代表権を有しない取締役）Aが、社長、副社長、理事長、取締役会長等代表権を有するものと認められるような名称を使用して、甲株式会社を代表してBと取引をしたときは、取引の安全の観点から、Aを代表取締役と誤認したBを保護するため、その取引の効果は、甲株式会社に帰属することになります。

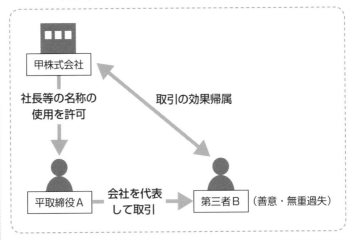

❹　会計参与

会計参与とは、取締役（指名委員会等設置会社にあっては、執行役）と共同して、計算書類、臨時計算書類、連結計算書類等を作成する機関であり、取締役や監査役と同様に株式会社の役員です。株式会社は、定款の定めによって、会計参与を置くことができます（会計参与を置く株式会社を会計参与設置会社といいます）。

会計参与は、公認会計士もしくは監査法人または税理士もしく

は税理士法人でなければならず、当該株式会社またはその子会社の取締役、監査役もしくは執行役または支配人その他の使用人は会計参与となることができません。

❺ 監査役

① 意 義

　　監査役とは、取締役（会計参与設置会社にあっては、取締役および会計参与）の職務の執行を監査する機関をいいます。

注意 ⚠
監査役には、公認会計士でなくても就任することができます。

　　監査役を置く株式会社（その監査役の監査の範囲を会計に関するものに限定する旨の定款の定めがあるものを除く）または会社法の規定により監査役を置かなければならない株式会社を監査役設置会社といいます。

　　なお、**監査役は、当該株式会社もしくはその子会社の取締役もしくは支配人その他の使用人または当該子会社の会計参与**（会計参与が法人であるときは、その職務を行うべき社員）**もしくは執行役を兼ねることができない**とされています。

◀ ココが出る！

　　監査役の人数は、原則として、1人でも複数でもかまいません。ただし、監査役会設置会社においては、監査役は**3人以上**で、そのうち半数以上は**社外監査役**（株式会社の監査役であって、その就任の前10年間当該株式会社またはその子会社の取締役、会計参与（会計参与が法人であるときは、その職務を行うべき社員）もしくは執行役または支配人その他の使用人となったことがないもの等一定の要件に該当するもの）でなければなりません。

◀ ココが出る！

② 選任・解任

　　監査役は、株主総会の普通決議で選任します。しかし、その解任には、株主総会の特別決議を要します。

③ 監査役の権限・義務

　　監査役の行う監査には、**業務監査**（取締役の職務執行の監査）と**会計監査**（計算書類の監査）とがありますが、非公開会社（監査役会設置会社および会計監査人設置会社を除く）においては、定款の定めにより、監査役の監査の範囲を会計監査に限定することができます。

なお、監査役の業務監査の範囲は、取締役の行為が法令・定款に違反するか否かという**適法性監査**にとどまり、取締役の行為が妥当か否かという**妥当性監査**にまでは及ばないと解されています。

　監査役の具体的な権限と義務について以下にまとめておきます。

ココが出る!

監査役の権限・義務はどれも重要です。

監査役の権限・義務	
報告聴取・調査権	監査役は、いつでも、取締役・会計参与・支配人その他の使用人に対して事業の報告を求め、会社の業務および財産の状況を調査することができる。
子会社調査権	監査役は、その職務を行うため必要があるときは、子会社に対して事業の報告を求め、子会社の業務および財産の状況を調査することができる。
報告義務	監査役は、取締役が不正の行為をしたり、当該行為をするおそれがあると認めるとき、法令・定款に違反する事実や著しく不当な事実があると認めるときは、遅滞なく、その旨を取締役（取締役会設置会社の場合は取締役会）に報告しなければならない。
取締役会出席義務・意見陳述義務	監査役は、取締役会に出席し、必要があると認めるときは、意見を述べなければならない。
取締役会招集請求権・取締役会招集権	監査役は、報告義務を負う場合に、必要があると認めるときは、取締役に対して取締役会の招集を請求することができる。 所定の期間内に取締役会の招集通知が発せられないときは、招集請求をした監査役は、自ら取締役会を招集することができる。
取締役の違法行為差止請求権	監査役は、取締役が会社の目的の範囲外の行為その他法令・定款に違反する行為をしたり、これらの行為をするおそれがある場合に、当該行為によって会社に著しい損害を生ずるおそれがあるときは、当該取締役に対し、当該行為をやめることを請求することができる。
会社・取締役間の訴訟提起権	会社と取締役との間の訴訟等においては、監査役が会社を代表する。

| 意見陳述権 | 監査役は、その選任・解任・辞任・報酬について、株主総会で意見を述べることができる。監査役を辞任した者は、辞任後最初に招集される株主総会に出席して、辞任した旨およびその理由を述べることができる。 |
| 監査役選任議案の同意権 | 取締役が監査役の選任に関する議案を株主総会に提出する場合には、監査役（監査役が2人以上いる場合はその過半数）の同意を得なければならない。 |

❻ 監査役会

監査役会とは、監査役の全員によって構成され、監査報告の作成、常勤の監査役の選定および解職、監査の方針、監査役会設置会社の業務および財産の状況の調査の方法その他の監査役の職務の執行に関する事項の決定を行う機関をいいます。

大会社（非公開会社および監査等委員会設置会社および指名委員会等設置会社を除く）には、監査役会を設置しなければなりませんが、その他の株式会社については、監査役会を設置するか否かは任意です（監査役会を置く株式会社または会社法の規定により監査役会を置かなければならない株式会社を監査役会設置会社といいます）。

❼ 会計監査人
① 意　義

会計監査人とは、株式会社の計算書類およびその附属明細書、臨時計算書類ならびに連結計算書類を監査する機関をいいます。

監査等委員会設置会社、指名委員会等設置会社および大会社には会計監査人の設置が義務づけられていますが、その他の会社についてはその設置は任意です。

なお、会計監査人は、取締役・監査役・会計参与と異なり、会社の役員ではありませんが、役員に準じた扱いを受けており、たとえば、**株主からの責任追及等の訴えにより、会社に対する責任を追及される**ことがあります。

注 意
大会社で公開会社の場合には、監査役会、監査等委員会または監査委員会のいずれかの設置が必要となります。

ココが出る！

ココが出る！

◀ 発 展 ▶

会計監査人を置く株式会社または会社法の規定により会計監査人を置かなければならない株式会社を「**会計監査人設置会社**」といいます。

② **会計監査人の資格・選任・解任**

　会計監査人は、公認会計士または監査法人でなければなりません。会計監査人は、株主総会の普通決議によって選任・解任されます。

❺ 監査等委員会設置会社

❶ 意 義

　監査等委員会設置会社とは、監査等委員会を置く会社をいいます。定款の定めによって、すべての株式会社は、監査等委員会設置会社となることができます。ただし、指名委員会等設置会社には、監査委員会が置かれるため、監査等委員会を置くことはできません。

❷ 構 成

　監査等委員会設置会社には、取締役会が置かれ、代表取締役が存在します。監査等委員会設置会社の業務を執行するのは、代表取締役または業務執行取締役であることから、執行役は置かれません。また、監査等委員会が置かれるため、**監査役および監査役会を置くことはできません**。ただし、**会計監査人は置かれる**ことに注意してください。

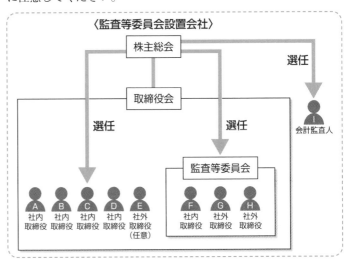

〈監査等委員会設置会社〉

❸ 監査等委員会設置会社における取締役・取締役会

① 取締役

「監査等委員である取締役」と「それ以外の取締役（社外取締役の設置は任意）」に区別されます。**監査等委員である取締役は、3人以上で、その過半数は、社外取締役でなければなりません。**

② 取締役会

監査等委員会設置会社における取締役会は、会社の業務執行のすべてを決定する権限を有します。

ただ、取締役会において機動的な意思決定をするためには、取締役会がすべての業務執行を決定するのは効率的でないため、一定の要件のもとで、重要な財産の処分および譲受け、多額の借財、支配人その他の重要な使用人の選任等の取締役会が決定しなければならない重要事項を除き、業務執行の決定を取締役に委任することができます。

③ 監査等委員会

監査等委員会は、取締役（会計参与設置会社にあっては、取締役および会計参与）の職務の執行の監査および監査報告の作成、株主総会に提出する会計監査人の選任および解任ならびに会計監査人を再任しないことに関する議案の内容の決定をする機関です。

⑥ 指名委員会等設置会社

❶ 意 義

指名委員会等設置会社とは、指名委員会、監査委員会および報酬委員会を置く株式会社をいいます。定款の定めによって、すべての株式会社は、指名委員会等設置会社となることができます。

❷ 構 成

指名委員会等設置会社には、指名委員会、監査委員会および報酬委員会のほか、会社の業務執行権限を有する**執行役**を1人または2人以上置かなければなりません。

指名委員会等設置会社には、取締役会は置かれますが、**代表取**

締役は置かれず、代わって**代表執行役**が置かれます。また、監査委員会が置かれるため、監査役および監査役会を置くことはできません。ただし、**会計監査人は置かれる**ことに注意してください。

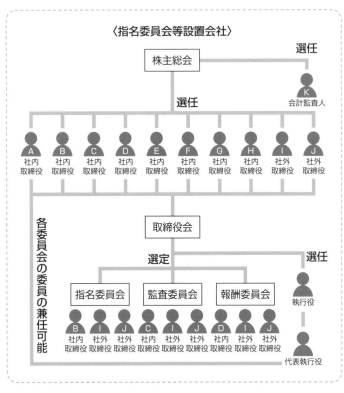

〈指名委員会等設置会社〉

❸ 指名委員会等設置会社における取締役・取締役会

① 取締役

指名委員会等設置会社の取締役は、**会社法または会社法に基づく命令に別段の定めがある場合を除き、指名委員会等設置会社の業務を執行することができません**。これは、業務執行を行う執行役と業務執行を監督する取締役とに区別して、取締役に業務執行の監督に専念させる趣旨です。ただし、**取締役は、執行役を兼任することができます**（なお、監査委員である取締役は執行役を兼任できません）ので、執行役を兼任する取締役は、執行役の地位に基づいて業務を執行することができます。

② **取締役会**

指名委員会等設置会社における取締役会は、会社の業務執行のすべてを決定する権限を有します。

ただ、取締役会において機動的な意思決定をするためには、取締役会がすべての業務執行を決定するのは効率的でないため、**経営の基本方針の決定、執行役の選任等の取締役会が決定しなければならない重要事項を除き、業務執行の決定を執行役に委任することができます。**

③ **各委員会**

各委員会は、それぞれ、その過半数が社外取締役である３人以上の取締役によって構成され、各委員は、取締役会の決議によって選定されます。

　イ　**指名委員会**

指名委員会は、株主総会に提出する取締役（会計参与設置会社にあっては、取締役および会計参与）の選任および解任に関する議案の内容を決定する機関です。

　ロ　**監査委員会**

監査委員会は、執行役等（執行役および取締役をいい、会計参与設置会社にあっては、執行役、取締役および会計参与をいう）の職務の執行の監査および監査報告の作成、株主総会に提出する会計監査人の選任および解任ならびに会計監査人を再任しないことに関する議案の内容の決定をする機関です。

　ハ　**報酬委員会**

報酬委員会は、執行役等（執行役および取締役をいい、会計参与設置会社にあっては、執行役、取締役および会計参与をいう）の個人別の報酬等の内容を決定する機関です。

④ **執行役・代表執行役**

　イ　**執行役**

執行役は、取締役会の決議によって委任を受けた指名委員会等設置会社の業務の執行の決定および指名委員会等設置会社の業務の執行を行う機関です。

ココが出る！

注意

報酬委員会は、すべての従業員が受ける個人別の賃金の額を定めたりはしないことに注意してください。

ロ　代表執行役

　　取締役会は、執行役の中から代表執行役を選定しなければ
なりません。この場合において、執行役が１人のときは、そ
の者が代表執行役に選定されたものとされます。代表執行役
は、指名委員会等設置会社の業務に関する一切の裁判上また
は裁判外の行為をする権限を有します。

❼ 会社の従業員

　会社法は、会社の従業員（会社の使用人）として、①支配人、
②事業に関するある種類または特定の事項の委任を受けた使用
人、③物品の販売等を目的とする店舗の使用人の３種類を規定し
ています。

❶　支配人
①　意　義

　　支配人とは、会社に代わってその事業に関する一切の裁判上
または裁判外の行為をする権限（包括的代理権）を有する者を
いいます。具体的には、支配人・支店長・営業所長といった肩
書の者がこれにあたります。

　　株式会社の場合には、支配人は、**取締役（取締役会設置会社
では取締役会）が選任・解任**します。

②　支配人の権限

　　支配人は、会社の事業に関し包括的代理権を与えられた者で
あり、他の使用人の選任・解任権も有します。

　　支配人の代理権に加えた制限は、善意の第三者に対抗するこ
とはできません。

③　支配人の義務

　　支配人は、会社の許可を受けなければ、次の行為をすること
ができません。

イ　**自ら営業を行うこと（営業禁止義務）**

ロ　**自己または第三者のために会社の事業の部類に属する取引
をすること（競業避止義務）**

注　意 ⚠
支配人は、株主総会
で選任されるわけで
はないことに注意し
てください。

ココが出る！

ココが出る！
特に「営業禁止義務」
が重要です。

ハ　他の会社または商人の使用人になること（**営業禁止義務**）

ニ　他の会社の取締役、執行役または業務を執行する社員となること（**営業禁止義務**）

　　支配人に営業禁止義務が課せられた趣旨は、支配人には会社との雇用契約に基づいて包括的代理権が与えられているため、その精力を分散させずに集中して、会社の事業に専念させる点にあります。なお、営業禁止義務は、精力分散防止義務ともいいます。

④　**表見支配人**

　　表見支配人とは、支配人としての権限を有しないにもかかわらず、会社の本店または支店の事業の主任者であることを示す名称(支配人、支店長、営業所長等)を付された使用人をいいます。

　　会社の本店または支店の事業の主任者であることを示す名称を付した使用人（表見支配人）は、相手方が悪意であったときを除き、当該**本店または支店の事業に関し、一切の裁判外の行為をする権限を有するもの**とみなされます。

ココが出る!

❷　**事業に関するある種類または特定の事項の委任を受けた使用人**

　これは、事業に関するある種類または特定の事項、たとえば、販売、仕入、貸付などに関する代理権を与えられた使用人をいいます。部長、課長、係長、主任などがこれにあたります。

　これらの使用人は、代理権が与えられた種類または事項については、**一切の裁判外の行為をする権限**（代理権）を有しており、会社がこれに制限を加えても、善意の第三者に対抗することはできません。

ココが出る!

❸　**物品の販売等を目的とする店舗の使用人**

　デパートやブティックなどの物品の販売等を目的とする店舗の使用人は、その店舗内にある物品の販売等をする権限（代理権）を有するものとみなされます（**代理権の擬制**）。

　ただし、当該店舗の使用人がそのような権限を有していないことにつき悪意の相手方は保護されず、代理権は擬制されません。

ココが出る!

第2章 一問一答トレーニング

第 1 節 権利・義務の主体

重要度 A

問 1　権利能力は、自然人に認められるだけでなく、自然人の団体や財産の集合にも認められ得る。　　　　　　　　　　　　　　　　　　　（43-4-ウ）

問 2　民法上、成年被後見人は、日用品の購入その他日常生活に関する行為も含め、あらゆる行為を単独で有効に行うことができず、成年被後見人が単独で行ったすべての法律行為を取り消すことができる。　　　　（45-8-ア）

問 3　被保佐人が、保佐人の同意を得て、第三者との間で自己の所有する不動産を当該第三者に売却する旨の売買契約を締結した。この場合、被保佐人は、制限行為能力者であることを理由として当該売買契約を取り消すことはできない。　　　　　　　　　　　　　　　　　　　　　　　（42-8-カ）

問 4　被補助人Fは、家庭裁判所の審判に基づき補助人Gに同意権を付与された法律行為を、Gの同意を得ずに行った場合、その法律行為を取り消すことができる。　　　　　　　　　　　　　　　　　　　　　（41-6-オ-d）

問 5　未成年者Xは、家電販売店Yで大型液晶テレビを購入するにあたり、法定代理人Zの同意を得られなかったため、自己を成年者であると偽るなどの詐術を用い、これを信じたYとの間で売買契約を締結した。この場合、XおよびZは、ともに当該売買契約を取り消すことができない。

（44-4-キ）

解1 ○　権利能力（権利・義務の主体となることができる法律上の資格）は、自然人に認められるだけでなく、自然人の団体（社団）や財産の集合（財団）にも認められ得る。

解2 ×　成年被後見人がした行為は、日用品の購入その他日常生活に関する行為以外は、成年被後見人自身または成年後見人が取り消すことができる。したがって、日用品の購入その他日常生活に関する行為は、取り消すことができない。

解3 ○　被保佐人が、第三者との間で自己の所有する不動産を当該第三者に売却する旨の売買契約を締結するなど、重要な財産上の行為をするには、保佐人の同意が必要である。そして、被保佐人が保佐人の同意を得ずに重要な財産上の行為をしたときは、被保佐人自身または保佐人が取り消すことができる。本問の場合、被保佐人は、保佐人の同意を得て当該売買契約を締結しているので、被保佐人は、制限行為能力者であることを理由として当該売買契約を取り消すことはできない。

解4 ○　被補助人については、審判により、当事者の選択した特定の法律行為について、被補助人の申立てまたは同意を要件として、その保護者である補助人に同意権が付与されるが、補助人の同意を要する特定の法律行為を、被補助人が補助人の同意を得ずにした場合には、当該被補助人または補助人は、これを取り消すことができる。

解5 ○　未成年者がその法定代理人の同意を得ないでした行為は、取り消すことができるのが原則であるが、当該未成年者が自己を成年者であると偽るなどの詐術を用いたときは、当該行為を取り消すことができない。

問 6 　消費者Xは、Y社が経営するコンビニエンスストアでサンドイッチを購入した。この場合、Y社がXにサンドイッチを販売する行為のみが商行為に該当し、Y社の行為についてのみ商法が適用される。　　（46－1－カ）

問 7 　商業登記をなすべき事項についてその登記がなされていれば、交通途絶などの正当な事由により登記事項を知らなかった者を除き、善意の第三者に対しても、登記した事項の存在を主張することができる。（44－8－エ）

問 8 　株式会社においては、どのような商号とするかは原則として自由であり、商号の中に「株式会社」と表示する必要はない。　　　　（42－1－キ）

問 9 　Xは、Y社から、Z社の製品を購入する代理権を付与されていないのに、Y社の代理人と称してZ社との間で製品を購入する旨の売買契約を締結した。この場合において、Y社が本件売買契約を追認したときは、本件売買契約の効果は、XがZ社との間で本件売買契約を締結した時に遡って帰属するのではなく、追認した時からY社に帰属する。（46－10－エ－①）

問 10 　Xは、Y社から、Z社の製品を購入する代理権を付与されていないのに、Y社の代理人と称してZ社との間で製品を購入する旨の売買契約を締結した。この場合において、Z社は、Xに製品を購入する代理権がないことを知っていたときは、本件売買契約につき、Y社に対して、相当の期間を定めて追認するか否かを催告することはできない。　（46－10－エ－②）

解 6 ×　Y社がXにサンドイッチを販売する行為は、一方的商行為（一方の当事者にとってのみ商行為となるもの）となるが、一方的商行為については、当事者双方に商法が適用されるため、Xが、Y社が経営するコンビニエンスストアでサンドイッチを購入する行為についても商法が適用される。

解 7 ○　商業登記には積極的公示力があり、商業登記をなすべき事項についてその登記がなされていれば、交通途絶などの正当な事由により登記事項を知らなかった者を除き、善意の第三者に対しても、登記した事項の存在を主張することができる。

解 8 ×　会社は、商号を必ず登記し、商号中に会社の種類（合名会社・合資会社・合同会社・株式会社）を示す文字を使用しなければならない。したがって、株式会社の場合は、商号中に「株式会社」と表示する必要がある。

解 9 ×　本問におけるXの行為は無権代理行為に該当する。無権代理行為が行われた場合、本人が当該行為を追認すれば、契約時に遡って本人にその行為の効果が帰属する（有効に確定する）。したがって、Y社が本件売買契約を追認したときは、本件売買契約の効果は、XがZ社との間で本件売買契約を締結した時に遡ってY社に帰属する。

解 10 ×　無権代理行為が行われた場合、その相手方は、善意・悪意にかかわらず、本人に対し、当該行為を追認するかどうかを催告することができる。したがって、Z社は、Xに製品を購入する代理権がないことを知っていたときでも、本件売買契約につき、Y社に対して、相当の期間を定めて追認するか否かを催告することができる。

問 11　　Xは、Y社から、Z社の製品を購入する代理権を付与されていないの
に、Y社の代理人と称してZ社との間で製品を購入する旨の売買契約を締
結した。この場合において、Z社は、Xに製品を購入する代理権がないこ
とを知っていたときは、無権代理を理由に本件売買契約を取り消すことが
できない。　　　　　　　　　　　　　　　　　　　　　　（46-10-エ-③）

問 12　　Xは、Y社の代理人として、Z社との間で、Z社の製品を購入する旨の
売買契約を締結するにあたり、Y社のためにすることをZ社に示さずに、
本件売買契約を締結した。この場合、Z社が、XがY社のために本件売買
契約を締結したことを知っていたとしても、本件売買契約の効果はY社に
帰属しない。　　　　　　　　　　　　　　　　　　　　　（46-10-エ-④）

第2節　会社のしくみ　　　重要度 A

問 1　　株主が、その所有する株式の内容および数に応じて、会社から他の株主
と平等に扱われることを株主平等の原則という。　　　　　　（41-1-キ）

問 2　　株式会社の株主は、原則として、その所有する株式を自由に譲渡するこ
とが認められている。これを株式譲渡自由の原則という。　　（45-1-イ）

問 3　　会社法上、株主総会においては、持株数の多寡にかかわらず、株主1人
につき1個の議決権が与えられている。　　　　　　　（41-10-オ-③改）

問 4　　会社法上の公開会社ではない株式会社は、株主総会の設置を義務付けら
れていない。　　　　　　　　　　　　　　　　　　　　（41-10-オ-④）

解11 ○　無権代理行為が行われた場合、その相手方は、善意であれば、本人が追認しない間は、当該無権代理にかかる契約を取り消すことができる。したがって、Z社は、Xに製品を購入する代理権がないことを知っていたのであるから、無権代理を理由に本件売買契約を取り消すことができない。

解12 ×　民法上は、顕名がない場合には、相手方において、代理人が本人のために代理行為をしていることを知っていたり（悪意）または不注意で知らなかった（有過失）ときを除き、代理人自身のために行為をしたものと扱われる（本人に効果が帰属しない）。したがって、Z社は、XがY社のために本件売買契約を締結したことを知っていたのであるから、本件売買契約の効果はY社に帰属する。

解1 ○　株主が、その所有する株式の内容および数に応じて、会社から他の株主と平等に扱われることを株主平等の原則という。

解2 ○　株主は、原則として、その所有する株式を自由に譲渡することができる（株式譲渡自由の原則）。

解3 ×　株主は、原則として、その有する株式の内容および数に応じて会社から平等に扱われる（株主平等の原則）。このことから、株主は、株主総会において、原則として、その有する株式1株につき1個の議決権を有するものとされている。その持株数の多寡にかかわらず、株主1人につき1個の議決権が与えられているわけではない。

解4 ×　すべての株式会社は、株主総会を設置しなければならない。公開会社であるか否かは問わない。

問 5 会社法上、取締役会設置会社の株主総会の決議事項は、会社法や定款に定められた株式会社の基本的事項に限られず、あらゆる事項について決議することができる。　　　　　　　　　　　　　　　　　　　（41-10-オ-①）

問 6 A社の取締役BとA社との間の法的な関係は、民法上の雇用契約であり、Bは、使用者であるA社の指揮命令の下にその職務を執行する。
（40-6-ウ-②）

問 7 株式会社が取締役会設置会社である場合において、取締役が自己または第三者のために当該会社の事業の部類に属する取引をしようとするときは、当該取締役は、取締役会において、当該取引につき重要な事実を開示し、その承認を受けなければならない。　　　　　　　　　　（41-3-エ-①）

問 8 株式会社の取締役は、その職務を行うについて悪意または重大な過失があったときは、これによって第三者に生じた損害を賠償する責任を負う。
（43-1-キ）

問 9 会社法の規定に基づき、株主が会社に対し取締役の責任を追及する訴えの提起を請求したにもかかわらず、所定の期間内に会社が訴えを提起しなかった場合、当該株主は、会社に対する取締役の責任を追及する訴え（株主代表訴訟）を提起することができる。　　　　　　　　　（41-3-エ-③）

問 10 A社の代表取締役Cは、会社法上、A社の業務全般にわたって業務執行権および代表権を有する。　　　　　　　　　　　　　　　（40-6-ウ-③）

解 5 ✕ 取締役会設置会社の場合、株主総会で決議できる事項は、会社法および定款に定められた株式会社の基本的事項（定款の変更、資本金の額の減少、会社の解散・合併・事業の譲渡、取締役・監査役・会計参与の選任・解任、取締役・監査役・会計参与の報酬の決定等）に限られる。

解 6 ✕ 株式会社と取締役との法的な関係は、民法上の委任または準委任であり、雇用ではない。したがって、取締役は、会社の指揮命令には服さない。取締役は、会社に対して、民法上、善管注意義務を負い、また、会社法上、忠実義務を負う。

解 7 ◯ 取締役が自己または第三者のために当該会社の事業の部類に属する取引（競業取引）をしようとする場合、当該会社が取締役会設置会社であるときは、当該取締役は、取締役会において、当該取引につき重要な事実を開示し、その承認を受けなければならない（競業避止義務）。

解 8 ◯ 取締役がその職務を執行するについて、悪意または重大な過失によって第三者に損害を与えた場合には、その第三者に対してその損害を賠償する責任を負う。

解 9 ◯ 株主が会社に対し取締役の責任を追及する訴えの提起を請求したにもかかわらず、所定の期間内に会社が訴えを提起しなかった場合、当該株主は、会社に対する取締役の責任を追及する訴え（株主代表訴訟）を提起することができる。

解 10 ◯ 代表取締役は、株式会社の業務全般にわたって業務執行権および代表権を有しており、対内的には会社の業務を執行し、対外的には会社を代表する権限を有する機関である。

問 11　会社法上、株式会社の監査役は、原則として、当該株式会社の取締役および使用人に対して事業の報告を求めることができる。　　　　（42－4－イ）

問 12　指名委員会等設置会社における報酬委員会は、当該指名委員会等設置会社の取締役および執行役が受ける個人別の報酬だけでなく、すべての従業員が受ける個人別の賃金の額を定める機関である。　　　　（43－4－イ）

問 13　会社法上、株式会社の支配人は、重要な職務を執行する会社の使用人であるから、取締役会ではなく、株主総会において選任されなければならない。　　　　（38－1－ク）

問 14　会社法上、支配人は、会社の許可を受けなくても、自ら営業を行うことができる。　　　　（42－8－キ）

問 15　会社法上、支配人は、会社の許可を受けなければ、他の会社の取締役、執行役または業務を執行する社員となってはならない。　　　　（44－8－コ）

解11 ○ 　監査役は、いつでも、取締役・会計参与・支配人その他の使用人に対して事業の報告を求め、会社の業務および財産の状況を調査することができる（報告聴取・調査権）。

解12 × 　報酬委員会は、執行役等（執行役および取締役をいい、会計参与設置会社にあっては、執行役、取締役および会計参与をいう）の個人別の報酬等の内容を決定する機関である。すべての従業員が受ける個人別の賃金の額を定める機関ではない。

解13 × 　支配人とは、会社に代わってその事業に関する一切の裁判上または裁判外の行為をする権限（包括的代理権）を有する者をいう。株式会社の場合には、支配人は、取締役（取締役会設置会社では取締役会）が選任・解任する。

解14 × 　支配人は、会社の許可を受けなければ、自ら営業を行うことができない（営業禁止義務）。

解15 ○ 　会社法上、支配人には営業禁止義務が課せられており、支配人は、会社の許可を受けなければ、他の会社の取締役、執行役または業務を執行する社員となってはならないものとされている。

第**3**章

法人取引の法務

　本章では、法人が取引によって取得する債権または負担する債務を発生させる原因となる契約（売買、賃貸借、委任、請負など）、取引の過程で生じる債務不履行や不法行為、取引の決済の手段である手形・小切手の仕組みなどを学習します。

　本章は範囲が広いので、学習するのは大変ですが、万遍なく出題されており、また、配点も高いので、手を抜くことなくしっかりと学習してください。

この節で学習すること

1
契約とは

簡単にいうと、人と人の間の約束のことです。「契約の種類」をしっかり押さえましょう。

モノを売り買いする契約のことです。イメージしやすい売買契約を題材に、様々な問題点を学習しましょう。

2
売買契約

なにか（お金が代表的）を借りて、同じ種類のものを返す契約です。借りたもの自体は使ってしまって（消費して）かまいません。

3
消費貸借

4
賃貸借

なにか（家が代表的）を借りて使って賃料を支払い、契約終了時には借りたもの自体を返す契約です。

5
請負

請負人がなにか（家が代表的）を完成させ、注文者がその対価としての報酬を支払うことを約束する契約です。

他人に自分のかわりを務めてもらう契約です。弁護士に頼んで訴訟を起こしてもらう、などです。

6
委任

他人のモノを預かって保管する契約です。無償（タダ）が民法上の原則です。

7
寄託

8
不法行為

自動車で人をはねてしまったときに、治療費などの損害を賠償しなければなりません。これを不法行為といいます。

9
事務管理・不当利得

どちらも、法律上の根拠・理由がないのに利益を得た人から犠牲を払った人へその利益を償還させるという、公平を実現するための制度です。

国をまたいだ取引のことです。その取引に対して日本の法律が有効なのか、発生したトラブルについて日本の裁判所で裁判できるのかなどが、問題となります。

10
国際取引

❶ 契約とは

❶ 契約の意義

契約とは、一定の権利・義務関係を発生・変更・消滅させることを目的とした当事者間の合意をいいます。

❷ 契約の拘束力

契約は、法的な強制力を背景とする権利・義務関係を発生・変更・消滅させることを目的とするものですから、以下のような拘束力があります。

① いったん契約が成立したら、勝手に内容を変更したり、取りやめることはできない。

② いったん成立した契約を取りやめることができるのは、解除する場合（**法定解除・約定解除・合意解除**）と取消しが認められる場合のみ。

（注１） **解除**とは、契約が成立した後に契約が最初からなかったことにすることをいいます。

（注２） **取消し**とは、一応有効に成立した契約を、一定の事由（制限行為能力・錯誤・詐欺・強迫）がある場合に、一定の者（制限行為能力者・法定代理人・錯誤に陥った者・だまされた者・強迫された者）が取り消すという意思表示をすることにより、初めに遡って無効にすることをいいます。

（注３） **無効**とは、外形上は契約が成立しているが、一定の事由（心裡留保・虚偽表示等）がある場合に、その契約によって発生するはずの効果が発生しないことをいいます。

③ 履行の強制

債務者が債務を履行しない場合には、強制執行などによって裁判所が契約内容の実現を法律的に強制することになります。**自力救済**（実力行使によって契約内容を実現すること）は禁止されています。

用　語

「法定解除」とは、解除権の発生の根拠が法定の事由（債務不履行など）であるものをいいます。
「約定解除」とは、解除権の発生の根拠が当事者間の約定であるもの（手付解除や買戻しなど）をいいます。
「合意解除」とは、契約当事者の合意により、契約によって生じた債権債務関係を契約前の状態に戻す契約をいいます。

注　意

解除は、相手方に対する意思表示によってします。

ココが出る！

❸ 契約自由の原則

　契約自由の原則とは、私的自治の原則の内容の１つであり、人は、契約をするかしないか、どのような内容の契約をするか等を自分の意思で自由に決めることができるという原則をいいます。

契約自由の原則 ── 相手方選択の自由 ^(注)

　締結の自由

　契約内容に関する自由

　方式の自由

　契約自由の原則について、民法は、次のような規定を設けています。

①　何人も、法令に特別の定めがある場合を除き、契約をするかどうかを自由に決定することができる。

②　契約の当事者は、法令の制限内において、契約の内容を自由に決定することができる。

③　契約の成立には、法令に特別の定めがある場合を除き、書面の作成その他の方式を具備することを要しない。

（注）　相手方選択の自由の認められない契約として「附合契約」があります。これは、相手方当事者の作成した契約条項（**約款**）どおりに契約をするか、または契約をしないかの自由しかない契約をいい、ガス・電気の供給契約、電車・バスの運送契約、銀行や保険会社の預金・保険契約等がこれにあたります。約款については、その作成過程で行政庁が関与したり、約款を使用する場合に主務官庁の認可や届出が必要とされるなど、一定の規制が課される場合があります。

❹ 契約の種類

　民法が規定する13種類の契約（売買、賃貸借、請負等）を**典型契約（有名契約）**といいますが、ファイナンス・リース契約のような民法に規定のない契約も多く存在し、これを**非典型契約（無名契約）**といいます。

　契約は、様々な観点から、次のように分類できます。

① **大分類**

イ 有償契約と無償契約
当事者双方が対価的な経済的支出をする（有償契約）か否（無償契約）か。

ロ 双務契約と片務契約
当事者双方が対価的な債務を負担する（双務契約）か否（片務契約）か。

ハ 諸成契約と要物契約
合意だけで成立する（諸成契約）か、物の引渡しも必要（要物契約）か。

② **小分類（典型契約）**

イ 所有権が移転する契約
　　a　贈与（無償・片務・諸成契約）
　　b　売買（有償・双務・諸成契約）
　　c　交換（有償・双務・諸成契約）

ロ 貸し借りに関する契約
　　a　消費貸借┬無利息消費貸借（無償・片務・要物契約）
　　　　　　　　└利息付消費貸借（有償・片務・要物契約）
　　b　使用貸借（無償・片務・諸成契約）
　　c　賃貸借（有償・双務・諸成契約）

ハ 労務を提供する契約
　　a　雇用（有償・双務・諸成契約）
　　b　請負（有償・双務・諸成契約）
　　c　委任┬原則─無償委任（無償・片務・諸成契約）
　　　　　　└例外─有償委任（有償・双務・諸成契約）
　　d　寄託┬原則─無償寄託（無償・片務・諸成契約）
　　　　　　└例外─有償寄託（有償・双務・諸成契約）

ニ その他
　　a　組合（有償・双務・諸成契約）
　　b　終身定期金┬無償終身定期金（無償・片務・諸成契約）
　　　　　　　　　└有償終身定期金（有償・双務・諸成契約）
　　c　和解（有償・双務・諸成契約）

（注1）　その他の分類に、継続的契約（契約関係が一定期間継続するもの、たとえば賃貸借・雇用）と一時的契約（1回の履行で契約関係が終了するもの、たとえば売買）があります。

（注2）　**書面でする消費貸借**
　　　　　書面でする消費貸借は、当事者の一方が金銭その他の物を引き渡すことを約し、相手方がその受け取った物と種類、品質および数量の同じ物をもって返還をすることを約することによって、その効力を生じます。書面でする消費貸借は、**無利息の場合は無償・双務・諸成契約**であり、利息付の場合は**有償・双務・諸成契約**です。

> **ココが出る！**
>
> 特に「消費貸借」と「委任」がよく出題されています。

◀ 発 展 ▶

申込みに対して相手方が承諾の意思表示をしなくても、承諾の意思表示をしたのと同等のものと評価できる行為をした場合には、契約の成立が認められます。これを「**意思実現による契約の成立**」といいます。

たとえば、継続的な取引関係にあるＡ社とＢ社との間において、Ｂ社から商品の注文書を受領したＡ社が即日商品をＢ社に発送したような場合には、Ａ社とＢ社との間で商品の売買契約が成立したものとみなされます。

ココが出る！

◀ 発 展 ▶

商品販売業者による商品カタログの送付は、申込みの意思表示ではなく、相手方からの申込みの意思表示を促す「**申込みの誘引**」とされています。したがって、商品カタログを見た者がそこに掲載されている商品を購入したい旨の意思を当該商品販売業者に表示したとしても、当該商品販売業者がこれを承諾しなければ、商品の売買契約は成立しません。

❷ 売買契約

❶ 売買契約の成立

売買契約は、契約の内容を示してその締結を申し入れる意思表示（「申込み」という）に対して相手方が承諾をしたときに成立します。

なお、商人間の継続的取引における迅速性を確保するため、商人が平常取引をする者からその営業の部類に属する契約の申込みを受けたときは、遅滞なく、契約の申込みに対する諾否の通知を発しなければならないとされており（**諾否通知義務**）、商人がこの通知を発することを怠ったときは、その商人は、当該契約の申込みを承諾したものとみなされることに注意してください。

❷ 意思表示が問題となる場面

① 詐欺または強迫による意思表示

イ　詐欺による意思表示は、取り消すことができます。

　　たとえば、ＡがＢの詐欺により、Ｂに対して土地売却の意思表示をした場合には、Ａはその意思表示を取り消すことができます。

ロ　強迫による意思表示も、取り消すことができます。

　　たとえば、ＡがＢの強迫により、Ｂに対して土地売却の意思表示をした場合には、Ａはその意思表示を取り消すことができます。

ハ　第三者の詐欺・強迫

　a　第三者が詐欺をした場合には、相手方がその事実を知り（悪意）、または知ることができたとき（有過失）は、その意思表示を取り消すことができます。

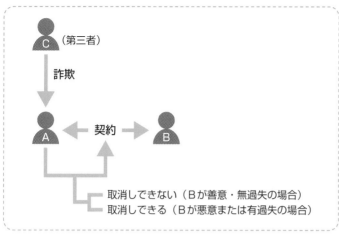

b　第三者が強迫をした場合には、相手方がその事実を知らなくても（善意でも）、意思表示を取り消すことができます。

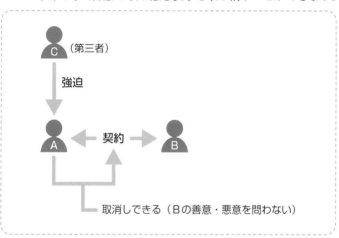

ニ　詐欺または強迫による意思表示の取消しと第三者

a　詐欺による意思表示の取消しは、取消前に登場した**善意・無過失の第三者に対抗する**ことができません。

b　強迫による意思表示の取消しは、取消前に登場した**善意・無過失の第三者にも対抗する**ことができます。

② **心裡留保**

イ　心裡留保（表意者が真意でないことを知りつつなす意思表示）による契約（たとえば、Aが、その所有する土地を売るつもりがないのにBに対して売却する契約を締結した場合）

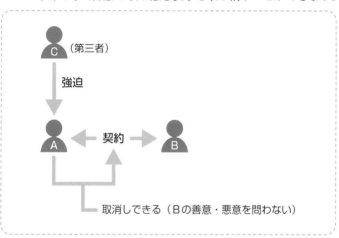

ココが出る！

「詐欺による取消しは善意・無過失の第三者には対抗できない」が、「強迫による取消しは善意・無過失の第三者にも対抗できる」という違いを押さえてください。

は、**原則として有効**です。

ロ　例外として、相手方がその意思表示が表意者の真意ではないことを知り（悪意）、または知ることができた場合（有過失）は、無効となります。

ハ　心裡留保による無効と善意の第三者

心裡留保による意思表示が例外的に無効となる場合、その無効を善意の第三者に対抗することはできません。

（注）　第三者は過失があってもよく、また、登記を備えていることは不要です。

③ **虚偽表示（通謀虚偽表示）**

イ　相手方と通じてした虚偽の意思表示（たとえば、AとBが通謀して仮装の売買契約を締結した場合）は、無効となります。

ロ　虚偽表示の無効は、**善意の第三者に対抗することはできません**。

（注）　第三者は過失があってもよく、また、登記を備えていることは不要です。

④ **錯誤による意思表示**

イ　錯誤（勘違い）による意思表示は、次の要件を充たす場合には、**取り消す**ことができます。

（要件）

a　その錯誤が次のいずれかに該当するものであって、法律行為の目的および取引上の社会通念に照らして重要なものであること（**要素の錯誤**）。

i　意思表示に対応する意思を欠く錯誤（**表示行為の錯誤**）

たとえば、1,000万円で土地を売るつもりだったのに、契約書に100万円と誤記して、その誤記に気付かないまま100万円で土地を売ってしまったような場合がこれに該当します。

ii　表意者（意思表示をした者）が法律行為の基礎とした事情についてのその認識が真実に反する錯誤（**動機の錯誤**）

ココが出る！▶

注意 ⚠
心裡留保による契約は、原則として「有効」であり、「無効」ではないことに注意してください。

ココが出る！▶

注意 ⚠
表意者に重大な過失がある場合には、表意者は、原則として、取消しの主張をすることができないことに注意してください。

たとえば、駅が廃止されるという噂を真実であると誤信して、駅前の土地を安く売却したような場合がこれに該当します。

　　　ただし、動機の錯誤については、その**動機**（表意者が法律行為の基礎とした事情）**が法律行為の基礎とされていることが表示されていたときに限り**、その意思表示を取り消すことができます。

　b　表意者に重大な過失がないこと（**無重過失**）。

　　　ただし、次のいずれかに該当する場合には、表意者に重大な過失があったときでも、その意思表示を取り消すことができます。

　ⅰ　相手方が表意者に錯誤があることを知り（**悪意**）、または重大な過失によって知らなかったとき（**重過失**）

　ⅱ　相手方が表意者と同一の錯誤に陥っていたとき（**共通の錯誤**）

　　　たとえば、駅が廃止されるという噂を売主・買主双方が真実であると誤信して、これを踏まえた安い地価で売買契約が締結された場合など、当事者双方が同じ錯誤に陥っていた場合のことを「**共通の錯誤**」といいます。

ロ　錯誤による意思表示の取消しは、**善意・無過失の第三者に対抗することができません。**

	効力	善意の第三者に対抗できるか
心裡留保	〈原則〉有効	問題とならない
	〈例外〉無効（相手方が悪意または有過失の場合）	対抗できない
虚偽表示	無効	対抗できない
錯誤	取り消しうる（重要な錯誤であり、かつ、無重過失の場合）	対抗できない（第三者が善意・**無過失**の場合）

注　意

試験では、善意（善意・無過失）の第三者に対抗できるかがよく問われていますので、この点をしっかりと押さえてください。

詐欺	相手方の詐欺の場合	取り消しうる	対抗できない（第三者が善意・**無過失**の場合）
	第三者の詐欺の場合	取り消しうる（相手方が悪意または有過失の場合）	対抗できない（第三者が善意・**無過失**の場合）
強迫	相手方の強迫の場合	取り消しうる	対抗できる
	第三者の強迫の場合	取り消しうる（相手方が善意・無過失の場合でも）	対抗できる

◀ 発 展 ▶

通貨やクレジットカードの偽造を依頼し、それに対し報酬を支払う旨の契約のように、**公序良俗に反する契約は、無効**となります。

❸ 手 付

　不動産の売買契約においては、手付と呼ばれる金銭が買主から売主に交付されることがありますが、この手付には、次の3種類があります。

① **証約手付**

　　売買契約が成立したことの証拠としての意味を持つものです。**手付は、すべてこの性質を有します。**

ココが出る！

② **解約手付**

　　売買契約の当事者が解除権を留保する趣旨で授受されるものです。

　　解約手付が授受された場合、相手方が契約の履行に着手するまでは、買主は手付を放棄し（手付損）、売主はその倍額を現実に提供して（倍戻し）、売買契約を解除できます。

　　「履行に着手する」とは、**客観的に外部から認識できる形で履行行為の一部をなし、又は履行の提供をするために不可欠の前提行為をすること**をいいます。

　　当事者間で手付を授受した目的が不明確な場合には、その手付は、解約手付と推定されます。

ココが出る！

「買主は手付損」「売主は倍戻し」により解除できるという点を押さえてください。

③ **違約手付**

　　債務不履行の場合に当然に没収される趣旨で交付されるものです。

　　なお、内金は、本来、代金の一部前払いとしての意味を有す

◀ 発 展 ▶

具体的には、①履行期到来後に買主が代金を用意できたことを売主に通知して、売主に履行を求めること、②不動産の売主が、その義務の1つである物件の引渡しをし、または移転登記をする、③農地の売買において、売

るものですが、手付と解釈される場合もあります。

❹ 期限と条件

① 期　限

　期限とは、契約の効力または履行を将来発生することが確実な事実にかからせる特約をいいます。

　期限には、確定期限と不確定期限とがあります。

イ　確定期限……将来発生する期日が確定しているもの（例：来年の1月1日）

ロ　不確定期限…いつ発生するかが不確定なもの（例：父が亡くなったら）

　ところで、Aが、2024年12月31日を返済期限として、Bから100万円の金銭貸付を受けた場合、Aは、その期限が到来するまでは、100万円を返済しなくてもかまわないという利益を有します。このように、期限が到来するまでは、債務の履行を強制されないという利益を**期限の利益**といいます。期限の利益は、**債務者のために定めたものと推定**され、債務者が享受できます。ただし、債務者の資産状態が極度に悪化した場合（破産手続開始の決定を受けた場合など）には、債権者は債務者に期限を猶予することなく直ちに債務の履行を請求できます。これを**期限の利益の喪失**といいます。

② 条　件

　条件とは、契約の効力または履行を将来発生することが不確実な事実にかからせる特約をいいます。

　条件には、停止条件と解除条件とがあります。

イ　停止条件…条件成就によって契約の効力が発生する場合（例：3級試験に合格したら、10万円をやる）

ロ　解除条件…条件成就によって契約の効力が消滅する場合（例：10万円をやるが、3級試験に落ちたら返してもらう）

❺ 期間の計算方法

　日、週、月または年によって期間を定めた場合には、その期間

主と買主が共同で許可申請をする、④他人の不動産の売主が買主に対する所有権移転義務を履行するための前提として、その他人から不動産の所有権を取得するなどの行為があれば、「履行に着手」したものと認められます。

◀ 発　展 ▶

期限には、効力を発生させるために付されるもの（これを「**始期**」といいます）と、効力を消滅させるために付されるもの（これを「**終期**」といいます）とがあります。

◀ ココが出る！ ▶

期限の利益は債務者のためにあることを押さえましょう。

が午前零時から始まるときを除き、期間の初日は、算入しません（初日不算入の原則）。

たとえば、4月1日から7日間という場合、4月1日の午前零時から起算するときは、4月7日の終了時に期間が満了し、そうでないときは、4月2日から7日間をカウントしますので、4月8日の終了時に期間が満了することになります。

❻ 売買契約成立の効果

① 債権・債務の発生

売買契約が成立すると、当事者は互いに債権を有し、債務を負担することになります。すなわち、売主は買主に対して代金債権を有し、また、売買目的物の引渡義務を負うことになります。他方、買主は売主に対して売買目的物の引渡債権を有し、また、代金債務を負うことになります。

② 債務の履行（弁済）

債務の履行（弁済）の方法には、**持参債務**と**取立債務**とがあります。

イ　**持参債務**…契約で債務者が債権者の住所または営業所で債務を履行すべきことが定められた場合。

ロ　**取立債務**…契約で期日に債権者が債務者の住所または営業所で目的物を取り立てることが定められた場合。

弁済をすべき場所について別段の意思表示がないときは、**特定物の引渡しは債権発生の時にその物が存在した場所において、その他の弁済**（借入金債務の弁済など）**は債権者の現在の住所（営業所）において、それぞれしなければなりません。そして、持参債務の場合、債務者は、債務の本旨に従い、約定の期日に目的物を所定の引渡場所に持参して債権者に提供すれば、債権者が目的物を現実に受領しなくても、債務不履行の責任を免れます。**また、取立債務の場合には、債務者は、約定の期日までに債権者の取立てに応じられるように目的物を準備してその旨を債権者に通知すれば、債務不履行の責任を免れます。

このように、債務者側で債務の履行のためにできるすべての

ことを行って、あとは債権者が応じてくれれば履行が完了するという債務者側の行為を**履行（弁済）の提供**といいますが、債務者は、この履行（弁済）の提供を行うと、債務不履行には陥りません。ただし、そのためには、債務者は、原則として、債務の本旨に従って（法律の規定・契約の趣旨・取引慣行・信義誠実の原則等に従った適切な方法で）現実に履行（弁済）の提供を行わなければなりません。

❼ 債務不履行

① 意　義

　債務不履行とは、**債務者がその債務の本旨に従った履行をしないことまたは債務の履行が不能であること**をいいます。

② 態　様

　債務不履行には、以下のとおり、３つの態様があります。

イ　履行遅滞

　履行が可能であるのに履行の期限を徒過したことをいいます。

　たとえば、売主が引渡期日に引渡しをしなかった、買主が代金を支払期日に支払わなかったというような場合が該当します。

　（注）　同時履行の抗弁権

　　双務契約の当事者の一方は、相手方がその債務の履行（債務の履行に代わる損害賠償の債務の履行を含む）を提供するまでは、自己の債務の履行を拒むことができます。これを同時履行の抗弁権といいます。履行が可能であるのに履行の期限を徒過した場合でも、この**同時履行の抗弁権**を主張できるときは、**履行遅滞とはならない**ことに注意してください。

ロ　履行不能

　債務の成立後に履行ができなくなったことをいいます。

　たとえば、建物の売買契約の成立後に、売主が失火により建物を焼失させ、引渡しができなくなったというような場合が該当します。

といい、不動産（土地、建物等）や中古品（中古車、古本等）がこれに該当します。これに対し、当事者が物の個性に着目せずに、一定の種類に属し一定の品質を有する一定量の物を取引の対象とする場合におけるその物のことを「**不特定物（種類物）**」といいます。

用　語

「債務の本旨」とは、債務の本来の趣旨や目的という意味です。

ハ　不完全履行

　　債務の履行として一応給付はなされたが、それが不完全すなわち債務の本旨に従ったものでないことをいいます。

　　たとえば、家具屋で注文した新品のタンスが後日自宅に配送されてきたが、その家具が疵だらけであったというような場合が該当します。

③　債務不履行の効果

イ　履行の強制

　　債務者が任意に債務の履行をしないときは、債権者は、民事執行法その他の強制執行の手続に関する法令の規定に従い、**直接強制**、**代替執行**、**間接強制**その他の方法による履行の強制を裁判所に請求することができます。

ロ　損害賠償請求

a　債務者がその債務の本旨に従った履行をしないときまたは債務の履行が不能であるときは、債権者は、これによって生じた損害の賠償を請求することができます。

　　ただし、その**債務の不履行が契約その他の債務の発生原因および取引上の社会通念に照らして債務者の責めに帰することができない事由によるものであるときは、損害賠償の請求をすることはできません。**

　　すなわち、損害賠償請求が認められるためには、**債務者に帰責事由（落ち度）があることが必要**となります。

b　債権者は、損害賠償の請求をすることができる場合において、債務の履行が不能であるときなど一定の場合には、債務の履行に代わる損害賠償（**塡補賠償**）の請求をすることができます。

c　損害賠償の方法・範囲

　　損害賠償は、**金銭賠償が原則**です。そして、損害賠償の範囲は、債務不履行によって通常生ずべき損害（**通常損害**）のほか、特別の事情によって生じた損害（**特別損害**）のうち、当事者（債務者）がその事情を予見すべきであった損害も含まれます。

d　過失相殺

　　債務の不履行またはこれによる損害の発生もしくは拡大に関して債権者に過失があったときは、裁判所は、これを考慮して、損害賠償の責任およびその額を定めます。これを**過失相殺**といいます。

e　損害賠償額の予定

　　当事者は、債務の不履行について損害賠償の額を予定することができます。損害賠償額の予定をした場合には、債権者は、損害が発生したことや実際に被った損害額を証明しなくても、その予定額を請求することができます。反面、実際に被った損害額が予定額よりも大きくても、その予定額までしか請求できません。

　　なお、**違約金**は、賠償額の予定と推定されます。

f　金銭債務の特則

　　金銭債務（金銭の給付を目的とする債務）の不履行については、その損害賠償の額は、債務者が遅滞の責任を負った最初の時点における法定利率によって定めます。ただし、約定利率が法定利率を超えるときは、約定利率によります。債権者は、損害の証明をすることなく損害賠償を請求でき、他方、債務者は、不可抗力を理由に責任を免れることはできません。

　　（注）　法定利率は、年３％とされ、３年を１期とし、１期ごとに変動するものとされます。

ハ　**契約の解除**

　　契約の解除は、**債務者の帰責事由の有無を問わず、認められます。**

a　催告による解除

　　当事者の一方がその債務を履行しない場合において、**相手方が相当の期間を定めてその履行の催告をし、その期間内に履行がないときは、相手方は、契約の解除をすることができます。**ただし、その**期間を経過した時における債務の不履行がその契約および取引上の社会通念に照らして軽微であるときは、契約の解除をすることはできません。**

◀ 発　展 ▶

債務者が会社である場合において、会社の従業員等の**履行補助者**（債務者がその債務を履行するために使用する者）の故意または過失によって債務が履行されないときは、「債務の不履行が契約その他の債務の発生原因および取引上の社会通念に照らして債務者の責めに帰することができない事由によるものである」とはいえないため、会社は、債務不履行に基づく損害賠償義務を負うことになります。

◆ココが出る!

◀ 発　展 ▶

民法が、債務不履行による契約の解除の要件として債務者に帰責事由があることを不要としたのは、解除制度は、債務の履行を怠った債務者に対する制裁を目的とするものではなく、履行を受けられない債権者を契約関係から解放するものであるとの考え方によるものです。

注　意 ⚠

履行遅滞の場合に、相当の期間を定めて履行を催告したにもかかわらず、その履行がないときは、契約の解除をすることができますが、その期間を経過した時における債務の不履行がその契約および取引上の社会通念に照らして軽微であるときは、解除できないことに注意してください。

◀ 発　展 ▶

催告によらない解除が認められる場合とは、要するに、債務不履行によって契約をした目的が達成できない場合であるといえます。

用　語

「追完」とは、改めて完全な債務の履行をすることをいいます。

　　b　催告によらない解除

　　　次に掲げる場合等においては、債権者は、**催告をすることなく、直ちに契約の解除**をすることができます。

　　i　**債務の全部の履行が不能であるとき。**

　　ii　債務者がその債務の全部の履行を拒絶する意思を明確に表示したとき。

　　　さらに、次に掲げる場合にも、債権者は、**催告をすることなく、直ちに契約の一部の解除**をすることができます。

　　i　**債務の一部の履行が不能であるとき。**

　　ii　債務者がその債務の一部の履行を拒絶する意思を明確に表示したとき。

　　　なお、債務の不履行が債権者の帰責事由によるものであるときは、債権者は、契約の解除をすることはできません。

④　商人間の売買の特則（買主の検査・通知義務）

　　商人間の売買において、買主は、その売買の目的物を受領したときは、遅滞なく、その物を検査しなければなりません。

　　この場合において、買主は、検査により売買の目的物が種類、品質または数量に関して契約の内容に適合しないことを発見したときは、直ちに売主に対してその旨の通知を発しなければ、その不適合を理由とする履行の**追完**（目的物の修補、代替物の引渡しまたは不足分の引渡し）の請求、代金の減額の請求、損害賠償の請求および契約の解除をすることができません。売買の目的物が種類または品質に関して契約の内容に適合しないことを直ちに発見することができない場合において、買主が6か月以内にその不適合を発見したときも、同様です。

❽　売主の義務

①　権利移転の対抗要件に係る売主の義務

　　売主は、買主に対し、登記、登録その他の売買の目的である権利の移転についての対抗要件を備えさせる義務を負います。

②　他人の権利の売買における売主の義務

　　他人の権利（権利の一部が他人に属する場合におけるその権

利の一部を含む。）を売買の目的としたときは、売主は、その権利を取得して買主に移転する義務を負います。

❾ 売主の担保責任（契約不適合責任）

　民法は、売主が契約に基づき契約内容に適合する目的物を引き渡す義務を負うことを前提に、**債務不履行責任の特則**として、売主は、引き渡した目的物が契約内容に適合しないものであったとき（欠陥がある、数量が不足している等）は、**担保責任（契約不適合責任）**を負う旨を規定しています。

① **引き渡された目的物が種類、品質または数量に関して契約の内容に適合しないもの（契約不適合）であるとき**

　　イ　**追完請求権**

　　　　買主は、売主に対し、目的物の修補、代替物の引渡しまたは不足分の引渡しによる履行の追完を請求することができます。たとえば、Ａ所有の建物につきＡＢ間で売買契約が締結された場合において、当該建物に雨漏りのような欠陥があったときは、買主Ｂは、売主Ａに対し、雨漏りの修補を請求することができます。なお、**売主に帰責事由（落ち度）が**あることは、追完請求権の要件ではありません。

　　　　ただし、**売主は、買主に不相当な負担を課するものでないときは、買主が請求した方法と異なる方法による履行の追完をすることができます。**たとえば、ＣがＤに売却したパソコンが既に故障していた場合、Ｄは、故障のないパソコンとの交換（代替物の引渡し）を請求することができますが、パソコンの故障が数分から数時間程度の修理で済むような場合には、Ｃは、パソコンの修理（修補）で済ますことができます。

　　　　なお、**目的物の契約不適合が買主の責めに帰すべき事由（落ち度）によるものであるときは、買主は、履行の追完の請求をすることができません。**

　　ロ　**代金減額請求権**

　　　　買主が相当の期間を定めて履行の追完の催告をし、その期間内に履行の追完がないときは、買主は、その不適合の程度

◀ココが出る！

◀ココが出る！

に応じて代金の減額を請求することができます。

　たとえば、前例のＡＢ間の建物の売買契約において、買主Ｂが売主Ａに対して相当の期間を定めて雨漏りの修補を請求したところ、Ａがその期間内に修補をしないときは、Ｂは、代金の減額を請求することができます。なお、**売主に帰責事由（落ち度）があることは、代金減額請求権の要件ではありません。**

　次のいずれかに該当するときは、買主は、催告をすることなく、直ちに代金の減額を請求することができます。

　　a　履行の追完が不能であるとき。

　　b　売主が履行の追完を拒絶する意思を明確に表示したとき。

　　c　契約の性質または当事者の意思表示により、特定の日時または一定の期間内に履行をしなければ契約をした目的を達することができない場合において、売主が履行をしないでその時期を経過したとき。

　　d　買主が催告をしても履行の追完を受ける見込みがないことが明らかであるとき。

　なお、目的物の契約不適合が買主の責めに帰すべき事由（落ち度）によるものであるときは、買主は、代金の減額請求をすることができません。

ハ　**買主の損害賠償請求および解除権の行使**

　売主が買主に対して引き渡した目的物が、種類、品質または数量に関して契約の内容に適合しないもの（契約不適合）であることは、売主の債務不履行に該当しますから、買主は、債務不履行を理由に**損害賠償請求**および**契約の解除**をすることができます。

　ただし、**売主（債務者）に帰責事由がないときは、損害賠償請求をすることができません。**また、**買主（債権者）に帰責事由があるときは、契約の解除をすることができません。**

ニ　**目的物の種類または品質に関する担保責任の期間の制限**

　買主に目的物を引き渡した後に何年も経ってから、ある日突然に責任を追及されるというのでは、売主に酷であること

ココが出る！

から、**売主が種類または品質に関して契約の内容に適合しない目的物を買主に引き渡した場合において、買主がその不適合を知った時から1年以内にその旨を売主に通知しないときは、買主は、その不適合を理由として履行の追完の請求、代金の減額の請求、損害賠償の請求および契約の解除をすることができない**とされています。

▶ココが出る！

ただし、**売主が引渡しの時にその不適合を知り、または重大な過失によって知らなかったときは、買主は、上記の通知を怠ったとしても、売主に責任を追及することができます。**

この担保責任の期間の制限は、**引き渡された目的物が「数量」に関して契約の内容に適合しないものであるときには、存しない**ことに注意してください。たとえば、100㎡の土地につき1㎡当たり10万円として代金総額が1,000万円と定められて売買契約が締結されたところ、その土地の面積は実際には90㎡しかなく、10㎡不足していたというような場合には、買主には上記のような通知義務は課せられていないのです。

② **移転した権利が契約の内容に適合しない場合における売主の担保責任**

前記①のイ〜ハまでの規定は、**売主が買主に移転した権利が契約の内容に適合しないものである場合**（権利の一部が他人に属する場合においてその権利の一部を移転しないときを含む。）について準用されます。

たとえば、土地を買ったところ、その土地には第三者の地上権や質権が設定されていたような場合、100㎡の土地の売買契約を締結したところ、その土地のうち10㎡の部分が第三者（他人）に属していたような場合には、買主には、追完請求権・代金減額請求権が認められます（また、債務不履行を理由とする損害賠償請求権・契約解除権も認められます）。

ただし、数量が不足していた場合と同様に、**担保責任の期間の制限は存しない**ことに注意してください。

③ **権利の全部が他人に属する場合または抵当権の実行の場合**

イ **権利の全部が他人に属する場合**、たとえば、Aを売主、B

◀ 発 展 ▶

通知によって保存された買主の権利は、債権の一般的な消滅時効に服して、買主が不適合を知った時から5年間で消滅時効にかかることになります。

第3章 法人取引の法務

を買主とする土地の売買契約が締結されたところ、その土地の全部がCの所有するものであり、AがCから土地の所有権を取得してこれをBに移転できなかったというような場合については、**一般の債務不履行責任の問題として処理**されます。

　すなわち、前述したとおり、他人の権利（権利の一部が他人に属する場合におけるその権利の一部を含む。）を売買の目的としたときは、売主は、その権利を取得して買主に移転する義務を負いますが、売主がこの義務を履行しないときは、買主は、債務不履行を理由とする損害賠償請求や契約の解除をすることができます。

ロ　**抵当権の実行の場合**、たとえば、Aの所有する土地につきAB間で売買契約が締結されたが、その土地にはCのAに対する債権を担保するための抵当権が設定され、その旨の登記もされており、抵当権の実行によりBがその土地の所有権を失ってしまったというような場合についても、**一般の債務不履行責任の問題として処理**されます。

　すなわち、抵当権の実行により買主が所有権を失ってしまったということは、売主の買主に対する所有権移転義務の不履行ということになるため、買主は、債務不履行を理由とする損害賠償請求や契約の解除をすることができます。

売主の担保責任（契約不適合責任）等のまとめ

	種類または品質が契約内容に不適合の場合	数量または移転した権利が契約内容に不適合の場合	権利の全部が他人に属する場合または抵当権の実行の場合^(注5)
追完請求権の有無	あり^(注1)	あり^(注1)	なし
代金減額請求権の有無	あり^(注2)	あり^(注2)	なし
損害賠償請求権・契約の解除権の有無	あり^(注3)	あり^(注3)	あり^(注3)
消滅時効期間以外の権利行使の期間制限の有無	あり 追完請求等をするには不適合を知った時から1年以内に通知をすることが必要^(注4)	なし	なし

（注1）　売主に帰責事由があることは不要。

　　　　売主は、買主に不相当な負担を課するものでないときは、買主が請求した方法と異なる方法による履行の追完をすることができる。

　　　　不適合が買主の帰責事由によるものであるときは、追完請求できない。

（注2）　売主に帰責事由があることは不要。

　　　　買主が相当の期間を定めて履行の追完の催告をし、その期間内に履行の追完がないときは、その不適合の程度に応じて代金の減額を請求することができる。

　　　　ただし、履行の追完が不能であるとき等一定の場合には、催告をすることなく、直ちに代金の減額を請求することができる。

　　　　不適合が買主の帰責事由によるものであるときは、代金減額請求できない。

（注3）　売主に帰責事由がないときは、損害賠償請求できない。

　　　　契約の解除につき売主の帰責事由は不要だが、買主に帰責事由があるときは、契約の解除はできない。

（注4）　売主が不適合を知り、または重過失によって知らなかったときは、この期間制限を受けない。

（注5）　この場合は、**一般の債務不履行責任の問題として処理**されるため、買主に認められるのは、**損害賠償請求と契約の解除のみ**。

④ 担保責任を負わない旨の特約

売主の担保責任（契約不適合責任）に関する規定は、**任意法規であるため、当事者間でこれと異なる特約をすることができます**。

たとえば、「不適合があった場合、追完請求は認めるが、代金減額請求は認めない」とか、「不適合について売主に帰責事由がないときは、売主は担保責任を負わない」といったような特約を有効に定めることができます。さらには、「売主は一切担保責任を負わない」という定めをすることもできます。

ココが出る!▶

ただし、**売主は、担保責任を負わない旨の特約をしたときであっても、知りながら告げなかった事実などについては、その責任を免れることができません**。

たとえば、雨漏りがするのを知りながら、それを内緒にして売ったような場合には、売主は、たとえ担保責任を負わない旨の特約をしていたとしても、責任を負わなければなりません。

❿ 危険負担

① 意　義

危険負担とは、双務契約において一方の債務がその債務者の帰責事由によらずに履行不能となった場合に、その履行不能の危険（損失）を、当事者のいずれが負担するのかという問題をいいます。

② 危険負担に関する民法の規定

イ　一方の債務が当事者双方の帰責事由によらずに履行不能となった場合

債権者は当該契約を解除できます。解除しない場合、反対債務は存続しますが、債権者はその給付の履行を拒むことができます。

たとえば、A所有の建物についてAB間で売買契約が締結された場合において、引渡し前に建物が隣家の火災により全焼した場合には、AのBに対する建物引渡債務は消滅します。他方で、BのAに対する代金支払債務は消滅せず、なお存続することになりますが、Bは代金の支払いを拒むことが

注　意⚠

建物の売買契約締結後、その引渡期日が到来する前に建物が売主の帰責事由によって滅失・損傷した場合は、債務不履行の問題となります。

また、売主が引渡期日が過ぎても建物の引渡しをしないでいたところ、その建物が不可抗力（落雷や大地震など）によって滅失・損傷した場合も、債務不履行の問題となります。

できます。

ロ 一方の債務が債権者の帰責事由により履行不能となった場合

債権者は当該契約を解除できず、反対債務は存続し、債権者はその給付の履行を拒むことができません。この場合、債務者は自己の債務を免れたことによって利益を得たときは、その利益を債権者に償還しなければなりません。

しかし、民法は、**特定物の売買契約における危険の移転時期**について「**目的物の引渡し時**」とする規定を設け、引渡し後に建物が売主・買主双方の責めに帰することができない事由によって滅失・損傷した場合には、買主は、代金の支払いを拒むことができないとしています。

3 消費貸借

❶ 意 義

消費貸借とは、貸主が借主に対して金銭その他の代替物を交付して、後に借主がこれと同種・同等・同量のものを返還することを約する契約をいいます。

民法上は、貸主は、特約がなければ、借主に対して利息を請求することはできないとされており、無利息の消費貸借が原則とされます。これに対し、**商人間の金銭消費貸借は、利息の約定がなくても、利息付金銭消費貸借となります。**

民法と商法との違いを押さえてください。

❷ 利息・利率に対する制限

① 法定利率

消費貸借においていくらの利息を取るかは、利率によって定まりますが、当事者間に利率についての約定がない場合には、法定利率によって利息を計算することになります。

法定利率は、**年3％**とされ、3年を1期とし、1期ごとに変動するものとされます。

② 利息制限法による制限

当事者間で利率を定めた場合、その利率を約定利率といいま

すが、利息制限法は、約定利率について一定の上限を設けており、それを超えた部分の利息は**無効**となります。

なお、利率については、出資法や貸金業法によっても、その最高限度について規制がなされています。

③ **貸金業法による制限**

貸金業法上、貸金業者が消費者である個人を相手方として金銭の貸付けを行う場合、原則として、その相手方の年収等の3分の1を超える額を貸し付けることはできないとされています。

> **注意**
> 金銭消費貸借契約において、利息制限法の定める上限を超える約定利率を定めても、当該金銭消費貸借契約自体が無効となるわけではありません。

> **注意**
> 返還時期の定めがない金銭消費貸借契約も有効です。

❸ **返還の時期**

① 当事者が返還の時期を定めなかったときは、貸主は、**相当の期間を定めて返還の催告**をすることができます。

② 借主は、**返還の時期の定めの有無にかかわらず、いつでも返還をする**ことができます。

③ 当事者が返還の時期を定めた場合において、貸主は、借主がその時期の前に返還をしたことによって損害を受けたときは、借主に対し、その賠償を請求することができます。

④ 賃貸借

❶ **意 義**

賃貸借は、当事者の一方がある物の使用および収益を相手方にさせることを約し、相手方がこれに対してその賃料を支払うことおよび引渡しを受けた物を契約が終了したときに返還することを約することによって、その効力を生じます。

❷ **不動産の賃貸借と借地借家法**

建物の所有を目的とする土地の賃貸借と建物の賃貸借については、**借地借家法の規定が民法の賃貸借の規定に優先して適用**されます。

(注) 建物の所有を目的とする地上権と土地の賃借権を総称して「**借地権**」といいます。

> **注意**
> 使用貸借による権利（使用借権）は、借

❸ 賃貸人と賃借人の義務

① **賃貸人の義務**

　目的物を使用収益させる義務（貸す債務）、目的物の修繕義務、賃借人が目的物につき支出した費用の償還義務。

② **賃借人の義務**

　賃料支払義務、善管注意義務（目的物の返還までの間、善良な管理者の注意をもって目的物を管理する義務）、原状回復義務。

❹ 賃借権の対抗要件

① **土地の賃借権の場合**

　賃借権の登記または借地上の建物の登記（借地権の場合）。

　(注)　賃借権の登記には賃貸人の協力が必要ですが、賃貸人には協力義務がないため、賃借権の登記がされることはまれです。そこで、賃借人の保護を図るため、賃借人が単独でできる借地上の建物の登記に対抗力を認めたのです。

② **建物の賃借権（借家権）の場合**

　賃借権の登記または建物の引渡し。

　たとえば、AがBに賃貸し、引渡しをしている建物をCに譲渡した場合、Bは、建物賃借権（借家権）の登記をしていなくても、建物の引渡しを受けているため、Cに対して建物賃借権（借家権）を対抗することができます。

地権に含まれないことに注意してください。

◀ **発　展** ▶

一時使用目的の借地権については、借地権の存続期間や更新の制約等に関する借地借家法の規定の適用がありません。
また、一時使用目的の建物の賃貸借についても、その存続期間や更新の制約等に関する借地借家法の規定の適用がありません。

❺ 借地契約・借家契約において授受される金銭

ココが出る!

特に、敷金返還請求権は「賃貸物の返還時に」発生するという点を押さえてください。

	意　義
敷　金	いかなる名目によるかを問わず、賃料債務その他の賃貸借に基づいて生ずる賃借人の賃貸人に対する金銭の給付を目的とする債務を担保する目的で、賃借人が賃貸人に交付する金銭。 賃貸借終了後**賃貸物の返還時に**、賃借人に賃料未払いその他の債務不履行があれば、その金額を控除した残額が返還され、債務不履行がなければ全額が返還される。
権利金	不動産賃貸借契約の締結に際し、賃料以外に賃借人から賃貸人に対して支払われる金銭。礼金ともいう。 一般に権利設定の対価としての意味を持つ。敷金と異なり、賃借人に返還されない。
保証金	一般にビルなどの賃貸借契約において、賃借人から賃貸人に対して支払われる金銭。 権利金の性質を持つもの、敷金の性質を持つもの、年限に応じて償却するものとがある。
更新料	不動産賃貸借契約において、契約期間が満了したときに、契約を更新するための代償として、賃借人から賃貸人に対して支払われる金銭。
立退料	借地または借家の明渡しに際して、賃貸人から賃借人に対して支払われる金銭。 賃貸人が契約の更新拒絶や解約申入れをするには正当事由が必要だが、立退料の提供があるからといって、必ずしも正当事由ありと認められるとは限らない。

❻ 賃貸借の存続期間

用　語

更新のない借地権（定期借地権）に対して、更新のある借地権をとくに「普通借地権」と呼ぶことがあります。

	最長期間	最短期間
民　法	50年	制限なし
借地権（普通借地権）	制限なし	最初の借地契約の場合は30年以上^(注1)最初の更新の場合は20年以上、2回目以降の更新の場合は10年以上
借家権	制限なし	1年未満の期間を定めた場合には、期間の定めがない建物賃貸借とみなされる^(注2)

（注1）　当事者間で30年よりも短い期間を定めても、期間は30年となります。また、期間を定めなかったときも、期間は30年となります。

（注2）　定期建物賃貸借（更新のない建物賃貸借）の場合には、1年未満の期間を定めても、その定めは有効であり、期間の定めのない建物賃貸借とはみなされません。

❼ 定期借地権（更新のない借地権）

	存続期間	契約方式	契約目的
一般定期借地権	50年以上	書面による（公正証書でなくてもよい）	制限なし
建物譲渡特約付借地権	30年以上	口頭でも可	制限なし
事業用定期借地権	①10年以上30年未満	必ず公正証書による	専ら事業の用に供する建物の所有を目的とする場合に限る
	②30年以上50年未満		

(注1)　一般定期借地権、建物譲渡特約付借地権および事業用定期借地権のうち存続期間が30年以上50年未満のものの場合は、更新をしない旨の特約をしたときに初めて更新されないことに注意。

(注2)　賃貸マンション事業者が賃貸マンションを建築する目的で土地を借りる場合には、賃貸マンションが居住用の建物であるため、事業用定期借地権は設定できません。

語呂合わせ ▶**定期借地権の存続期間**

郷　　　　　　　　**さんの**
50年以上（一般定期借地権）　30年（建物譲渡特約付借地権）

父　さんは、サンコンさんです。
10年以上30年未満　　30年以上50年未満

事業用定期借地権

❽ 契約の更新

　借地契約・借家契約において、**賃貸人が更新を拒絶する場合**は**正当事由**があることが必要ですが、賃借人が更新を拒絶する場合は不要です。正当事由の有無は、賃貸人・賃借人双方の土地建物の使用を必要とする事情、借地借家の従前の経過および土地の利用状況ならびに立退料等を総合的に考慮して判断されます。

ココが出る！

第 **3** 章　法人取引の法務

① 借地契約の更新
　イ　合意更新
　　　当事者間の合意により、借地契約を更新することができる。
　ロ　請求による更新
　　　借地権の存続期間の満了にあたり、借地権者が契約の更新を請求した場合には、**建物があるときに限り**、従前の契約と同一の条件で契約を更新したものとみなされる。ただし、借地権設定者（地主）が遅滞なく正当事由に基づく異議を述べたときは、更新されない。
　ハ　法定更新（使用継続による更新）
　　　借地権の存続期間が満了した後、借地権者が土地の使用を継続する場合にも、**建物があるときに限り**、従前の契約と同一の条件で契約を更新したものとみなされる。ただし、借地権設定者が遅滞なく正当事由に基づく異議を述べたときは、更新されない。

② 借家契約の更新
　イ　更新拒絶等の通知がなかった場合
　ロ　法定更新（使用継続による更新）

❾　契約の終了

① 原状回復義務

　　賃貸借が終了したときは、賃借人は目的物を賃貸人に返還しなければなりません。その際、目的物に附属させた物（たとえば、パーテーションなどの間仕切り）を収去して、目的物を原状に復して返還することが必要です。

　　また、賃借人は、賃借物を受け取った後に、これに生じた損傷がある場合において、賃貸借が終了したときは、通常の使用および収益によって生じた賃借物の損耗ならびに賃借物の経年変化を除き、その損傷を原状に復する義務を負います。

② 費用償還請求権

　イ　必要費償還請求権

　　　賃借人が賃借物につき賃貸人の負担に属する必要費（修繕費などのように、賃貸目的物の保存に通常必要な費用をいう。）を支出したときは、賃借人は、賃貸人に対して、直ちにその全額の償還を請求することができます。

　ロ　有益費償還請求権

　　　賃借人が賃借物につき有益費（改良費などのように、賃貸

目的物の価値を増加させる費用をいう）を支出したときは、賃貸人は、賃貸借終了時において、その選択に従い、賃借人の支出した費用または賃貸借終了時に現存する増加額のいずれかを償還しなければなりません。

③ **造作買取請求権**

　賃貸人の同意を得て建物に付加した造作については、契約終了時に賃貸人に時価で買い取るよう請求できます。ただし、この請求権は、特約で排除できます。

❿ **賃貸不動産の譲渡、賃借権の譲渡・転貸**

① **賃貸不動産の譲渡**

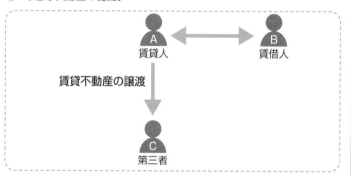

イ　賃貸不動産が賃貸人から第三者に譲渡されても、賃借人は、賃借権の**対抗要件**を具備していれば、新所有者に対して賃借権を主張できます。

ロ　新所有者は、新賃貸人として権利を行使（賃料の請求など）するには、賃貸不動産について所有権の移転の登記を具備していることが必要です。

◀ **発 展** ▶

借地権の存続期間が満了した場合において、契約の更新がないときは、借地権者は、借地権設定者に対し、建物その他借地権者が権原により土地に附属させた物を時価で買い取るべきことを請求することができます（**建物買取請求権**）。

注 意 ⚠

「対抗要件」とは、借地の場合は賃借権（借地権）の登記または借地上の建物の登記、借家の場合は賃借権（借家権）の登記または建物の引渡しを指します。

② 賃借権の譲渡・転貸

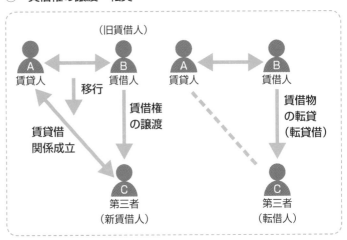

イ 賃借人が賃借権を第三者に譲渡したり、賃借物を第三者に
転貸するには、賃貸人の承諾を得ることが必要です。

ココが出る！

ロ **無断譲渡・転貸がなされた場合には、原則として、賃貸人
は賃貸借契約を解除**できます。

ハ 例外として、無断譲渡・転貸がなされた場合でも、**賃貸人
に対する背信的行為と認めるに足りない特段の事情がある
とき**は、賃貸人は賃貸借契約を解除できません（譲渡・転貸
は有効となります）。

ニ 賃借権の譲渡・転貸が有効である場合の法律関係

◀ 発 展 ▶

Aがその所有する建
物をBに月額20万円
で賃貸し、BがAの
承諾を得たうえで、
建物の一部をCに月
額10万円で転貸した
場合、転借人Cは、
賃借人Bが賃料を支
払わないときは、月
額10万円の限度で、
賃貸人Aに対して賃
料支払義務を負うこ
とになります。

a 賃借権の譲渡の場合には、譲渡人は賃貸借関係から離脱
し、賃貸借関係は、賃貸人と譲受人との間に移行します。

b 賃借物の転貸の場合には、転貸人（賃借人）は賃貸借関
係から離脱せず、原賃貸借（賃貸人と賃借人との間の賃
貸借）とは別個に、新たに転貸借（賃借人と転借人との
間の賃貸借）が成立し、両賃貸借が併存します。

この場合、転借人は、賃貸人と賃借人との間の賃貸借に
基づく賃借人の債務の範囲を限度として、賃貸人に対して
転貸借に基づく債務を直接履行する義務を負います。した
がって、賃借人が賃料を支払わないときは、賃貸人は転借
人に対して賃料の支払いを請求することができます。

⑤ 請 負

❶ 意 義

　請負とは、請負人がある仕事を完成させることを約束し、注文者がその仕事の結果に対して報酬を与えることを約束する契約をいいます。請負契約が成立するためには、**契約書の作成を必要とせず**、当事者間の意思表示の合致があれば成立します。

ココが出る!

（注）　建設業法では、建築請負契約において契約書の作成義務が課されていますが、契約書を作成しなくても、私法上の建築請負契約は有効に成立します。

　請負人の報酬請求権は、契約成立時に発生しますが、報酬の支払時期については、特約がなければ、民法上、注文者は、**目的物の引渡しを要する場合には引渡しの時**に、目的物の引渡しが不要の場合には仕事完成の時に、報酬を支払わなければならないとされています。したがって、建設請負の場合には、目的物の引渡しを要することから、報酬（請負代金）は、仕事の目的物（建物）の引渡しと同時に支払わなければならないことになります。

ココが出る!

　なお、注文者の責めに帰することができない事由によって仕事を完成することができなくなった場合または請負が仕事の完成前に解除された場合において、請負人が既にした仕事の結果のうち可分な部分の給付によって注文者が利益を受けるときは、その部分を仕事の完成とみなし、請負人は、注文者が受ける利益の割合に応じて報酬を請求することができます。

❷ 注文者の解除権

　注文者は、**請負人が仕事を完成する前**であれば、いつでも損害を賠償して契約を解除できます。これは、請負人に債務不履行がなくても、注文者に解除権の行使を認めるものです。

　これに対し、請負人には、仕事を完成させる義務があるため、仕事完成前に一方的に契約を解除する権利はありません。

ココが出る!

仕事完成前の解除は注文者にのみ認められることを押さえましょう。

❸ 一括下請負の禁止

　民法上、請負人が請け負った仕事の全部または一部を他人に請

ココが出る!

民法と建設業法との違いを押さえてください。

け負わせること（下請け）は禁止されていません。また、下請けについて注文者の承諾を要する旨の規定もありません。これに対し、**建設業法では、原則として、自分が請け負った仕事を一括して他人に請け負わせる一括下請負は、禁止されています。**

❹ 請負人の担保責任

① 売主の担保責任（契約不適合責任）の規定の準用

　請負人の担保責任については、売買における売主の担保責任（契約不適合責任）の規定が準用されます。すなわち、請負人が種類または品質に関して契約の内容に適合しない仕事の目的物を注文者に引き渡したとき（その引渡しを要しない場合にあっては、仕事が終了した時に仕事の目的物が種類または品質に関して契約の内容に適合しないとき）、たとえば、完成した建物に欠陥があったような場合には、注文者は、**履行の追完の請求（修補請求等）、報酬の減額の請求**ができます。また、債務不履行に基づく**損害賠償の請求**および**契約の解除**をすることができます。

② 請負人の担保責任の制限

　請負人が種類または品質に関して契約の内容に適合しない仕事の目的物を注文者に引き渡したとき（その引渡しを要しない場合にあっては、仕事が終了した時に仕事の目的物が種類または品質に関して契約の内容に適合しないとき）は、注文者は、**注文者の供した材料の性質または注文者の与えた指図によって生じた不適合を理由とする**履行の追完の請求、報酬の減額の請求、損害賠償の請求および契約の解除をすることができません。

　ただし、**請負人がその材料または指図が不適当であることを知りながら告げなかったときは、**注文者は、担保責任を追及することができます。

③ 目的物の種類または品質に関する担保責任の期間の制限

　仕事の目的物が契約の内容に適合しない場合において、**注文者がその不適合を知った時から1年以内にその旨を請負人に通知しないときは、**注文者は、その不適合を理由とする履行の追

完の請求、報酬の減額の請求、損害賠償の請求および契約の解除をすることができません。

ただし、仕事の目的物を注文者に引き渡した時（その引渡しを要しない場合にあっては、仕事が終了した時）において、**請負人が当該不適合を知り、または重大な過失によって知らなかったとき**は、注文者は、担保責任を追及することができます。

⑥ 委 任

❶ 意 義

委任とは、委任者が受任者に法律行為をなすことを委託し、受任者がこれを承諾することによって成立する契約をいいます。

❷ 委任契約の効果

① 無償委任の原則

民法上は、委任契約は**無償委任**（報酬の支払いを内容としない）が原則です。したがって、受任者は、特約があってはじめて報酬の支払いを請求できます。

> **ココが出る！**
> 民法と商法との違いを押さえてください。

しかし、商法上は、委任契約により商人が受任者としてその営業の範囲内で行う行為については、報酬についての特約がない場合でも、報酬の支払いを請求できます（**有償委任**となる）。

> **ココが出る！**

② 善管注意義務

受任者は、**有償・無償を問わず**、善管注意義務を負います。

> **ココが出る！**

(注)　A社がB社に対し、A社の保有する個人情報に関するデータの管理を委託する場合のように、**法律行為以外の事務の委託**を目的とする契約を「**準委任**」といいます。準委任については、委任の規定が準用され、委託を受けた者は、善良な管理者の注意をもって委託を受けた事務を処理しなければなりません。

7 寄　託

❶　意　義

　寄託とは、他人の商品などの品物を他人のために保管すること
を約束する契約をいいます。品物を預けた者を寄託者、預かった
者を受寄者といいます。

❷　寄託契約の効果

①　無償寄託の原則

　民法上、受寄者は、特約がある場合にのみ報酬請求権を有し
ます。

　商法上も、商人がその営業の範囲内で行う場合や倉庫営業の
場合を除き、受寄者は、特約がある場合にのみ報酬請求権を有
します。

②　注意義務

　イ　民法上は、受寄者は、有償寄託の場合にのみ善管注意義務
　　を負い、無償寄託の場合には**自己の財産に対するのと同一の
　　注意義務**を負うにすぎません。

　ロ　商法上は、商人が寄託を受ける場合には、**有償・無償を問
　　わず、善管注意義務**を負います。

❸　消費寄託契約

　受寄者が契約により寄託物を消費することができる場合を**消費
寄託契約**といいます。その典型例は、**預金契約**で、これは**金銭消
費寄託契約**に該当します。金銭消費寄託契約において、返還時期
を定めなかった場合、寄託者は、受寄者に対し、いつでも寄託し
た金銭の返還を請求することができます。

　(注)　消費寄託契約には、原則として寄託に関する規定が適用
　　　されますが、消費貸借の規定が一部適用される場合もあり
　　　ます。

用　語

「自己の財産に対す
るのと同一の注意義
務」とは、その者の
具体的な注意能力に
応じた注意義務をい
います。

ココが出る!

◀　発　展　▶

金銭消費寄託契約に
おいては、受寄者
（金融機関等）は、
返還時期の定めの有
無にかかわらず、い
つでも寄託物（預金
等）を返還すること
ができます。

⑧ 不法行為（契約によらない債権・債務の発生）

不法行為とは、**故意**または**過失**によって他人の権利または法律上保護される利益を侵害し、これによって損害を与える行為（加害行為）をいいます。不法行為を行った者は、これによって生じた損害を賠償する責任（不法行為責任）を負います。不法行為責任は、加害者と被害者との間に契約関係があるか否かにかかわらず、次の要件を具備すれば、成立します。

❶ 不法行為責任の成立要件

① 損害が発生していること

損害は、財産的損害（積極的損害・消極的損害）と非財産的損害とに分けられます。

財産的損害のうち、積極的損害とは、治療費や修理費等の現実に出費された金銭等の損害をいい、消極的損害とは、休業損害等の収入として見込まれたものが得られなかった場合の損害（「**逸失利益**」または「**得べかりし利益**」ともいう）をいいます。

なお、抵当権の目的物である建物が毀損された場合、判例によれば、毀損されただけでは損害は生じず、**目的物の残存価値が被担保債権額を下回る場合に初めて損害が生ずる**とされています。この判例の見解に従えば、建物が毀損されたことにより**抵当権によって担保されなくなった部分**が「損害」額となります。

非財産的損害とは、精神的苦痛（精神的損害）に対する慰謝料や名誉・信用毀損等の損害をいいます。

② 加害行為と損害との間に因果関係があること

因果関係は、条件関係（ある原因行為がなければその結果が生じなかったという関係）が存在することを前提にして、**相当因果関係**（その行為があれば通常そのような結果が発生したであろうと一般的に予見ができるという関係）が存在する場合に認められます。

用　語

「故意」とは、他人の権利や利益を侵害することを認識しながらあえて加害行為を行うことをいいます。「過失」とは、自分の行為の結果他人に損害を与えるであろうということが予測できたのにそれを避けるための注意をしなかったことをいいます。

注意 ⚠

不法行為責任が成立するためには、①〜⑤の要件のすべてを満たすことが必要です。

ココが出る!

◀ 発 展 ▶

判例は、精神的苦痛を感じない幼児にも慰謝料請求を認めていますが、物損の場合における慰謝料請求については原則として認めていません。

◀ 発 展 ▶

「相当因果関係」は、債務不履行責任における損害賠償の範囲を定める基準ともなります。

用 語

「違法性阻却事由」
とは、通常は法律上
違法とされる行為に
ついて、その違法性
を否定する事由をい
います。

③ 加害者の故意または過失による行為であること

④ 加害行為が違法であること

加害行為に正当防衛や緊急避難といった**違法性阻却事由**が存在しないことが必要です。

（注1） **正当防衛**とは、他人の不法行為に対し、自己または第三者の権利または法律上保護される利益を防衛するためやむを得ずした加害行為をいいます。たとえば、強盗に対して自己や家族の身を守るためにこれを殺傷した場合や、強盗から逃れるために隣家に飛び込んで家屋や什器を損壊した場合が該当します。

（注2） **緊急避難**とは、他人の物から生じた急迫の危険を避けるためその物を損傷することをいいます。たとえば、咬みついてきた他人の飼犬から身を守るためにその犬を殺傷した場合が該当します。

⑤ 加害者に責任能力があること

責任能力とは、自分の行為の結果を予測でき、かつそれを回避するのに必要な行動をとることができる精神的能力をいいます。小学校卒業程度（11～12歳程度）の者であれば認められる傾向にあります。

注 意 ⚠️

加害者に責任能力が
ない場合でも、親権
者や未成年後見人な
どの監督義務者に監
督義務違反があると
きは、監督義務者が
損害賠償責任を負い
ます。

❷ 不法行為の効果

① 不法行為責任が成立すると、加害者は被害者に対して損害賠償責任を負います。

② 損害賠償は、金銭によるのが原則です（**金銭賠償の原則**）が、例外的に、他人の名誉を毀損した者に対しては、裁判所は、被害者の請求により、名誉を回復するのに適当な処分である**原状回復**を命ずることができます。

被害者側に過失があった場合には、**過失相殺**によってその額が減額されることがあります。また、**損益相殺**によって損害賠償額が調整されることがあります。

（注1） **過失相殺**とは、被害者側にも過失があって損害の発生や拡大の一因となった場合に、損害額から被害者側の過失割合に相当する額を差し引いて賠償額を決定す

る方法をいいます。過失相殺をするためには、被害者に責任能力があることは不要ですが、**事理弁識能力**（物事の善し悪しを判断できる能力）があることは必要です。

　過失相殺にあたって考慮される過失は、被害者自身の過失に限られません。判例は、被害者と身分上ないしは生活関係上一体をなすとみられるような関係にある者の過失（**被害者側の過失**）も含まれるとしています。「被害者側」に当たる例としては、被害者が幼児の場合でいえば、その父母や父母の被用者である家事使用人などを挙げることができます。しかし、判例は、保育園の保育士は、被害者側には当たらないとしています。

（注2）　**損益相殺**とは、被害者が不法行為によって損害を受ける一方で何らかの利益を受けた場合に、その利益額を損害額から差し引いて賠償額を決定することをいいます。死亡の場合でいえば、生存していたならば、支出したであろう生活費相当分が損益相殺の対象となります。

③　**不法行為による損害賠償請求権**は、次に掲げる場合には、**時効によって消滅**します。

　イ　**被害者またはその法定代理人が損害および加害者を知った時から3年間**（人の生命または身体を害する不法行為による損害賠償請求権の場合は5年間）行使しないとき。

　ロ　**不法行為の時から20年間**行使しないとき。

❸　**特殊な不法行為責任**

①　**監督義務者の責任**

　加害行為を行った者が3歳児のような責任無能力者であった場合、その**監督義務者**（親権者や後見人）に監督義務違反があれば、監督義務者が損害賠償責任を負います。

　また、監督義務者に代わって責任無能力者を監督する者（代理監督者）も、同様の責任を負います。

ココが出る！

◀ 発　展 ▶

事理弁識能力については、通常、小学校入学の前後（5～6歳）でその有無が区別されています。

第3章　法人取引の法務

注　意 ⚠

任意加入の生命保険金や傷害保険金は、損益相殺の対象とはなりません。
香典や見舞金も損益相殺の対象とはなりません。

ココが出る！

◀ 発　展 ▶

監督義務者には、親権者や後見人のほか

に、児童福祉施設の
長等も含まれます。
代理監督者として
は、保育所の保育士
や幼稚園・小学校・
中学校等の教員等が
該当します。

◀ 発 展 ▶

使用者責任は、他人
(被用者)を使用す
ることによって自己
の活動範囲を拡張
し、利益を収める可
能性を増大させてい
る者(使用者)は、
それに伴って生ずる
損害も負担するのが
公平であるとする
「報償責任の原理」
に基づくものです。

ココが出る!

注 意

使用者責任が成立す
るためには、その前
提として、被用者に
一般の不法行為責任
が成立することが必
要です。

注 意

責任追及できる相手
方は、使用者に限ら
れないことに注意し
ましょう。

② **使用者責任**

　ある事業のために他人を使用する者(使用者)は、被用者が
その事業の執行について第三者に加えた損害を賠償する責任を
負います。

　たとえば、運送会社A社の配送員Bが荷物をトラックで配送
中に、その前方不注意によりCをはねて怪我を負わせた場合、
Aは、Cに対して損害賠償責任を負います。

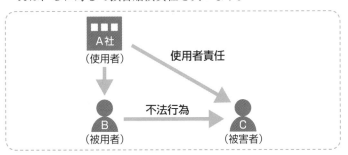

　「事業」とは、広い意味に解されており、営利目的か否か、
継続的か一時的か、企業の仕事か家庭の仕事か等は問われませ
ん。また、「使用関係」は、雇用契約等の契約関係になくても、
事実上、監督・指揮命令に服する関係にあれば認められます。

　なお、使用者は、被用者の選任およびその事業の監督につい
て相当の注意をしたとき、または相当の注意をしても損害が生
ずべきであったことを立証すれば、免責されます。ただし、こ
の立証は極めて困難であり、実際上、使用者責任は無過失責任
に近いものとなっています。

　使用者責任が成立する場合でも、被害者は、加害行為を行っ
た被用者に対して損害賠償責任を追及できます。使用者が被害
者に対して損害賠償をしたときは、被用者に求償することがで
きますが、この求償の範囲は、損害の公平な分担という見地か
ら信義則上相当と認められる限度に制限されています(判例)。

③ **土地工作物責任**

　建物その他土地の工作物の設置または保存に欠陥(瑕疵)が
あり、そのために他人に損害が発生した場合、その工作物の占
有者は、被害者に対して損害賠償責任を負います。ただし、占
有者が損害の発生を防止するのに必要な注意をしたことを証明

したときは、所有者が損害賠償責任を負います。

　たとえば、BがAの所有する建物を賃借し、そこで劇場を経営していたところ、建物の天井がその設置に欠陥があったために落下して、観客Cが怪我を負った場合、**第一次的**には建物の**占有者**であるBがCに対して損害賠償責任を負い、Bが損害の発生を防止するのに必要な注意をしたことを証明したときは、**第二次的**に建物の**所有者**であるAがCに対して損害賠償責任を負います。所有者には免責事由は認められておらず、その責任は**無過失責任**となっています。

注 意 ⚠

土地工作物責任については、第一次的には占有者が損害賠償責任を負うことと、占有者が責任を免れたときは、第二次的に所有者が無過失責任を負うことを押さえてください。

◀ **発 展** ▶

土地工作物責任は、他人に損害を生ぜしめるかもしれない危険性を持った瑕疵ある工作物を支配している者は、その工作物の瑕疵より生ずる損害について責任を負うのが公平であるとする「**危険責任の原理**」に基づくものです。

第3章　法人取引の法務

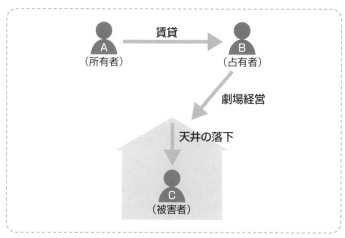

図
A（所有者） →賃貸→ B（占有者）
劇場経営
天井の落下
C（被害者）

④　**製造物責任**

イ　製品等の製造物の欠陥によって他人の生命・身体・財産を害した場合、製造業者等が損害賠償責任を負います。

ロ　被害者は、**製造業者等の故意・過失を証明する必要はな**く、製造物に欠陥が存在し、これによって損害を被ったことを証明すれば足ります。

ハ　製造物責任は、製造物の欠陥によって人の生命・身体・財産に生じた損害（**拡大損害**）について成立します。損害が欠陥のある製造物だけにとどまり、**拡大損害が生じなかった場合には、製造物責任は成立しません**。

ニ　「製造物」とは、**製造・加工された動産**をいいます。不動産やサービス、未加工の農林水産物は含まれません。

ホ　責任を負う「製造業者等」には、製造・加工業者のほか、

◀**ココが出る!**

製造物責任は、「無過失責任」です。

◀**ココが出る!**

◀**ココが出る!**

輸入業者も含まれます。しかし、**単なる流通業者や販売業者は含まれません。**ただし、有名デパート等の大手の販売業者が中小のメーカーに製造させた製品に自社ブランドをつけて販売するような場合には、大手の販売業者も「製造業者等」にあたります。

⑤ **自動車損害賠償保障法による自動車の運行供用者責任**

イ **運行供用者**とは、自動車の保有者（所有者や賃借人など自動車を使用する正当な権原を持っている者）をいいます。

保有者自身が自動車を運転して事故を起こし、人に怪我を負わせたような場合だけでなく、保有者の使用人や友人など他人に運転をさせていて、その他人が事故により人に怪我を負わせたような場合にも、保有者である運行供用者が損害賠償責任を負います。

ロ 被害者は、自動車の運行によって損害を被ったという事実のみを証明すればよく、他方、運行供用者は、次の**免責3要件のすべてを証明しなければ、責任を免れることができません。**その結果、運行供用者責任は、実質的に無過失責任となっています。

　a 自己および実際に運転をしていた運転者が、自動車の運行に関し注意を怠らなかったこと

　b 被害者または運転者以外の第三者に故意または過失があったこと

　c 自動車に構造上の欠陥または機能の障害がなかったこと

⑥ **共同不法行為責任**

2人（2社）以上が共同して不法行為を行った場合、加害者は各自が連帯して**全損害についての賠償責任**を負います。

たとえば、複数の企業の工場廃液により、河川や海が汚染されて、住民が健康被害等を受けた場合等においては共同不法行為責任が問題となることが多くあります。

⑦ **失火についての責任**

過失によって火事を起こし、これによって他人に損害を与えた場合、失火者は、重過失がある場合にのみ不法行為責任を負います。その過失が軽過失（通常の過失）にとどまるときは、

不法行為責任を負いません。

過失 ┬ 軽過失（通常の過失）…不注意の程度が軽い場合
　　 └ 重過失……………………不注意の程度が通常の過失に比
　　　　　　　　　　　　　　　　べ著しい場合

　なお、**債務不履行責任と不法行為責任の両方の成立要件を充た
す場合、債権者（被害者）は、いずれの責任でも自由に選択して
損害賠償を請求することができる**とされています（判例）。

⑨ 事務管理・不当利得

❶ 事務管理

① 意義

　事務管理とは、法律上の義務がないのに他人のためにその事
務（仕事）を管理（処理）することをいいます。たとえば、A
が、隣人Bの留守中にB宅の屋根が台風で壊れたのを見つけ
て、Bに頼まれたわけでもないのに、その屋根を修繕するとい
うような場合をいいます。

② 管理者の義務

　法律上の義務がないにもかかわらず、他人のために事務の管
理を始めた者（管理者）は、その事務の性質に従い、**最も本人
の利益に適合する方法**によって、その事務の管理（事務管理）
をしなければなりません。そして、管理者は、原則として、本
人またはその相続人もしくは法定代理人が管理をすることがで
きるに至るまで、事務管理を継続しなければなりません。

◀ ココが出る！

❷ 不当利得

① 意義

　不当利得とは、**法律上の原因なく**（正当な理由がないにもか
かわらず）、他人の財産または労務によって利益を受け、これ
によってその他人に損失を及ぼした場合に、利得者にその利益
の返還を命ずる制度をいいます。

◀ ココが出る！

　たとえば、XがYの建物を勝手にZに賃貸して、Zから賃料
を収受していた場合には、Xは、Yに対して、Zから受け取っ

た賃料相当額を返還する義務を負います。

　なお、返還義務の範囲については、法律上の原因がないことにつき**善意の受益者は、その利益の存する限度（現存利益）で返還**すれば足りますが、**悪意の受益者は、その受けた利益に利息を付して返還**しなければならず、この場合において、なお損害があるときは、その賠償の責任を負います。

② **不法原因給付**

ココが出る！

　不法な原因のために給付をした者は、その給付したものの返還を請求することができません。すなわち、給付が法律上の原因を欠くため、本来ならば、不当利得返還請求権が成立する場合であっても、不法な原因のための給付であるときは、原則としてその給付したものの返還を請求することができないとされます。

　たとえば、賭博で負けて支払った金銭のように、給付の基礎となった法律関係が公序良俗違反によって無効である場合が不法原因給付に当たります。この場合、負けた者が約束の金銭の支払いを拒んだときは、そのような公序良俗違反の行為を国家は是認するものではないため、勝った者は、賭金の取立てのために裁判所に救済を求めることはできません。

⑩ 国際取引

❶ 国際裁判管轄

　国際取引においてトラブルが発生したときに、どの国の裁判所に訴えることができるかという問題を、国際裁判管轄の問題といいます。

　わが国では、民事訴訟法の国内**土地管轄**規定で定める**裁判籍**がわが国にある場合には、原則としてわが国の裁判所に国際裁判管轄を認め、そのうえでそれが当事者の公平や裁判の迅速・適正等に反する特段の事情があるときは、国際裁判管轄を否定しています。すなわち、民事訴訟法によれば、**被告の住所、居所、法人の場合はその主たる事務所や営業所が日本国内にあるとき**等に、日本の裁判所に管轄を認めています。また、契約上の債務の履行請

用　語

「土地管轄」とは、裁判所がそれぞれ地域的分担をして裁判権を行使する権限をもつ土地の区域をいいます。
「裁判籍」とは、民事訴訟において、裁判を受ける側からみた裁判所の土地管轄をいいます。

112

求、不法行為に関する訴えなどの訴えの類型に応じて、特別裁判籍に相当する管轄を認めています。

国際裁判管轄について当事者間であらかじめ合意をしておいても、その合意は有効とされない場合もあります。

❷ 準拠法

国際取引においてトラブルが発生したときに、どの国の法律に基づいてトラブルを解決するかという問題を、準拠法の問題といいます。

わが国では、**法の適用に関する通則法**が準拠法を決定する基準を定めており、同法は、準拠法選択の決定を当事者の意思に委ねる立場（**当事者自治の原則**）を採用しています。

準拠法を当事者間であらかじめ定めていない場合には、契約に最も密接に関係する地の法（**最密接関係地法**）を準拠法とすることになります。

❸ 国際取引と契約書作成

合意事項について、書面による確認の方式として、交渉議事録であるミニッツ・オブ・ミーティングを作成するやり方と、予備的な合意事項や了解事項を簡潔に記載したレター・オブ・インテント、エム・オー・ユーを作成するやり方等があります。

用　語

「準拠法」とは、国際取引における法的紛争を解決するために適用される法律をいいます。

第2節 手形と小切手

重要度 B

この節で学習すること

1 手形・小切手の経済的役割

信用供与のため、送金のため、支払いのためなど、いろいろな役割があります。

約束手形、為替手形、線引小切手などがあります。名称と定義を正確に押さえましょう。

2 手形・小切手の種類

いろいろな性質がありますが、なかでも「無因証券性」が重要です。

3 手形・小切手の性質

4 手形・小切手の取扱上の注意点

用紙や印紙貼付などのルールがあります。

5 約束手形・小切手の支払い

支払いには「呈示」（＝見せること）が必要です。細かいルールがあります。

記載事項は多岐にわたり、そのルールは極めて厳格です。正確に押さえましょう。

6 約束手形・小切手の記載事項

「しらじてがた」と読みます。未完成手形ですが、無効な手形との違いを押さえましょう。

7 白地手形

8
裏書

手形や小切手を譲渡（売買）するときに、その「裏に」譲渡人と譲受人が名前などを「書くこと」です。

お金が支払われないことを、不渡りといいます。半年で2回不渡りを出すと、銀行取引停止になり、倒産します。

9
手形・小切手の不渡り

手形・小切手はお金に近い意味があるので、失くすと大変です。失くしたときの手続が決められています。

10
手形・小切手を紛失した場合の処理

11
手形の偽造

偽造された手形であっても、流通した場合には、かかわった人に様々な責任が生じることがあります。

12
手形訴訟

手形を呈示したのに支払いがなかったときのためだけの特殊な訴訟の手続です。

第**3**章　法人取引の法務

会社などの商人間の取引においては、決済の手段として手形・小切手が利用されることがあります。そこで、本節では、手形・小切手の基礎知識について説明します。

❶ 手形・小切手の経済的役割

ココが出る!

手形・小切手の経済的役割の違いを押さえてください。

① 　手形の経済的役割
　　イ　信用の手段―約束手形・為替手形
　　ロ　送金の手段―為替手形
② 　小切手の経済的役割 —— 現金取引の代替手段（支払手段）
③ 　手形・小切手訴訟
　　債務者が手形金・小切手金を支払わない場合には、債権者は、簡易・迅速な訴訟制度である「手形・小切手訴訟」により、容易に債権の回収を図ることができます。

❷ 手形・小切手の種類

❶ 手形の種類

① 　約束手形
　　振出人が受取人（名宛人）に対して、一定期日に一定金額を支払うことを約束した証券（支払約束証券）です。

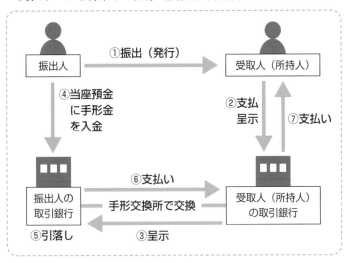

116

② **為替手形**

　振出人が支払人（名宛人）に対して、一定期日に一定金額を受取人に支払うよう委託した証券（支払委託証券）です。

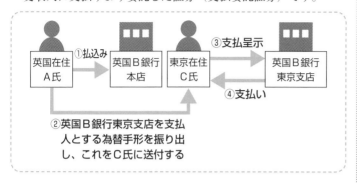

❷ **小切手の種類**

　小切手とは、振出人が支払人（名宛人）に対して、一定期日に一定金額を受取人に支払うよう委託した証券（支払委託証券）をいいます。

① **線引小切手（横線小切手）**

　イ　**一般線引小切手**

　　小切手用紙の表面に２本の平行線を引いただけか、またはその間に「銀行」、「Bank」、「銀行渡り」などの文字が記載された小切手をいいます。

　　支払銀行は、「他の銀行」または「支払銀行の取引先」（支払いの呈示をした者がその支払銀行と取引のある者であること）に対してのみ支払いをすることができます。

　ロ　**特定線引小切手**

　　２本の平行線の間に特定の銀行名が記載された小切手をいいます。

　　支払銀行は、「線内に記載された銀行」に対してのみ支払うことができます。特定線引で指定された銀行と支払銀行が同一の場合には、支払銀行は、自己の取引先に対してしか支払えません。

② **先日付小切手**

　実際に小切手を振り出す日よりも先の日付を振出日として

◀ **発　展** ▶

線引小切手は、小切手の不正取得者に対して支払いがなされるのを防止するために用いられます。

記載する小切手をいいます。

ココが出る！

法律上は、「振出日」前でも支払いを受けられることになっています。

③ 自己宛小切手（預金小切手）

ココが出る！

銀行が自分自身を支払人として振り出す小切手をいいます。

不渡りの危険性はほとんどなく、信用力が高い小切手です。

❸ 手形・小切手の性質

手形・小切手には、次のような性質があります。

❶ 有価証券性

有価証券とは、債権などの財産権をあらわす証券であって、権利の移転に証券の交付を、権利の行使に原則として証券の所持を必要とするものをいいます。

❷ 設権証券性

一定の金額を記載して振り出せば、証券に表示された内容の債権が発生します。

❸ 無因証券性

ココが出る！

手形関係は、原因関係の影響を受けないことを押さえてください。

いったん振り出すと、証券上の債権は振出の原因となった取引（原因関係、たとえば、売買・消費貸借など）とは切り離された独立した別個の債権となります。**原因関係が無効、取消し、解除となっても、手形関係は有効に成立**します。手形は裏書により譲渡できるので、もし、有因すなわち原因関係が無効、取消し、解除となった場合には手形関係も無効となるという扱いをするならば、手形取引の安全が害されるからです。

❹ 文言証券性

証券上の権利・義務の内容は証券の記載事項に基づいて決定されます。

❺ 要式証券性

証券の記載事項は法律によって定められています。

④ 手形・小切手の取扱上の注意点

銀行実務では、手形・小切手として使用する用紙は統一手形用紙・統一小切手用紙に限られています。

手形・小切手は、必ず統一手形用紙・統一小切手用紙によって作成されているものを受け取る必要があります。

また、手形には収入印紙の貼付欄があります。**印紙の貼付がない手形も有効ですが**、その場合には、必要な印紙税額とその２倍の過怠税が徴収されます。

⑤ 約束手形・小切手の支払い

❶ 約束手形の支払い

約束手形の所持人が手形金の支払いを受けるには、**満期か、それに続く２取引日**内に支払人に対して手形を呈示することが必要です（この呈示は実際には所持人の取引銀行を通じて行います）。

なお、**支払呈示期間を経過しても、時効にかからない限り、当該約束手形は無効とはならず、約束手形の所持人は、振出人に呈示して手形金の支払いを受けることができる**ことに注意してください。

❷ 小切手の支払い

小切手の所持人が小切手金の支払いを受けるには、支払銀行に対し、振出日の翌日から起算して10日以内に小切手を呈示することが必要です。

ココが出る！

注意⚠
小切手には収入印紙を貼付する必要はありません。

ココが出る！

❻ 約束手形・小切手の記載事項

❶ 約束手形の必要的記載事項

必要的記載事項とは、その記載を欠くと手形が無効となる事項をいい、「手形要件」ともいいます。

①約束手形文句　　②手形金額　③支払約束文句

④支払期日（満期）　⑤**支払地**　　⑥受取人

⑦振出日　　　　　⑧**振出地**　　⑨振出人の署名

（注）　実務では、振出人欄にあらかじめ銀行に届け出た印鑑が押されていないと、銀行は手形金を支払いません。会社などの法人が振り出す場合は、振出人欄に会社名・代表者肩書・代表者の氏名・銀行届出印の押印が必要です。

用　語

「支払地」とは、満期に手形金の支払いがなされるべき地域をいい、最小独立行政区画（市町村、東京23区）で記載されます。

「振出地」とは、手形が振り出された地として手形上に記載されている地域をいい、最小独立行政区画で記載されます。

〈約束手形の見本〉

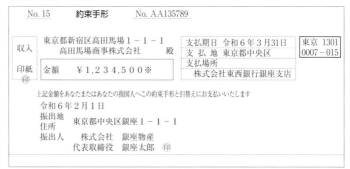

No. 15　　約束手形　　No. AA135789		
収入印紙㊞　東京都新宿区高田馬場 1 - 1 - 1　高田馬場商事株式会社　　殿　金額　￥1,234,500※	支払期日 令和 6 年 3 月31日　支 払 地 東京都中央区　支払場所　　株式会社東西銀行銀座支店	東京 1301　0007 - 015

上記金額をあなたまたはあなたの指図人へこの約束手形と引替えにお支払いいたします

令和 6 年 2 月 1 日

振出地　住所　東京都中央区銀座 1 - 1 - 1

振出人　　株式会社　銀座物産　　　　代表取締役　銀座太郎　㊞

満期には、次の4種類があります。

① 確定日払

「令和 6 年 3 月31日」というように、特定の日を満期とするもの。

② 日付後定期払

「日付後60日払」というように、振出日から手形に記載した期間を経過した日を満期とするもの。

③ 一覧払

一覧の日、すなわち、支払いのための呈示があった日を満期とするもの。「一覧次第」「請求次第」などと表示します。

④ 一覧後定期払

「一覧後10日」というように、一覧のために手形を振出人に呈示した日から手形に記載した期間を経過した日を満期とする

ココが出る！

満期の種類には4つあることを押さえてください。

もの。

❷ 約束手形の有益的記載事項

有益的記載事項とは、記載しなくても、手形は無効とはならないが、記載すれば、その効力が認められる事項をいいます。

① **利息文句**

　一覧払手形と一覧後定期払手形の場合に限られます。**確定日払手形と日付後定期払手形の場合には、無益的記載事項**となります。

◀ ココが出る!

② **支払場所**

　統一手形用紙では、銀行の支店名が印刷されています。

③ **振出人の肩書地**

　振出地の記載がない場合でも、振出人の名称に肩書地の記載があるときは、これが振出地の記載とみなされて、手形が無効となることが回避されます。

④ **裏書禁止文句（指図禁止文句）**

　この記載があると、手形を裏書により譲渡できなくなりますが、民法の債権譲渡の方法により譲渡することはできます。

❸ 約束手形の無益的記載事項

無益的記載事項とは、記載しても効力が生じない事項をいいます。次のような事項が該当します。

① 確定日払手形と日付後定期払手形における利息文句

② 支払遅滞による損害賠償額の予定

③ 「本手形は取り立てしないこと」という不呈示約款

❹ 約束手形の有害的記載事項

有害的記載事項とは、記載すると、その記載自体が無効となるだけでなく、手形全体までが無効となる事項をいいます。次のような事項が該当します。

① 法律が認める態様以外の満期の記載

② 「手形金額の支払いは分割払いとする」旨の記載

③ 「**商品と引換えに支払うこと**」という旨の記載

◀ ココが出る!
有害的記載事項の具体例３つを確実に押さえてください。

❺ 小切手の必要的記載事項

次のうちの1つでも欠けると、小切手は無効となります。

①小切手文句　　②小切手金額　③支払委託文句

④支払人の名称　⑤支払地　　　⑥振出日　⑦振出地

⑧振出人の署名

（注）　支払期日（満期）は記載事項ではありません。理由は、小切手は、常に**一覧払い**（支払いのための呈示がなされた日を満期とする支払方法）とされるため、その記載をしても無意味だからです。

ココが出る！

小切手は、常に一覧払いであることを押さえてください。

❼ 白地手形

❶　意　義

実務では、受取人欄を空白（白地）にしたまま手形を振り出したり、支払期日（満期日）や手形金額が定まっていない場合に、これを空白にしたまま振り出して、後日、手形の所持人にその空白を補充させる場合があります。

このように、手形要件の全部または一部を記入しないまま、のちに所持人に空白を補充させる趣旨で振出人として署名した手形を**白地手形**といいます。

白地手形は、**手形要件を欠くため、そのままでは効力は生じませんが、手形要件が補充されれば有効となる**ことが予定された「未完成な手形」として、商慣習法上、その効力が認められています。

ココが出る！

白地手形は「未完成な手形」であり、「無効な手形」ではないことに注意してください。

❷　白地手形の不当補充

白地手形の空白部分を補充する権利を「補充権」といいます。振出人が金額欄を空白にして手形を振り出す場合には、たとえば、「100万円の範囲内で補充すべきこと」というように、補充権の範囲を制限するのが通常です。ところが、これが「1,000万円」と不当補充された後に手形が流通して、満期日において、現在の所持人が振出人に対して1,000万円の支払いを請求してきた場合、振出人が支払いの義務を負うかが問題となります。

この点について、手形法は、手形取引の安全を図る見地から、あらかじめなされた補充権の合意に反して不当補充がなされた場合でも、**不当補充につき善意・無重過失で手形を取得した者に対しては、振出人は不当補充の内容どおりの債務を負う**ものとしています。

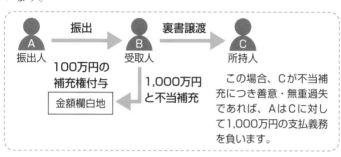

この場合、Cが不当補充につき善意・無重過失であれば、AはCに対して1,000万円の支払義務を負います。

⑧ 裏　書

❶　裏書とは

　裏書とは、手形の裏面に裏書文句と被裏書人（譲受人）の名前を書き、裏書人（譲渡人）が署名捺印または記名押印することをいいます。手形の譲渡は、裏書した手形を被裏書人に渡すことによって行われます。

❷　裏書の連続

　裏書の連続とは、手形面に記載された受取人が第一裏書人となり、第一裏書の被裏書人が第二裏書の裏書人となる、というように受取人から最後の被裏書人に至るまでの各裏書が途切れることなく続いていることをいいます。

　銀行実務では、原則として、裏書の連続を欠く手形は取り扱いません。

注意
相続や合併、商号変更等により裏書の連続を欠くに至った場合でも、その不連続部分の実質的な権利移転を立証すれば、当該不連続手形の所持人は、手形金の支払いを受けることができます。

〈裏書の見本〉

表記金額を下記被裏書人またはその指図人へお支払いください 令和6年3月1日　　　　　　　　　　　　　　拒絶証書不要 住所　東京都新宿区高田馬場1－1－1 　　　　高田馬場商事株式会社 　　　　代表取締役　甲野太郎　㊞ （目的）手形譲渡	
被裏書人	株式会社乙川商会　　　殿
表記金額を下記被裏書人またはその指図人へお支払いください 令和6年4月1日　　　　　　　　　　　　　　拒絶証書不要 住所　東京都豊島区高田1－1－1 　　　　株式会社　乙川商会 　　　　代表取締役　乙川次郎　㊞ （目的）手形譲渡	
被裏書人	丙田不動産株式会社　　　殿

❸　裏書の効力

①　権利移転的効力

　裏書により手形上の権利が裏書人から被裏書人に移転します。

②　人的抗弁の切断

　手形債務者に裏書人に対する人的抗弁事由（手形授受の原因である法律関係（原因関係）の無効・取消しなど手形外の原因により手形金の支払請求を拒むことができる事由）があっても、被裏書人が善意であるときは、人的抗弁が切断され、手形債務者は被裏書人からの手形金の支払請求を拒むことができません。

　手形債務者は、善意の被裏書人からさらに裏書を受けた者が悪意の場合でも、手形金の支払いを拒むことができません。

③　担保的効力

　裏書人は、被裏書人その他後者全員に対し担保責任（遡求義務）を負います。

　手形が支払呈示期間（満期日とそれに次ぐ2取引日）内に適法に呈示されたのに、振出人が支払いを拒絶した場合には、裏

書人が代わって支払う義務（遡求義務）を負います。

（注）　支払呈示期間を過ぎると、裏書人の遡求義務が消滅するため、振出人が支払いを拒絶した場合でも、手形所持人は、裏書人に遡求権を行使して手形金の支払いを受けることができなくなります。

④　**資格授与的効力**

裏書の連続した手形の所持人は、正当な権利者と認められます。

ただし、裏書の連続を欠く手形を所持する者でも、その不連続部分の実質的な権利の移転を立証すれば、手形金の支払いを受けられることは、前述したとおりです。

❹　**手形の割引**

約束手形の所持人は、満期日前に手形を現金化する手段として、その約束手形を銀行等の金融機関に裏書により譲渡して、現金化することができます。これを**手形の割引**といいます。銀行等に手形の割引を依頼した者は、手形金額から満期日までの金利相当分を差し引いた額を銀行等から受け取り、他方、銀行等は、その手形を満期日まで保管して、振出人から手形金額の全額を取り立てることになります。

なお、**手形割引の法的性質**は、**手形の売買**と解されています。

⑨ 手形・小切手の不渡り

❶　**意　義**

不渡りとは、振出人の当座預金が残高不足のため、手形金・小切手金の引き落としができないことをいいます。

❷　**銀行取引停止処分**

手形・小切手の不渡りを出した者が、それから6か月以内に2回目の不渡りを出すと、銀行取引停止処分（処分の通知の日から2年間、手形交換所に加盟しているすべての銀行で当座勘定取引や貸出取引を禁止する処分）を受けます。

◀ **ココが出る！**

語呂合わせ ▶手形・小切手の不渡りの場合の銀行取引停止処分

不渡りを出すと、すべてが無　　に帰する。

6か月以内に2回目の不渡り

◀ 発 展 ▶

1号・2号は、銀行等が作成する不渡届の種別を指します。0号は、不渡届を作成しないことからこの呼び名があります。

❸ 手形の不渡事由

① 0号不渡事由

　形式不備、裏書不備、呈示期間内に呈示されなかったこと等、主に手形所持人に原因のあるものです。振出人は支払いを拒絶しても不渡処分を受けることはありません。

② 1号不渡事由

　資金不足や取引なしという振出人の一方的な責任を原因とするものです。この場合、不渡届が出され、振出人はそれに対し異議申立てをすることはできません。

　振出人は、不渡処分を免れるための手段として、手形所持人に直接依頼して取立銀行に手形を返却する旨申し入れてもらう（これを「依頼返却」という）ことがあります。

③ 2号不渡事由

　契約不履行や詐取、紛失、盗難、偽造、変造等手形自体に問題があって支払いを拒絶する場合です。この場合、振出人は、資金不足による不渡りではないことを明らかにするために、不渡手形の額面と同額の現金（これを「異議申立預託金」という）を提供して異議申立てを行えば、不渡処分を受けません。

⑩ 手形・小切手を紛失した場合の処理

　手形・小切手の所持人が手形・小切手を紛失したり、盗難に遭ったりした場合、その手形・小切手を第三者により善意取得されて、手形・小切手上の権利を失うのを防止するためには、除権決定を得ることが必要です。

　除権決定とは、権利と証券の結び付きを解いて、証券を単なる紙切れにするための決定をいいます。手形・小切手を紛失したり

盗まれた者が除権決定を得ていない場合には、いまだ権利と証券が分離されていないことになるため、その手形・小切手を善意取得した者から支払呈示を受けた振出人は、手形金・小切手金の支払いを拒絶できません。

以下に、除権決定を得るための手続を示しておきます。

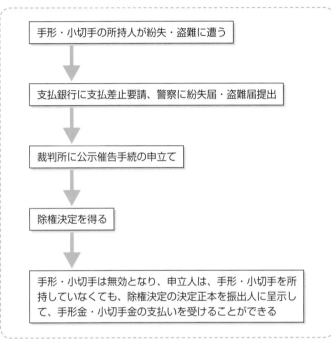

ココが出る！
特に、除権決定によって手形・小切手が無効となることを押さえてください。

◀ 発 展 ▶
公示催告手続の申立ては、手形・小切手の支払地を管轄する簡易裁判所に対して行います。

（注）　**公示催告手続**とは、権利を有する者が一定期間（少なくとも2か月間）内に権利の届出をするよう官報や裁判所の掲示板に掲示して促す手続をいいます。

⓫ 手形の偽造

約束手形の振出人をA社、受取人をB社、B社から裏書譲渡されて、現在手形を所持している所持人をC社とします。C社が満期にA社に手形の支払呈示をしたところ、A社は、自社の経理部員Xが勝手に手形を振り出したので支払いには応じられないと主張しています。この場合、どのような問題が生じるでしょうか。この点について、以下に整理しておきます。

被偽造者A社の責任	(1) 原則…手形上の責任を負わない。 (2) 例外…被偽造者の追認や表見代理が成立する事情があるときは、被偽造者は、手形上の責任を負う。 (3) 偽造者が被偽造者の被用者でありその職務に関して手形を偽造した場合には、被偽造者は手形の所持人に対して使用者責任を負う。
偽造者Xの責任	(1) 偽造者は、手形の所持人に対して不法行為による損害賠償責任を負う。 (2) 偽造者は、無権代理人と同様に、手形金額の支払責任を負う。
裏書人B社の責任	手形振出が偽造によって無効とされた場合でも、その手形を裏書譲渡した者は、裏書人としての担保責任（遡求義務）を負う。なぜなら、**手形行為独立の原則**により、振出が無効となっても、裏書自体に無効原因がない限り、裏書は無効とはならないからである。

⓬ 手形訴訟

　手形を適法に支払呈示したにもかかわらず、振出人や裏書人が支払いに応じない場合には、手形訴訟によって支払いを求めることができます。手形訴訟では、正当な手形所持人が迅速に手形金の支払いを受けることができるようにするため、通常の訴訟手続を簡略化した手続がとられており、次のような特徴があります。

① 証拠調べは、原則として手形や印鑑証明などの**書証**（文書に記載された意味内容を証拠とすること）**に限られる**。

② 尋問は、当事者に限定して行われる。

③ 原則として、1回の期日で結審する。

④ 被告は、**反訴**（民事訴訟の係属中、被告が口頭弁論の終結前に原告を相手方として本訴（従前から係属している訴訟）に併合して提起する訴え）**の提起が認められない**。

⑤ 原告勝訴の判決には、原則として無担保の**仮執行宣言**（裁判の確定前にこれに執行することができる効力を与える裁判）が付されるため、直ちに強制執行することができる。

⑥ 被告は、判決に不服がある場合には、2週間以内に、その判決をした裁判所に異議申立てをすることができるが、**控訴する**

ことはできない。

　手形訴訟の提起は、手形訴訟による審理および裁判を求める旨
の記載をした訴状に、手形の写しを添えて、被告の住所（営業
所）または手形の支払地を管轄する裁判所の受付に提出して行い
ます。

この節で学習すること

1 契約書を作成する理由

ほとんどの契約では、契約書はいらないのです。でも、慣習として契約を作成するのには、理由があります。

「契約書」以外にも、いろいろな文書があります。

2 契約関連文書

それぞれ定義があります。改めて確認しておきましょう。

3 署名と記名押印

4 実印と印鑑証明書

持っている方も多いでしょう。会社（法人）にも実印があります。

5 印紙の貼付

一定の契約書には、印紙（要するに税金です）を貼らなければなりません。

① 契約書を作成する理由

保証契約など一部の契約を除き、契約書を作成することは、契約の成立要件ではありませんが、実務上は、次の理由から契約書を作成するのが一般的です。

① 契約書を作成することで、契約の事実および内容が明確になる。
② 後日、契約について紛争が生じたときの証拠となる。
③ 取引を慎重に行うようになる。

注　意

保証契約は、書面又は電磁的記録でしなければ、その効力を生じません。

② 契約関連文書

契約内容を表示する契約関連文書として、見積書、注文書、注文請書、納品書、受領書、覚書、念書等があります。ここでは、覚書と念書について説明をします。

❶ 覚　書

覚書とは、当事者間における簡単な合意の書面をいいます。契約書を補足するものとして、履行期の延期、地代額の変更、契約成立後に生じた一部条項の解釈上の疑義の明確化等の事項を定めます。

以下に覚書の見本を掲げます。

覚　書

　売主甲野太郎、買主乙川次郎は、後記物件についての売買契約に関し、以下の通り合意した。
1．甲と乙は、別紙地積測量図の通り、後記物件の地積が100㎡であることを確認する。
2．売買代金額は、1㎡当たり単価金10万円を実測面積に乗じて、総額1,000万円とする。
　　以下略。
令和6年3月1日
　　　　　　　　売主　東京都新宿区高田馬場1－1－1
　　　　　　　　　　　甲野太郎　㊞
　　　　　　　　買主　東京都豊島区高田1－1－1
　　　　　　　　　　　乙川次郎　㊞
物件の表示（略）

---

❷ 念　書

　念書とは、一方当事者が、他方当事者に対して差し入れる形式をとっている文書をいいます。覚書と同様に契約書を補足する事項について作成されるのが一般的です。

❸ 署名と記名押印

　法律上は、署名と記名押印は同等の効力を持ちます。

❶ 署　名

　署名とは、本人の手書きによるサイン（自署）をいいます。押印がなくても署名としての効力がありますが、実務上は、押印が重視されるため、併せて押印をすることが多いです。

❷ 記名押印

　記名押印とは、署名以外の方法（ゴム印・ワープロの印字）で氏名を表示し、そのそばに印を押すことをいいます。

❹ 実印と印鑑証明書

　実印とは、個人の場合は、住民登録をしている市区町村役場に実印として届出をしている印をいい、会社の場合は、会社の登記がしてある法務局に会社の代表者印として届出をしている印をいいます。

　実印は、市区町村役場（個人の場合）または法務局（会社の場合）において交付される印鑑証明書を添付することによって、その印が本人の印であることを証明します。

❺ 印紙の貼付

　印紙税の課税文書（売買契約書、交換契約書、請負契約書、土地賃貸借契約書等）を作成した場合には、作成者は、印紙税に相当する金額の印紙を、当該文書に貼り付ける方法により、印紙税

◀ 発 展 ▶

「押印」と同じ意味を有する用語として「捺印」があります。一般に、日常生活では「捺印」が多く使用され、法律上は「押印」が多く使用されています。なお、押印についてのＱ＆Ａ（令和2年6月19日、内閣府・法務省・経済産業省）は、「①私法上、契約は当事者の意思の合致により、成立するものであり、書面の作成およびその書面への押印は、特段の定めがある場合を除き、必要な要件とはされていない。②特段の定めがある場合を除き、契約に当たり、押印をしなくても、契約の効力に影響は生じない。」としています。

を納付しなければなりません。

　課税文書の作成者が、その納付すべき印紙税を課税文書の作成の時までに納付しなかった場合には、原則として、その**納付しなかった印紙税の額とその2倍に相当する金額との合計額**（すなわち印紙税額の3倍）に相当する**過怠税**を徴収されます。

（注）　印紙税は書類の原本を課税対象とするため、電子契約をプリンターで印刷しただけでは印紙税の課税物には該当しません。

　　　　ただし、契約内容を電子データで作成し、それをプリンターで印刷し、その印刷した現物を相手方に交付し押印したような場合は、その印刷した現物が契約書の原本となるため、それは印紙税の課税対象となります。

注意

印紙を貼付しなくても、契約は無効とならないことに注意してください。

第3章

法人取引の法務

問 1 　債務者が債務の履行期を経過した後にその履行をしない場合であっても、債権者は、原則として、自らの実力を行使して自己の債権を回収することは認められない。 (42-1-エ)

問 2 　人は、原則として、誰とどのような内容の契約を締結するかを自由に決めることができる。これを一般に契約自由の原則という。 (46-4-コ)

問 3 　AとBは、通謀して彫刻の売買を仮装し、虚偽の売買契約を締結した。この場合、当該売買契約は無効である。 (45-6-ア-①)

問 4 　Aは、実際には彫刻を購入する意思がないのに、Bに対して彫刻を購入する旨の意思表示をした。この場合、BがAには購入する意思がないことを知っていたとしても、Aの意思表示は有効である。 (45-6-ア-②)

問 5 　Aは、Bの強迫により、Bに対し彫刻を購入する旨の意思表示をした。この場合、Aは、その意思表示を取り消すことができる。 (45-6-ア-③)

問 6 　Aは、Bの詐欺により、Bに対し彫刻を購入する旨の意思表示をした。この場合、Aは、その意思表示を取り消すことができる。 (45-6-ア-④)

解 1 ○ 　債務者が債務の履行期を経過した後にその履行をしない場合であっても、債権者は、原則として、自らの実力を行使して自己の債権を回収すること（自力救済）は認められない。

解 2 ○ 　契約自由の原則とは、私的自治の原則の内容の1つであり、人は、契約をするかしないか、どのような内容の契約をするか等を自分の意思で自由に決めることができるという原則をいう。

解 3 ○ 　仮装売買のように、相手方と通じてした虚偽の意思表示は、無効である。

解 4 × 　心裡留保（表意者が真意でないことを知りつつなす意思表示）による契約は、原則として有効である。ただし、相手方がその意思表示が表意者の真意ではないことを知り（悪意）、または知ることができた場合（有過失）は、無効となる。したがって、本問の場合、BがAには購入する意思がないことを知っていたときは、Aの意思表示は無効である。

解 5 ○ 　強迫による意思表示は、取り消すことができる。

解 6 ○ 　詐欺による意思表示は、取り消すことができる。

　　Aは、債権者からの差押えを免れるため、Bと通謀してA所有の甲土地をBに売却する旨の虚偽の意思表示をして売買契約を締結し、所有権移転登記を経た。その後、Bは、この事情を知らないCに甲土地を売却し、所有権移転登記を経た。この場合、Aは、Cに対し、AとBとの間の売買契約の無効を主張し、甲土地の所有権を主張することができる。

（40−4−ア）

　　A社は、B社との間で、B社から工作機械を購入する旨の売買契約を締結し、民法上の解約手付として50万円をB社に交付した。この場合、民法上、A社は、B社から当該工作機械の引渡しを受けた後であっても、解約手付として交付した50万円を放棄すれば、当該売買契約を解除することができる。

（45−4−ア）

　　契約に付される条件のうち、条件成就によって契約の効力が生じるものを解除条件といい、条件成就によって契約の効力が失われるものを停止条件という。

（43−1−ク）

　　期限を定めることによって享受することのできる利益を期限の利益といい、民法上、期限の利益は、債務者ではなく、債権者が有するものと推定される。

（43−8−イ）

　　持参債務の場合、債務者は、債務の本旨に従い、約定の期日に目的物を所定の引渡場所に持参して債権者に提供すれば、債権者が目的物を現実に受領しなくても、債務不履行の責任を免れる。

（46−1−ウ）

　　特定物の引渡しを給付内容とする契約において、引渡しをすべき場所が定められていない場合、民法上、当該特定物の引渡しをする債務者は、当該特定物が存在した場所ではなく、債権者が指定する場所に持参して引渡しをしなければならない。

（42−1−カ）

解 7 ✕　相手方と通じてした虚偽の意思表示（たとえば、仮装売買）は、無効となる。ただし、虚偽表示の無効は、善意の第三者に対抗することはできない。したがって、Aは、善意の第三者Cに対し、AとBとの間の売買契約の無効を主張することはできず、甲土地の所有権を主張することはできない。

解 8 ✕　解約手付が授受された場合、相手方が契約の履行に着手するまでは、買主は手付を放棄し（手付損）、売主はその倍額を現実に提供して（倍戻し）、売買契約を解除することができる。本問では、売主であるB社は、当該工作機械の引渡しをしており、履行に着手しているから、買主であるA社は、手付を放棄して当該売買契約を解除することはできない。

解 9 ✕　契約に付される条件のうち、条件成就によって契約の効力が生じるものを停止条件といい、条件成就によって契約の効力が失われるものを解除条件という。

解 10 ✕　期限を定めることによって享受することのできる利益を期限の利益というが、民法上、期限の利益は、債務者が有するものと推定される。

解 11 ○　持参債務の場合、債務者は、債務の本旨に従い、約定の期日に目的物を所定の引渡場所に持参して債権者に提供すれば、債権者が目的物を現実に受領しなくても、債務不履行の責任を免れる。

解 12 ✕　特定物の引渡しを給付内容とする契約において、引渡しをすべき場所が定められていない場合、民法上、当該特定物の引渡しをする債務者は、債権発生の時に当該特定物が存在した場所で引渡しをしなければならない。

問 13　民法上、弁済の提供をするにあたっては、原則として、債務の本旨に従って現実にしなければならない。　　　　　　　　　　　　　　（45−4−コ）

問 14　民法では、売買契約における売主の担保責任について、売主から買主に引き渡された目的物の種類、品質、数量が契約の内容に適合しない場合、買主は、売主に対して、目的物の修補、代替物の引渡しまたは不足分の引渡しによる履行の追完を請求できるとされている。　　　　　（44−1−コ改）

問 15　商人間で金銭の消費貸借契約が締結された場合において、当事者間に利息の約定がないときは、商法上、貸主は借主に利息を請求することができない。　　　　　　　　　　　　　　　　　　　　　　　　　（41−8−オ）

問 16　民法上、賃貸借契約の目的物について、使用および収益に必要な修繕をする義務を負うのは、賃借人ではなく、賃貸人である。　　　（44−1−ウ）

問 17　賃借人は、賃貸人から建物の引渡しを受けている場合、賃借権の登記がなくても、賃貸人から当該建物を譲り受けた第三者に賃借権を主張することができる。　　　　　　　　　　　　　　　　　（41−3−ア−a）

解 13 ○　弁済の提供とは、債務者側で債務の履行のためにできるすべてのことを行って、あとは債権者が応じてくれれば履行が完了するという債務者側の行為をいうが、民法上、弁済の提供をするにあたっては、原則として、債務の本旨に従って（法律の規定・契約の趣旨・取引慣行・信義誠実の原則等に従った適切な方法で）現実にしなければならないものとされている。

解 14 ○　民法は、売主が契約に基づき契約内容に適合する目的物を引き渡す義務を負うことを前提に、債務不履行責任の一環として、売主は、引き渡した目的物が契約内容に適合しないものであったとき（欠陥がある、数量が足りない等）は、担保責任（契約不適合責任）を負う旨を規定している。すなわち、引き渡された目的物が種類、品質または数量に関して契約の内容に適合しないもの（契約不適合）であるときは、買主は、売主に対し、目的物の修補、代替物の引渡しまたは不足分の引渡しによる履行の追完を請求することができる。

解 15 ×　商人間の金銭消費貸借は、利息の約定がなくても、利息付金銭消費貸借となる。

解 16 ○　民法上、賃貸人は、賃貸借契約の目的物について、使用および収益に必要な修繕をする義務を負う。

解 17 ○　建物の賃借権（借家権）の場合、その対抗要件は、賃借権の登記または建物の引渡しである。したがって、賃借人は、建物の引渡しを受けていれば、賃借権の登記がなくても、賃貸人から建物を譲り受けた第三者に賃借権を主張することができる。

問 18　建物賃貸借契約において、賃借人は、当該建物に改良を加えるなど、契約の目的物の価値を高める費用を支出した場合、民法上、有益費として、直ちに賃貸人に対してその支出した費用の全額の償還を請求することができる。　　　　　　　　　　　　　　　　　　　　　　　　　　　　　　（44-8-ク）

問 19　建物の賃貸借契約において、賃貸人は、賃貸借契約の期間が満了するに際しては、正当の事由がなくても、賃貸借契約の更新を拒絶することができる。　　　　　　　　　　　　　　　　　　　　　　　　　（41-3-ア-c改）

問 20　請負契約は、民法上、請負人がある仕事を完成することを約束し、注文者がその仕事の結果に対して報酬を支払うことを約束することによって、その効力を生ずる。　　　　　　　　　　　　　　　　　　　　　　（44-8-ウ）

問 21　注文者は、請負人が仕事の目的物を完成させる前は、契約を解除することができない。　　　　　　　　　　　　　　　　　　　　　　（41-10-イ-④）

問 22　民法上、委任契約において受任者が委任者に対し報酬を請求することができる旨を定めなかった場合、受任者は善良な管理者の注意をもって委任事務を処理する義務を負わない。　　　　　　　　　　　　　　　（41-1-オ）

問 23　商法上の商人Aは、その営業の範囲内で、商人Bとの間で委任契約を締結し、Bから委任された事務の処理を行った。この場合、Aは、Bとの間に報酬を受け取ることができる旨の特約がない限り、Bに報酬を請求することができない。　　　　　　　　　　　　　　　　　　　　　　（44-4-ア）

解 18 ✕ 賃借人が賃借物につき賃貸人の負担に属する**必要費**（修繕費などのように、賃貸目的物の保存に通常必要な費用をいう）を支出したときは、賃借人は、賃貸人に対して、**直ちにその全額の償還を請求すること**ができる。これに対し、賃借人が賃借物につき有益費（改良費などのように、賃貸目的物の価値を増加させる費用をいう）を支出したときは、賃貸人は、**賃貸借終了時において、その選択に従い、賃借人の支出した費用または賃貸借終了時に現存する増加額のいずれかを償還**しなければならないものとされており、有益費の償還を請求できるのは、賃貸借終了時である。また、償還請求できる額は、必ずしも支出した費用の全額とは限らず、現存する増加額のときもありうる。

解 19 ✕ 賃貸借契約において、賃貸人が契約の更新を拒絶するためには、**正当の事由があること**が必要である。

解 20 ◯ 民法上、請負契約は諾成契約であり、請負人がある仕事を完成することを約束し、注文者がその仕事の結果に対して報酬を支払うことを約束することによって、その効力を生ずる。

解 21 ✕ 注文者は、請負人が仕事を完成する前であれば、いつでも損害を賠償して請負契約を解除することができる。なお、請負人には仕事完成義務があるため、注文者と異なり、仕事完成前に一方的に請負契約を解除することはできない。

解 22 ✕ 民法上、委任契約において受任者が委任者に対し報酬を請求することができる旨を定めなかった場合でも、受任者は善良な管理者の注意をもって委任事務を処理する義務を負う。

解 23 ✕ 商法上、委任契約により商人が受任者としてその営業の範囲内で行う行為については、報酬についての特約がない場合でも、報酬の支払いを請求できる。

問 24 □□□　X株式会社は、Yとの間で、その営業の範囲内においてYの荷物を預かる旨の寄託契約を締結した。この場合、X社は、Yから報酬の支払いを受けるときに限り、善良な管理者の注意をもってYの荷物を保管する義務を負う。　　　　　　　　　　　　　　　　　　　　　　　（45-10-ア-②）

問 25 □□□　民法上の不法行為が成立するためには、損害が発生していなければならない。この損害には、例えば休業損害のように収入として見込まれたものが得られなかった場合の逸失利益が含まれる。　　　　　　　　（42-1-ク）

問 26 □□□　Aは、Bに暴行を加えて負傷させた。この場合、Bは、Aに対し、Bが現実に支出した治療費などの財産的損害のほか、精神的苦痛などの非財産的損害についても、賠償を請求することができる。　　　　（41-3-オ-①）

問 27 □□□　Aは、Bに襲われた際に、自分の身を守るためにやむを得ず反撃し、Bを負傷させた。この場合、Aの行為に民法上の正当防衛が成立するときは、AはBに対して不法行為に基づく損害賠償責任を負わない。

（41-3-オ-③）

問 28 □□□　Aが経営する飲食店において、Aは、自己の過失により、来店していたBに熱湯をかけ火傷を負わせた。Bは、火傷を負ったことにより、任意に加入していた傷害保険の保険金を受け取った。この場合、当該保険金は、BからAに対する不法行為に基づく損害賠償請求において、損益相殺の対象となる。　　　　　　　　　　　　　　　　　　　　　（41-3-オ-④）

解24 ×　商法上は、商人が寄託を受ける場合には、有償・無償を問わず、善管注意義務を負う。したがって、X社は、Yから報酬の支払いを受けるか否かを問わず、善良な管理者の注意をもってYの荷物を保管する義務を負う。

解25 ○　民法上の不法行為が成立するためには、損害が発生していなければならない。そして、この損害には、消極的損害、たとえば休業損害のように収入として見込まれたものが得られなかった場合の損害（逸失利益または得べかりし利益）が含まれる。

解26 ○　不法行為の被害者は、加害者に対し、現実に支出した治療費などの財産的損害のほか、精神的苦痛などの非財産的損害についても、賠償を請求することができる。

解27 ○　不法行為に基づく損害賠償責任が成立するためには、加害行為に正当防衛（他人の不法行為に対し、自己または第三者の権利または法律上保護される利益を防衛するためやむを得ずした加害行為）や緊急避難（他人の物から生じた急迫の危険を避けるためその物を損傷すること）といった違法性阻却事由が存在しないことが必要である。したがって、Aの行為に民法上の正当防衛が成立するときは、AはBに対して不法行為に基づく損害賠償責任を負わない。

解28 ×　損益相殺とは、被害者が不法行為によって損害を受ける一方で何らかの利益を受けた場合に、その利益額を損害額から差し引いて賠償額を決定することをいうが、任意加入の生命保険金や傷害保険金は、損益相殺の対象とはならない。

　　A社の建築作業員Bが高架で作業中に不注意で工具を落としたところ、当該高架下を通行中のCにその工具が当たり、Cは重傷を負った。この場合、Cは、A社に対して、使用者責任に基づく損害賠償を請求することができる。　　　　　　　　　　　　　　　　　　　　　（46-3-オ-①）

問 30　　X社製の電子レンジを購入したAが、当該電子レンジを付属の取扱説明書に従って使用していたところ、当該電子レンジはその欠陥が原因で突然発火し、Aは負傷した。この場合、X社は、当該電子レンジに欠陥が存在することにつき故意または過失がなかったときは、Aに対し製造物責任法に基づく損害賠償責任を負わない。　　　　　　　　　　（43-4-ク）

問 31　　製造物責任法上、製造物に欠陥がある場合には、当該欠陥によって人の生命、身体または財産に損害が生じたときだけでなく、当該欠陥による損害が当該製造物についてのみ生じたときであっても、当該製造物の製造業者等は、製造物責任法に基づく損害賠償責任を負う。　　　　（45-1-ア）

問 32　　自動車損害賠償保障法上、運行供用者が負う損害賠償責任は、運行供用者が自ら自動車を運転していた場合に限り成立する。　　　　（45-4-キ）

144

解29 ○　ある事業のために他人を使用する者（使用者）は、被用者がその事業の執行について第三者に加えた損害を賠償する責任を負う。したがって、建築作業員Bが高架で作業中に不注意で工具を落としたため、Cが重傷を負ったことについては、使用者たるA社には、使用者責任が成立し、Cは、A社に対して、使用者責任に基づく損害賠償を請求することができる。

解30 ×　製品等の製造物の欠陥によって他人の生命・身体・財産を害した場合、製造業者等は、損害賠償責任を負う（製造物責任）。この製造物責任は、製造業者等の故意または過失を要件としない無過失責任である。したがって、X社は、当該電子レンジに欠陥が存在することにつき故意または過失がなかったときでも、Aに対し製造物責任法に基づく損害賠償責任を負う。

解31 ×　製造物責任は、製造物の欠陥によって人の生命・身体・財産に生じた損害（拡大損害）について成立する。損害が欠陥のある製造物だけにとどまり、拡大損害が生じなかった場合には、製造物責任は成立しない。したがって、当該欠陥による損害が当該製造物についてのみ生じたときは、当該製造物の製造業者等は、製造物責任法に基づく損害賠償責任を負わない。

解32 ×　運行供用者とは、自動車の保有者（所有者や賃借人など自動車を使用する正当な権原を持っている者）をいうが、自動車損害賠償保障法上、運行供用者が負う損害賠償責任は、保有者が自ら自動車を運転していた場合に限らず、保有者の使用人や友人など他人に運転をさせていて、その他人が事故により人に怪我を負わせたような場合にも成立する。

第2節 手形と小切手

問 1 □□□　約束手形の振出の原因となった法律関係が無効となった場合、当該約束手形も無効となる。　　　　　　　　　　　　　　　　　　　　（40 − 10 − ア − d）

問 2 □□□　小切手は、もっぱら支払いのための手段であるため、支払期日については、支払いのための呈示がなされた日を満期とする一覧払いとされている。　　　　　　　　　　　　　　　　　　　　　　　　　（44 − 4 − ク）

問 3 □□□　手形法上、裏書の連続した約束手形の所持人は、当該約束手形の正当な権利者と認められる。　　　　　　　　　　　　　　（40 − 10 − ア − a）

解 1 ✕ 　手形をいったん振り出すと、証券上の債権は振出の原因となった取引（原因関係、たとえば、売買・消費貸借など）とは切り離された独立した別個の債権となる。原因関係が無効、取消し、解除となっても、手形関係は有効に成立する。手形は裏書により譲渡できるので、もし、有因すなわち原因関係が無効、取消し、解除となった場合には手形関係も無効となるという扱いをするならば、手形取引の安全が害されるからである。

解 2 ◯ 　小切手は、もっぱら支払いのための手段である。そして、支払期日については、支払いのための呈示がなされた日を満期とする一覧払いとされている。

解 3 ◯ 　裏書の連続した約束手形の所持人は、当該約束手形の正当な権利者と認められる（資格授与的効力）。

第4章

法人財産の
管理と法律

　本章では、法人財産の取得や管理にかかわる法律関係（不動産や動産の
二重譲渡、債権譲渡、預金、不動産登記など）と法人財産として今日重要
な地位を占めている知的財産権（特許権、実用新案権、意匠権、商標権、
著作権等）について学習します。
　試験対策としては、不動産や動産の二重譲渡、知的財産権（特に、特許
権と著作権）からの出題が多いので、これらに重点を置いて学習してくだ
さい。

この節で学習すること

1
売買契約による
所有権移転の
時期

「売ります」「買います」
と合意した（＝契約した）
とき、いったいいつ、
そのモノは買主のモノに
なるのでしょうか。

「所有権を対抗する」
とは、「この家は私のモノ
です！」と主張すること
です。なにをすれば、
このような主張が
できるのでしょうか。

2
所有権移転等の
対抗要件

借りている腕時計を
売った場合、買った人は
一定の条件のもと、所有権
を取得できます。本当の
持ち主は、腕時計を
取り返せません。

3
即時取得

① 売買契約による所有権移転の時期

❶ 原 則

ココが出る！

物件の引渡しや登記の移転は、所有権移転の要件ではないことに注意してください。

　民法上、所有権等の物権の設定および移転は、当事者の意思表示のみによって、その効力を生ずるとされています。つまり、特約がない限り、当事者の**意思表示の合致があった時**に、売主から買主に売買の目的物（土地、建物等）の所有権が移転します。

❷ 例 外

　実務上は、目的物の引渡しまたは代金の支払いがあった時に所有権が移転するという特約を結ぶのが一般的です。

② 所有権移転等の対抗要件

❶ 不動産の場合

① **不動産**とは、土地およびその定着物（建物など）をいいます。土地と建物は別個の不動産として取り扱われます。

② 民法177条は、不動産に関する物権変動（物権の取得や設定）は、**登記**をしなければ、これをもって第三者に対抗（主張）することができないと定めています。

このように、法律上、その譲渡の効力を当事者以外の第三者に主張するために備えなければならない要件（登記、引渡し等）のことを「対抗要件」といいます。

不動産の二重譲渡の場合には、先に登記をした者が優先することになります。

← ココが出る！

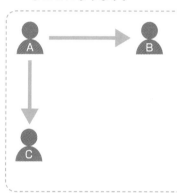

たとえば、Aがその所有する土地をBとCとに二重に譲渡した場合、BC間の優劣は、登記の有無によって決せられ、先に登記を備えた方が土地の所有権の取得を主張できます。BがCよりも先に土地を買っていても、Cが先に登記を備えてしまえば、CがBに優先して土地の所有権の取得を主張できることになります。

また、AがBに対して負う債務を担保するため、自己の所有する甲土地に抵当権を設定したところ、Bが甲土地につき抵当権設定登記を経る前に、Aが甲土地を善意のCに譲渡し、Cが甲土地につき所有権移転登記を経た場合には、CがBに優先し、Bは、Cに対して抵当権を対抗することはできません。その結果、Cは、甲土地について抵当権の負担のない所有権を取得します。

← ココが出る！

③ 判例は、民法177条にいう「登記がなければ対抗できない第三者」とは、登記の欠缺（登記がないこと）を主張するにつき正当の利益を有する第三者を指すとしています。したがって、たとえば、他人の権利証や実印を盗んで、不動産の

第
4
章

法人財産の管理と法律

登記名義を自分名義に移転したような泥棒（無権利者）などは、正当の利益を有する第三者とはいえませんので、自分名義の登記を失ってしまった真の権利者は、登記がなくても、泥棒に対しては、自分に不動産の所有権があることを対抗することができることになります。さらに、そのような泥棒から不動産を買った人に対しても、無権利者からは権利は取得できませんので、買った人もやはり無権利者であり、真の権利者は、登記がなくても、買った人に対して自分に不動産の所有権があることを対抗することができることになります。

また、判例は、自由競争の範囲を逸脱するような悪意者（これを「**背信的悪意者**」といいます）は、信義誠実の原則（信義則）に照らして、「登記の欠缺を主張するにつき正当の利益を有する第三者」にあたらないとしています。

したがって、たとえば、Aがその所有する不動産をBとCとに二重に譲渡した場合において、CがBよりも先に登記を備えたとしても、CがBに対していやがらせをする目的で不動産を買ったような背信的悪意者であるときは、Bは、登記がなくても、Cに対して不動産の所有権は自分にあることを対抗することができることになります。これに対して、Cが、先にBが不動産を買っていることを知らなかったり（善意者）、単に、先にBが不動産を買っていることを知っているだけで、特に不当な目的をもって不動産を買ったわけではないとき（**単純悪意者**）は、Cは、なお「登記の欠缺を主張するにつき正当の利益を有する第三者」に当たりますので、Bは、Cに対して自分に不動産の所有権があることを対抗できないことになります。

④　**登記には公信力がありません**ので、実体のない無効な登記の記載を信用して取引に入っても所有権は取得できません。

前述しましたように、泥棒から不動産を買った人は、たとえ、不動産の名義が泥棒の名義になっているので、その泥棒を真の権利者だと信頼して買ったとしても、不動産の所有権を取得することはできないのです。

❷ 動産の場合

① **動産**とは、不動産以外のものをいいます。

② 動産物権変動の対抗要件は**引渡し**です。したがって、**動産の二重譲渡の場合には、先に引渡しを受けた者が優先**します。

　　たとえば、Aがその所有する腕時計をBとCとに二重に譲渡した場合には、先にAから腕時計の引渡しを受けた方が、その腕時計の所有権の取得を主張できることになります。

❸ 債権の場合

① 債権は、原則として、これを自由に譲渡することができます。

　　債権譲渡の債務者に対する対抗要件は、譲渡人からする債務者への通知または債務者の承諾です。

　　たとえば、AがBに対して有する100万円の貸金債権をCに譲渡した場合、CがBに対して100万円の支払いを請求できるためには、譲渡人Aから債務者Bに対して通知をするか、または債務者Bが譲渡人Aもしくは譲受人Cに承諾をすることが必要となります。

◀ ココが出る！ ▶

◀ 発 展 ▶

法人が譲渡人である動産の譲渡の場合には、「動産及び債権の譲渡の対抗要件に関する民法の特例等に関する法律」の規定により、これを登記することができ、当該登記が対抗要件となります。

第**4**章

法人財産の管理と法律

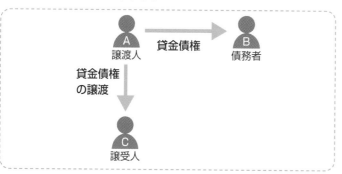

② 承諾は、譲渡人と譲受人のいずれに対してしてもよいですが、**通知は譲渡人からしなければならず、譲受人からしても無効**です。なぜなら、債務者にとって譲受人は面識のない者であり、そのような者から通知を受けても信用できないからです。

③ **債権譲渡を債務者以外の第三者に対抗するには、確定日付ある証書**（公正証書や内容証明郵便）**による通知または承諾が必要**となります。

◀ ココが出る！

◀ ココが出る！

したがって、たとえば、AのBに対する債権が、CとDとに二重に譲渡された場合には、CD間の優劣は、確定日付ある証書による通知または承諾の有無によって決せられます。そこで、仮に、Cに対する譲渡の通知が通常の文書でなされ、他方、Dに対する譲渡の通知が内容証明郵便でなされたという場合には、DがCに優先して債権を取得することになります。

③ 即時取得

① 売買などにより動産を取得した者が、取得の際に相手方の所有物であると信じ、かつ、そう信じたことについて過失がない場合（善意・無過失の場合）、相手方が実際には所有権を有しなかったとしても、その取得者はその動産に関する所有権を取得します。これを**即時取得（善意取得）**といいます。

たとえば、Aの所有する腕時計をBが借りている場合に、その腕時計をBが自分の所有物としてCに売却したときは、Cは、その腕時計がBの所有物であると信じ、かつ、そう信じたことについて過失がない場合には、その腕時計の所有権を取得することができます。

② 動産が盗品や遺失物の場合には、即時取得が認められない場合があります。

すなわち、盗品や遺失物の場合、被害者や遺失者には、盗難または遺失の時から2年間は、盗品や遺失物の所持人に対して返還請求することが認められていますので、被害者がこの返還請求をしてきたときは、即時取得は認められません。

第2節 法人財産の管理と法律

重要度 B

この節で学習すること

1 預金
銀行にお金を預けることです。民法上は、消費寄託契約といいます。

土地と建物には、権利者の名前などを登記簿に記録して公示する制度があります。

2 不動産登記制度

---

❶ 預　金

❶ 預金とは

　預金とは、預金者が金融機関に金銭を寄託し、金融機関は受け入れた金銭を運用し、預金者から返還の請求があったときは、預金者に対して同額の金銭を返還するという制度です。預金契約の法的性質は、消費寄託契約です。

❷ 預金通帳・証書

　預金通帳・証書は、預金債権が存在していることを証明する書類です。預金の払戻しにあたって、届出印章とともに預金通帳・証書が提出され、金融機関がその持参者を債権者であると信じて（善意・無過失）支払った場合、持参者が正当な権利者でなかったとしても、当該払戻しは、**受領権者以外の者であって取引上の社会通念に照らして受領権者としての外観を有する者（受領権者としての外観を有する者）**に対する弁済として有効となり、金融機関は免責され、真の預金者に対して責任を負いません（払い戻す責任を負わない）。

▶ ココが出る！

用　語

「受領権者」とは、債権者および法令の規定または当事者の意思表示によって弁済を受領する権限を付与された第三者をいいます。

❸ 預金者保護法

① 偽造キャッシュカードや盗難キャッシュカードによって預
貯金が不正に引き出された場合に、預貯金者を保護するた
め、「偽造カード等及び盗難カード等を用いて行われる不正
な機械式預貯金払戻し等からの預貯金者の保護等に関する
法律」（預金者保護法）が定められています。

② 預金者保護法は、偽造・盗難キャッシュカードを使った現
金自動預払機（ATM）での預貯金の不正引出しにより預貯
金者が受けた被害について、金融機関にその補償（補てん）
を義務づけています。

被害に遭った預貯金者が補償を受けるためには、警察と金
融機関の双方に被害届を提出することが必要であり、金融機
関には、原則として、その届出から30日間の被害につき補償
が義務づけられています。

	預貯金者の過失の程度と補償の範囲		
偽造カード による被害	無過失・軽過失		重過失
	100%補償		補償なし^(注1)
盗難カード による被害	無過失	軽過失	重過失
	100%補償	75%補償^(注1)	補償なし^(注1・2)

（注1） 金融機関が善意・無過失の場合に限ります。
（注2） 預貯金者の配偶者・二親等内の親族等一定の者が払戻しを
受けた場合、金融機関に対して虚偽の説明をした場合、盗難
後2年以内に金融機関に通知をしなかった場合等も、補償は
受けられません。

2 不動産登記制度

❶ 目 的

不動産登記制度は、不動産上の権利を明確に公示して、不動産
について新たに法律関係に入ろうとする者にその権利内容を知ら
せ、取引の安全を図ることを目的とします。

❷ 不動産登記簿

不動産登記簿は、不動産の表示および権利の得喪・変更を記載

する帳簿で、磁気ディスクで調製され、登記官が登記簿に登記事項を記録します（**登記記録**）。土地および建物のそれぞれについて備えられ、表題部と権利部とに区分されます（権利部は甲区と乙区とに分かれる）。

不動産登記簿は、一筆の土地または一個の建物について一つの登記記録を備えることとされています（一不動産一登記記録主義）。ただし、区分所有建物（マンション）については、一棟の建物について一つの登記記録が備えられ、所有権の対象となる各区分建物（専有部分）ごとに土地利用権とともに公示されます。

ココが出る！

不動産登記簿の構成を押さえてください。

不動産の登記記録

表題部	土地・建物の物理的現況を記録	所在・地番・地目・種類・構造・地積・床面積・建物番号・附属建物の種類・登記日付など	
権利部	権利に関する事項を記録	甲区	所有権に関する事項を記載（所有権保存の登記・所有権移転の登記・差押えの登記・仮差押えの登記・仮処分の登記など）
		乙区	所有権以外の権利に関する事項を記載（地上権・賃借権・永小作権・地役権・先取特権・質権・抵当権・根抵当権など）

◀ **発 展** ▶

土地の単位を「筆」といいます。
一筆の土地を二筆以上の土地に分割することを「分筆」といい、数筆の土地を合併して一筆の土地にすることを「合筆」といいます。

❸ 登記簿の閲覧等

① 登記簿は、その不動産の所在地を管轄する登記所（法務局・地方法務局・支局・出張所）で閲覧でき、謄本・抄本の交付を受けられます。

② 現在では、すべての登記所がコンピュータ庁（登記事務がコンピュータ化された登記所）となっています。コンピュータ庁においては、従来の登記簿謄本に代わり、登記事項証明書・現在事項証明書・請求事項証明書が発行されます。

❸ 所有者不明土地の解消等のための制度

相続登記がされないこと等により、登記簿からは所有者が判明しない土地が存在するため、公共事業や復興事業が円滑に進ま

ず、土地の有効な利用等が阻害され、社会問題となっています。

　そこで、このような事態を解消するため、令和3年4月21日、「民法等の一部を改正する法律」および「相続等により取得した土地所有権の国庫への帰属に関する法律」が成立し、これらの法律により、所有者不明土地の発生の予防および土地利用の促進等が図られることとなりました。

❶　不動産登記法の改正

① **相続登記の義務化（令和6年4月1日施行）**

　相続（遺言による場合を含む）によって不動産を取得した相続人は、相続により所有権を取得したことを知った日から3年以内に相続登記の申請をしなければならないこととされました。

　また、遺産分割の協議がまとまったときは、不動産を取得した相続人は、遺産分割が成立した日から3年以内にその内容を踏まえた相続登記の申請をしなければならないこととされました。

② **相続人申告登記（令和6年4月1日施行）**

　従来よりも簡易に相続登記の申請義務を履行することができるようにするため、相続人申告登記という制度が設けられました。

　相続人申告登記は、登記簿上の所有者について相続が開始し、自らがその相続人であることを申し出る制度であり、この申出がされると、相続人の氏名・住所等が登記されます。

③ **住所等変更登記の義務化（令和8年4月1日施行）**

　登記簿上の所有者は、その住所等を変更した日から2年以内に住所等の変更登記を申請しなければならないこととされました。

④ **公的機関との情報連携による住所等の変更登記（令和8年4月1日施行）**

　住所等の変更登記の手続の簡素化等を図るため、法務局の登記官が他の公的機関から取得した情報に基づき、**職権で住所等の変更登記を行う制度**が設けられました。

この職権による住所等の変更登記は、**所有権の登記名義人の申出があるときに限り**、行われます。具体的には、所有権の登記名義人からあらかじめその氏名・住所のほか、生年月日等の検索用情報の提供を受け、検索用情報等を検索キーとして、法務局側で定期的に住基ネットに照会をして、所有権の登記名義人の氏名・住所等の異動情報を取得することにより、住所等の変更の有無を確認し、住所等の変更があったときは、法務局側から所有権の登記名義人に対し、住所等の変更登記をすることについて確認を行い、その了解（これは「申出」として扱われます）を得たときに、登記官が職権により住所等の変更登記をする、という手続となります。

❷ **相続土地国庫帰属制度の創設**（令和 5 年 4 月 27 日施行）

所有者不明土地の発生の予防のため、相続等によって土地の所有権を取得した相続人が、その申請により、法務大臣の承認を受けて、土地を国庫に帰属させることを可能とする制度が創設されました。

① **申請人**

相続（遺言による場合を含む）によって土地の所有権を取得した相続人であれば、申請することが可能です。制度の開始前に土地を相続した者でも申請できますが、売買等によって土地を取得した者や法人は申請できません。

なお、**土地が共有地であるときは、共有者全員で申請する必要**があります。

② **国庫帰属対象土地の要件**

土地が国庫帰属の対象となるためには、建物・工作物・車両等がある土地や担保権等の権利が設定されている土地のように、通常の管理または処分にあたり過大な費用や労力が必要となる土地に該当しないことが必要です。

❸ **遺産分割の期間制限**（令和 5 年 4 月 1 日施行）

相続が発生してから遺産分割の協議がされないまま長期間放置されることによる遺産の共有という状態のもとでは、遺産の管理

や処分が困難となります。

　そこで、これまで、遺産分割を行うに当たり期間の制限はありませんでしたが、生前贈与等を考慮した相続分の割合による遺産分割に限って期間制限を設けることにより、遺産の共有状態の早期解消を促すこととしました。

　すなわち、**相続の開始（被相続人の死亡）から10年を経過した後にする遺産分割は、原則として、生前贈与等を考慮した具体的相続分を考慮せず、法定相続分または指定相続分によって行うこととされました。**

❹　**土地・建物に特化した財産管理制度**（令和5年4月1日施行）
　土地・建物の効率的な管理を実現するために、所有者が不明、または所有者による管理が適切にされていない土地や建物等を対象に、個々の土地や建物の管理に特化した財産管理制度が設けられました。

①　**所有者不明土地・建物の管理制度**
　　調査を尽くしても所有者やその所在を知ることができない土地・建物について、利害関係人が地方裁判所に申し立てることによって、その土地・建物の管理を行う管理人（**所有者不明土地管理人・所有者不明建物管理人**）を選任してもらうことができます。

②　**管理不全状態にある土地・建物の管理制度**
　　所有者による管理が不適当であることによって、他人の権利等が侵害され、またはそのおそれがある土地・建物について、利害関係人が地方裁判所に申し立てることによって、その土地・建物の管理を行う管理人（**管理不全土地管理人・管理不全建物管理人**）を選任してもらうことができます。

第**3**節　知的財産権

重要度
A

第**4**章　法人財産の管理と法律

この節で学習すること

1
知的財産基本法

知的財産の創造、保護および活用に関する施策を推進することを目的とし、そのために行うべき施策について定めた法律です。

自然法則を利用した発明のうち、一定の条件を満たしたものに、特許が認められます。

2
特許権

物の形状、構造または組合せについての工夫のうち、一定の条件を満たしたものに、実用新案権が認められます。

3
実用新案権

4
意匠権

物のデザイン（＝意匠）を独占的に使用できる権利のことです。

5
商標権

商品やサービスの名称を商標として登録することで、独占的に使用できるようになります。

小説や論文、絵画や音楽作品などの作者の権利を著作権といいます。

6
著作権

商品の設計図や作り方、販売マニュアルなどの営業秘密を保護する制度が不正競争防止法に規定されています。

7
営業秘密

❶ 知的財産基本法

知的財産基本法は、**知的財産**について、「発明、考案、植物の新品種、意匠、著作物その他の人間の創造的活動により生み出されるもの（発見または解明がされた自然の法則または現象であって、産業上の利用可能性があるものを含む）、商標、商号その他事業活動に用いられる商品または役務を表示するものおよび営業秘密その他の事業活動に有用な技術上または営業上の情報をいう。」と定義しています。

◀ 発 展 ▶

特許庁が管轄している特許権、実用新案権、意匠権、商標権を総称して「**産業財産権**」といいます。

また、同法は、**知的財産権**について、「特許権、実用新案権、育成者権、意匠権、著作権、商標権その他の知的財産に関して法令により定められた権利または法律上保護される利益にかかる権利をいう。」と定義しています。

❷ 特許権

❶ 意 義

特許権とは、特許を受けた発明を、業として独占排他的に実施する権利をいいます。**特許権者は、業として特許発明の実施をする権利を専有します。**

❷ 発明とは

発明とは、自然法則を利用した技術的思想の創作のうち高度のものをいいます。

特許を受けている発明を**特許発明**といいます。

◀ 発 展 ▶

公の秩序、善良の風俗または公衆の衛生を害するおそれがある発明については、特許の要件を満たしていても、特許を受けることができません。

❸ 特許の要件

特許権を取得するためには、その発明が①産業上の利用可能性、②新規性、③進歩性の3要件のすべてを満たすものであることが必要です。

① 産業上の利用可能性

発明に特許権が付与されるためには、当該発明が産業上利用しうるものであることが必要です。

産業には、工業のほか、農林水産業、鉱業、商業、サービス業も含まれます。

② 新規性

　新規性とは、その発明がいまだ社会に知られていないものであることをいいます。したがって、他人によって公開された場合だけでなく、**特許を受ける権利を有する者が出願前に自ら公開した場合であっても、原則として新規性を喪失する**ことに注意してください。

③ 進歩性

　進歩性とは、当該発明の属する技術分野における通常の知識を有する者が、特許出願時の技術常識に基づいて容易にその発明をすることができないことをいいます。

❹ **特許を受ける権利**

　特許を受ける権利は、発明の完成と同時に発生し、自然人である発明者に帰属します。

❺ **職務発明**

① **意　義**

　職務発明とは、従業者等（従業者、法人の役員、国家公務員または地方公務員）が行った発明であって、その性質上、その従業者等の属する使用者等（使用者、法人、国または地方公共団体）の業務範囲に属し、かつ、その発明をするに至った行為がその従業者等の現在または過去の職務に属するものをいいます。

　従業者等がした職務発明については、**契約、勤務規則その他の定めにおいてあらかじめ使用者等に特許を受ける権利を取得させることを定めたときは、その特許を受ける権利は、その発生した時から当該使用者等に帰属**します（**予約承継**）。

　他方、こうした契約、勤務規則その他の定めを設けない場合には、職務発明の特許を受ける権利は、従業者等に帰属します。

　使用者等は、従業者等がその職務発明につき特許を受けたと

注　意

職務発明については、原則として、従業者等が特許を受ける権利を有することに注意してください。

きは、その**特許権**について**通常実施権**を有します。

② **職務発明における相当の利益**

従業者等は、契約、勤務規則その他の定めにより職務発明について使用者等に特許を受ける権利を取得させ、使用者等に特許権を承継させ、または使用者等のため専用実施権を設定等したときは、相当の金銭その他の経済上の利益（「相当の利益」という）を受ける権利を有します。

契約、勤務規則その他の定めにおいて相当の利益について定める場合には、㋑相当の利益の内容を決定するための基準の策定に際して使用者等と従業者等との間で行われる協議の状況、㋺策定された当該基準の開示の状況、㋩相当の利益の内容の決定について行われる従業者等からの意見の聴取の状況等を考慮して、その定めたところにより相当の利益を与えることが不合理であると認められるものであってはならないものとされています。

なお、経済産業大臣は、発明を奨励するため、産業構造審議会の意見を聴いて、上記の考慮すべき状況等に関する事項について指針を定め、これを公表するものとされています。

❻ **特許権取得手続**

特許を受けようとする者は、一定の事項を記載した願書を特許庁長官に提出しなければならず、願書には、明細書、特許請求の範囲、必要な図面および要約書を添付しなければなりません。

特許権を取得するための手続の概要は、次のとおりです。

① **出願**

いかに優れた発明であっても、特許出願しなければ特許権を取得することはできません。出願するには、法令で規定された所定の書類を特許庁長官に提出する必要があります。

わが国では、同じ発明であっても先に出願された発明のみが特許となる**先願主義**を採用していますので、発明をしたら早急に出願すべきです。

② **方式審査**

特許庁長官に提出された出願書類は、所定の書式どおりであ

るかどうかのチェックを受けます。

　書類が整っていない、必要項目が記載されていない等の場合は、補正命令が発せられます。

③　出願公開

　出願された日から1年6か月経過すると、発明の内容が特許公報によって公開されます。

④　審査請求

　特許出願されたものは、すべてが審査されるわけではなく、出願人または第三者が審査請求料を払って出願審査の請求があったものだけが審査されます。

　審査請求は、出願から3年以内であれば、いつでも誰でもすることができます。

⑤　みなし取り下げ（審査請求期間内に審査請求なし）

　出願から3年以内に審査請求のない出願は、取り下げられたものとみなされます。

⑥　実体審査

　審査は、特許庁の審査官によって行われます。

　審査官は、出願された発明が特許されるべきものか否かを判断します。

　審査においては、まず、法律で規定された要件を満たしているか否か、すなわち、拒絶理由がないかどうかを調べます。

⑦　拒絶理由通知

　審査官が拒絶の理由を発見した場合は、それを出願人に知らせるために拒絶理由通知書を送付します。

⑧　意見書・補正書

　出願人は、拒絶理由通知書により示された従来技術とはこのような点で相違するという反論を意見書として提出したり、特許請求の範囲や明細書等を補正することにより拒絶理由が解消される場合には、その旨の補正書を提出する機会が与えられます。

⑨　特許査定

　審査の結果、審査官が拒絶理由を発見しなかった場合は、特許すべき旨の査定（特許査定）を行います。

ます。
特許権の付与については、「先発明主義」という考え方もあり、これは、最初に発明をした者に特許権を与える考え方をいいます。

第4章　法人財産の管理と法律

また、意見書や補正書によって拒絶理由が解消した場合にも特許査定がなされます。

⑩ **拒絶査定**

意見書や補正書をみても拒絶理由が解消されておらず、やはり特許できないと審査官が判断したときは、拒絶をすべき旨の査定（拒絶査定）を行います。

⑪ **拒絶査定不服審判請求**

拒絶査定に不服があるときは、拒絶査定不服審判を請求することができます。

⑫ **審　理**

拒絶査定不服審判の審理は、3人または5人の審判官の合議体によって行われます。

審判官の合議体による決定を審決といいます。

審理の結果、拒絶理由が解消したと判断される場合には特許審決を行い、拒絶理由が解消せず特許できないと判断される場合には、拒絶審決を行います。

⑬ **設定登録（特許料納付）**

特許査定がされた出願については、出願人が特許料を納めれば、特許原簿に登録され特許権が発生します。

ここではじめて、特許第何号という番号がつくことになります。

特許権の設定登録後、特許証書が出願人に送られます。

⑭ **特許公報発行**

設定登録され発生した特許権は、その内容が特許公報に掲載されます。

⑮ **無効審判請求**

特許権が設定登録された後でも無効理由がある場合は、利害関係人に限り無効審判を請求することができます。

⑯ **審　理**

無効審判の審理は、3人または5人の審判官の合議体によって行われます。

審理の結果、特許に無効理由がないと判断された場合は、特許の維持の審決が行われます。

一方、特許に無効理由があると判断された場合は、特許無効の審決が行われます。

⑰　**知的財産高等裁判所**

　拒絶査定不服審判の拒絶審決に対して不服がある出願人、特許無効審判の審決に対して不服がある当事者は、知的財産高等裁判所に出訴することができます。

❼　先願主義

　先願主義とは、複数の者が別個独立に同一の発明を完成した場合に、**最先の出願人に対して特許権を付与する**考え方をいいます。先願主義について、特許法は、「同一の発明について異なった日に二以上の特許出願があったときは、最先の特許出願人のみがその発明について特許を受けることができる。」と規定しています。

　同一の発明について同日に２以上の特許出願があったときは、特許出願人の協議により定めた１の特許出願人のみがその発明について特許を受けることができます。協議が成立せず、または協議をすることができないときは、いずれも、その発明について特許を受けることができません。また、協議が成立した場合でも、特許庁長官の指定する期間内にその協議の結果について届出をしなかったときは、いずれも、その発明について特許を受けることができません。

❽　特許権の発生・存続期間

　特許権は、特許登録原簿に設定登録することにより発生（成立）します。特許権の存続期間は、**特許出願の日から20年**です。登録の日から20年ではないことに注意してください。

　なお、特許権の存続期間は、特許権の設定の登録が特許出願の日から起算して５年を経過した日または出願審査の請求があった日から起算して３年を経過した日のいずれか遅い日（「基準日」という）以後にされたときは、**延長登録の出願**により延長することができます。

◀ **ココが出る!** ▶

◀ **発 展** ▶

協議の結果、共同出願（数人が共同して特許出願をすること）とすることもできますが、この場合には、各出願人に当該特許の持分が発生します。

◀ **ココが出る!** ▶

注 意⚠

特許権については、更新の制度はありません。

❾ 特許権の実施許諾

　特許権者は、業として特許発明の実施をする権利を専有します。また、特許権者は、他人に自己の有する特許発明を利用する権利（実施権）を許諾することもできます。

　実施権には、権利者（ライセンサー）とライセンスを受ける者（ライセンシー）との実施許諾契約（ライセンス契約）に基づく実施権と、権利者の意図とは関係なく法律上の要件を満たす者に与えられる実施権（法定実施権）とがあります。

　実施許諾契約に基づく実施権には、**専用実施権**と**通常実施権**の２種類があります。

ココが出る!

専用実施権と通常実施権の相違点を押さえてください。

	専用実施権	通常実施権
意　義	設定行為等で定めた範囲内において、実施権者が業としてその特許発明を独占排他的に実施できる権利	許諾契約等で定めた範囲内において、実施権者が業としてその特許発明を実施できる権利
特許登録原簿への登録の要否	必要 登録が専用実施権設定の効力発生要件	不要 登録をしなくても（そもそも登録できない）通常実施権許諾の効力が発生する。
特許権者による実施の可否	不可（専用実施権を設定した場合は、専用実施権を設定した範囲においては、特許権者自身も特許発明を実施できない）	可（通常実施権を許諾しても、特許権者自ら特許発明を実施できる）
特許権者による同様の実施権の設定の可否	不可（重ねて第三者に同様の実施権を設定できない）	可（重ねて第三者に同様の実施権を設定・許諾できる）

　なお、**実施許諾契約の内容・条件**は、原則として、特許権者と実施権者との間で自由に定めることができますが、特許を実施する製品の販売価格・再販売価格を拘束するなど、その内容等によっては、独占禁止法上の「不公正な取引方法」に該当し、独占禁止法違反となるおそれがあることに留意する必要があります。

❿ 特許権侵害に対する措置

特許権者は、自己の特許権が侵害された場合には、当該特許権を侵害する者に対して、差止請求、損害賠償請求、信用回復措置請求、不当利得返還請求等を行うことができます。

また、特許権を侵害した者には、刑事罰が科されます。

◀ 発 展 ▶

特許権の侵害の可能性がある場合、中立な技術専門家が、被疑侵害者の工場等に立ち入り、特許権の侵害立証に必要な調査を行い、裁判所に報告書を提出する制度（**査証制度**）が設けられています。

③ 実用新案権

❶ 意 義

実用新案権とは、登録を受けた実用新案を独占排他的に実施する権利をいいます。

❷ 実用新案登録の対象

実用新案登録の対象は、物品の形状、構造または組合せにかかる考案であり、**考案**とは、自然法則を利用した技術的思想の創作をいいます。

注 意 ⚠

自然法則を利用した技術的思想の創作のうち「高度」のものは「発明」であり、そうでないものは「考案」となることに注意しましょう。

❸ 実用新案権の取得手続

近年における技術革新の進展および加速化を背景として、実用新案登録出願には、出願後極めて早期に実施が開始されるものが多く、また、製品のライフサイクルも短縮化する傾向にあり、このような技術に対する早期権利保護を求めるニーズが顕著となっています。

そこで、このような早期権利保護のニーズに対応するため、実用新案権の登録については、特許権の登録のような新規性、進歩性等の実体審査を行わず、方式審査（方式上の要件を満たしているかどうかの審査）および基礎的要件の審査（登録を受けるために必要とされる一定の要件（基礎的要件）を満たしているかどうかの審査）のみを行って権利を付与するという、**早期登録制度**が採用されています。

実用新案権は、設定の登録により発生し、実用新案権の存続期間は、実用新案登録**出願の日から10年**です。

ココが出る!

注 意 ⚠

実用新案権については、更新登録という制度はなく、存続期間の満了により消滅します。

第**4**章 法人財産の管理と法律

④ 意匠権

❶ 意　義

　意匠権とは、物のデザイン（意匠）を独占的に実施することができる権利をいいます。

ココが出る！

　意匠権の存続期間は、**出願の日から25年**です。**更新登録は受けられないこと**に注意してください。

❷ 意匠とは

① 意匠の意義

注　意　⚠

「意匠」「考案」「商標」の３つは定義が似ていますので、混同しないよう注意してください。

　意匠とは、物品（物品の部分を含む）の形状、模様もしくは色彩もしくはこれらの結合（形状等）、建築物の形状等（建築物の外観・内装のデザイン）または一定の画像であって、視覚を通じて美感を起こさせるものをいいます。

② 部分意匠制度

　部分意匠制度とは、物品の全体ではなく、物品の一部分のみで意匠登録の要件を備えている場合に、その物品の一部分を意匠登録の対象とする制度をいいます。

　部分意匠とは、物品の部分の形状、模様もしくは色彩またはこれらの結合をいい、たとえば、カメラのレンズ部分やコップの取っ手部分の意匠などがこれにあたります。

③ 組物の意匠

　組物の意匠とは、コーヒーカップとソーサーの組合せのように、同時に使用される２以上の物品であって経済産業省令で定めるもの（組物）を構成する物品にかかる意匠が、組物全体として統一があるときに、一意匠として出願をし、意匠登録を受けることができるものをいいます。

④ 動的意匠

　意匠法は、**動的意匠**制度を採用しており、この制度は、意匠にかかる物品の形状、模様または色彩がその物品の有する機能に基づいて変化する場合に、その変化の前後にわたるその物品の形状、模様もしくは色彩またはこれらの結合について意匠登録を受けることができる制度をいいます。動的意匠の具体例と

しては、四肢が自由に動く動物の人形、回すことで表面の模様が変化するこま、びっくり箱などが挙げられます。

❸ 関連意匠制度

関連意匠制度とは、デザイン開発の過程で、1つのデザインコンセプトから複数のバリエーションのデザインが創作された場合に、各々のデザインについて独自の意匠権を得ることができる制度をいいます。

意匠登録出願人は、自己の意匠登録出願に係る意匠または自己の登録意匠のうちから選択した1の意匠（「**本意匠**」という）に類似する意匠（「**関連意匠**」という）について、意匠登録を受けることができます。

なお、関連意匠にのみ類似し、本意匠に類似しない意匠の登録をすることもできます。

❹ 意匠登録の要件

意匠登録を受けるためには、①工業上利用性、②新規性、③創作非容易性の3要件を満たすことが必要です。

① **工業上利用性**

工業上利用性とは、工業的方法により量産可能なものであることをいいます。

② **新規性**

新規性とは、出願前に公知となっていないことをいいます。

③ **創作非容易性**

創作非容易性とは、既存のものから容易に創作できないことをいいます。

❺ 意匠権の効力

意匠権者は、原則として、意匠登録を受けた意匠（登録意匠）およびこれに類似する意匠を、業として独占排他的に実施する権利を専有します。

意匠権者は、その意匠権を侵害する者に対して差止請求、損害賠償請求等をすることができます。

◀ 発 展 ▶

たとえば♥が本意匠であるとした場合、♥や♥などを関連意匠として意匠登録することができます。

◀ 発 展 ▶

意匠登録出願は、経済産業省令で定めるところにより意匠ごとにしなければなりません（一意匠一出願）。

注 意 ⚠

意匠権についても、先願主義が採られており、同一または類似の意匠について異なった日に2以上の意匠登録出願があったときは、最先の意匠登録出願人のみがその意匠について意匠登録を受けることができることに注意してください。

⑤ 商標権

　商標法は、商標を保護することにより、商標の使用をする者の業務上の信用の維持を図り、もって産業の発達に寄与し、あわせて需要者の利益を保護することを目的とします。

❶ 商標の意義

　商標とは、人の知覚によって認識することができるもののうち、文字、図形、記号、立体的形状もしくは色彩またはこれらの結合、音その他政令で定めるもの（「**標章**」という）であって、次に掲げるものをいいます。

ココが出る！

商標には2種類あることを押さえてください。

　　① 業として商品を生産し、証明し、または譲渡する者がその商品について使用をするもの（**商品商標（トレードマーク）**）
　　② 業として役務（サービス）を提供し、または証明する者がその役務について使用をするもの（**役務商標（サービスマーク）**）

　これら商標の利用者に与えられる独占的排他的使用権を商標権といいます。

❷ 商標権の取得手続

注意

その商品・役務の普通名称、慣用商標または品質表示のみからなる商標等は、商標登録を受けることはできません。

　商標登録を受けようとする者は、自己の業務にかかる商品または役務について使用をする商標について商標登録を受けることができます。

① 商標登録出願

　　商標登録を受けようとする者は、一定の事項を記載した願書に必要な書面を添付して特許庁長官に提出しなければなりません。

② 先願主義

ココが出る！

　　同一または類似の商品または役務について使用をする同一または類似の商標について異なった日に2以上の商標登録出願があったときは、原則として、最先の商標登録出願人のみがその商標について商標登録を受けることができます（**先願主義**）。

③　審　査

　　方式審査（出願書類が所定の書式どおりであるかどうかの審
査）と実体審査（出願された商標が登録されるべき要件を満た
しているかどうかの審査）を経た結果、拒絶の理由を発見しな
いときは、審査官は、商標登録をすべき旨の査定（登録査定）
をしなければなりません。

④　登　録

　　登録査定がなされた場合、出願人は、原則として、当該査定
謄本の送達日から30日以内に、10年分または5年分の登録料を
納付しなければならず、登録料が納付されると、商標登録原簿
に商標権の設定登録がなされます。

❸　商標権の効力

①　専用権・禁止権

　　商標権者は、指定商品または指定役務について登録商標の使
用をする権利を専有します（**専用権**）。

　　また、商標権者は、他人による自己の登録商標の類似範囲の
使用を排除することができます（**禁止権**）。

②　出所表示機能

　　商標には、特定の商標が付された商品・役務は、特定の出所
（生産者、販売者など）から提供されたものであるということ
を需要者に認識させる機能（**出所表示機能**）があります。

　　商標法は、この出所表示機能を発揮せしめるため、他人の登
録商標と類似する商標の登録を原則として排除し、また、登録
商標と類似する商標を他人が無断で使用することを禁止する効
力を認めています。

❹　商標登録の取消しの審判（不使用取消審判）

　　継続して3年以上、日本国内において商標権者、専用使用権者
または通常使用権者のいずれもが、正当な理由がなく、各指定商
品または指定役務についての**登録商標の使用をしていないとき**
は、何人も、その指定商品または指定役務にかかる商標登録を取
り消すことについて審判を請求することができます。この審判を

注　意

他人が既に登録を受
けている商標と同一
の商標だけでなく、
他人が既に登録を受
けている商標と類似
する商標について
も、新たに商標登録
を受けることはでき
ません。この点につ
いて、令和5年の商
標法の改正により、
「①出願人が先行登
録商標の権利者の承
諾を得ていること、
かつ、②先行登録商
標の権利者の業務に
係る商品又は役務と
の間で混同を生ずる
おそれがないこと」
を要件として、先行
登録商標と同一又は
類似の商標について
も商標登録を受ける
ことができるという
例外が規定されまし
た（令和6年6月ま
でに施行）。

◀ 発 展 ▶

地域ブランドの保護
を図る目的で、「宇
治」と「茶」、「関」
と「さば」、「京」と
「人形」のように、
地域名と商品名を組
み合わせた商標で
あって、一定の範囲
で周知となったもの
について商標登録を
認める「地域団体商
標制度」が設けられ
ています。

◀ 発 展 ▶

国、地方公共団体ま
たは大学といった公
益団体等を表示する
著名な商標（公益著
名商標）にかかる商
標権についても、通
常使用権の許諾が可
能とされています。

商標登録の取消しの審判（不使用取消審判）といいます。

❺　商標権の存続期間

　　商標権は、設定の登録により発生し、その存続期間は、設定の**登録の日から10年**です。ただし、**商標権の存続期間は、商標権者の更新登録の申請により更新**することができます。

ココが出る！▶

❻　商標権の侵害とその救済

　　商標権者は、商標権を侵害した者に対して差止請求、損害賠償請求、信用回復措置請求、不当利得返還請求等をすることができます。また、商標権を侵害した者は、刑事罰の対象となります。

⑥ 著作権

❶　著作権の保護の対象となる著作物

　　著作物とは、思想または感情を創作的に表現したものであって、文芸、学術、美術または音楽の範囲に属するものをいいます。

ココが出る！▶

注　意 ⚠
・コンピュータ・ソフトウエアも著作物に含まれます。
・事実の伝達にすぎない雑報および時事の報道は、著作物に該当しません。

❷　著作物の種類

　　著作権法は、著作物の種類として、次のものを定めています。
① 　小説、脚本、論文、講演その他の言語の著作物
② 　音楽の著作物
③ 　舞踊または無言劇の著作物
④ 　絵画、版画、彫刻その他の美術の著作物
⑤ 　建築の著作物
⑥ 　地図または学術的な性質を有する図面、図表、模型その他の図形の著作物
⑦ 　映画の著作物
⑧ 　写真の著作物
⑨ 　プログラムの著作物

❸ 著作者

① 著作者とは

著作者とは、著作物を創作する者をいいます。

② 職務著作

法人その他使用者（「法人等」という）の発意に基づきその法人等の業務に従事する者が職務上作成する著作物（プログラムの著作物を除く）で、その法人等が自己の著作の名義のもとに公表するもの（**職務著作**）の著作者は、その作成の時における契約、勤務規則その他に別段の定めがない限り、その法人等とされます。

注 意 ⚠️

プログラムの著作物は、法人等の名義で公表されなくても、職務著作に該当します。

❹ 著作者の有する権利

著作者は、**著作者人格権**と**著作権**（**著作財産権**）を有します。この**著作者人格権および著作権は、著作物を創作するだけで成立**し、その享有には、**登録その他いかなる方式の履行をも要しません**。権利として保護されるために登録を受ける必要もありません。

ココが出る！

なお、著作権は相対的独占権であることから、複数の者が各々独立して創作を行い完成させたそれぞれの著作物が類似していた場合、著作権法上、これら複数の者それぞれに著作権が認められます。

① 著作権の存続期間

著作権の存続期間は、著作物の創作の時に始まり、著作権は、原則として、著作者の**死後**（共同著作物にあっては、最終に死亡した著作者の死後）**70年**を経過するまでの間、存続します。

② 著作者人格権

著作者人格権は、著作者が著作物について有する人格的利益を保護する権利であり、**著作者の一身に専属し、譲渡することができない**権利です。

著作者人格権は、**公表権、氏名表示権**および**同一性保持権**の3つの権利から成り立っています。

なお、著作者人格権は、著作者の死亡と同時に消滅します。

ココが出る！

用 語

「公表権」とは、著作物でまだ公表されていないものを公衆に提供し、または提

第**4**章

法人財産の管理と法律

③ **著作権（著作財産権）**

著作権（著作財産権）は、著作者人格権と異なり、その全部または一部を譲渡することができます。

著作権（著作財産権）は、複製権、上演権、演奏権、上映権、公衆送信権、口述権、展示権、頒布権、譲渡権、貸与権、翻訳権などから成り立っています。

❺ **著作隣接権**

著作隣接権は、著作物の利用者である実演家、レコード製作者、放送事業者等の利益を保護する権利です。たとえば、実演家には、自己の実演の録音、録画、放送、有線放送をする権利等が認められます。

❻ **著作権の侵害とその救済**

著作権者は、その著作権が侵害された場合には、侵害者に対し、差止請求、損害賠償請求、名誉回復措置請求、不当利得返還請求などをすることができます。

著作権を侵害した者には、刑事罰が科されることがあります。

なお、①デジタル化・ネットワーク化の進展に対応した柔軟な権利制限規定の整備、②教育の情報化に対応した権利制限規定等の整備、③障害者の情報アクセス機会の充実に係る権利制限規定の整備、④アーカイブの利活用促進に関する権利制限規定の整備等がなされています。

たとえば、他人の著作物を利用する場合であっても、①AIによる情報解析や技術開発など、著作物に表現された思想または感情の享受を目的としない利用、②新たな知見や情報を創出することで著作物の利用促進に資する行為で、権利者に与える不利益が軽微である一定の利用を行う場合等については、著作権者の許諾を得ずに、当該著作物を利用することができます。

⑦ 営業秘密（トレードシークレット）

❶ 意　義

　営業秘密（トレードシークレット）とは、商品の製造方法、設計図・実験データ、製造ノウハウ等の技術情報および顧客リストや販売マニュアル等の営業情報など、**事業活動に有用**な技術上または営業上の情報で、**秘密として管理されている非公知**（公然と知られていないこと）のものをいいます。

ココが出る!

❷ 不正競争防止法による保護

　営業秘密は、不正競争防止法によって保護されます。登録は不要ですが、①**秘密管理性**（秘密として管理されていること）、②**有用性**（事業活動に有用であること）、③**非公知性**（公然と知られていないこと）の各要件を満たすことが必要です。

ココが出る!

❸ 営業秘密の侵害とその救済

　不正競争によって営業秘密を侵害された場合には、差止請求、損害賠償請求、信用回復措置請求等の民事上の救済措置を求めることができます。

　また、営業秘密を不正に侵害した者には、一定の要件の下で「営業秘密侵害罪」が成立し、刑事罰が科されます。

　なお、法人の従業者が、その法人の業務に関し、営業秘密侵害行為をしたときは、当該従業者が罰せられるほか、その法人にも３億円以下の罰金刑が科されます（**両罰規定**）。

注　意

特許庁の登録を受けなくても、不正競争防止法に基づく差止請求などができます。

重要度
A

問**1**　不動産に関する物権を取得した者は、不動産登記法その他の登記に関する法律の定めるところに従いその登記をしなければ、当該物権の取得を第三者に対抗することができない。　　　　　　　　　　　　　　　　　（46－4－オ）

問**2**　Aは、自己の所有する腕時計をBに譲渡したが、Bに当該腕時計を引き渡す前に、当該腕時計を善意のCに譲渡し現実に引き渡した。この場合、Cが当該腕時計の現実の引渡しを受ける前に、BがAに当該腕時計の代金を支払っていれば、Bは、Cに対して当該腕時計の所有権の取得を対抗することができる。　　　　　　　　　　　　　　　　　（45－6－オ－a改）

問**3**　A社は、B社に対して有する債権をC社に譲渡し、債権の譲渡人であるA社がその旨をB社に通知した。この場合、C社は、自己が債権の譲受人である旨をB社に対抗することができる。　　　　　　　　　　　（42－4－キ）

問**4**　Aは、Bから預かっていたB所有の掛け軸をCに売却した。Cは、当該掛け軸がAの所有物であると信じていた場合であっても、そう信じたことに過失があれば、当該掛け軸を即時取得することができない。

（41－10－ア－a）

問**5**　Aは、不動産登記簿の登記事項を信じて、Bから土地を購入したが、Bは当該土地の所有者ではなかった。Aは、Bが当該土地の所有者でないことについて善意無過失であった場合であっても、当該土地を即時取得することができない。　　　　　　　　　　　　　　　　　　　　　（41－10－ア－b）

解 1 ○　民法上、不動産に関する物権を取得した者は、不動産登記法その他の登記に関する法律の定めるところに従いその登記をしなければ、当該物権の取得を第三者に対抗することができないとされている。

解 2 ×　腕時計は動産であり、動産物権変動の対抗要件は引渡しである。したがって、動産の二重譲渡の場合には、先に引渡しを受けた者が優先して当該動産の所有権の取得を対抗することができる。Cは、当該腕時計の現実の引渡しを受けているので、BがAに当該腕時計の代金を支払っていても、CがBに優先して当該腕時計の所有権の取得を対抗することができる。したがって、Bは、Cに対して当該腕時計の所有権の取得を対抗することができない。

解 3 ○　債権譲渡の債務者に対する対抗要件は、譲渡人からする債務者への通知または債務者の承諾である。したがって、譲渡人であるA社が債権をC社に譲渡した旨をB社に通知しているので、C社は、自己が債権の譲受人である旨をB社に対抗することができる。

解 4 ○　売買などにより動産を取得した者が、取得の際に相手方の所有物であると信じ、かつ、そう信じたことについて過失がない場合（善意・無過失の場合）、相手方が実際には所有権を有しなかったとしても、その取得者はその動産に関する所有権を取得する（即時取得）。したがって、善意でも過失がある場合には、即時取得することはできない。

解 5 ○　動産については即時取得が認められるが、不動産については即時取得は認められない。したがって、土地の買主が不動産登記簿の登記事項を信じて当該土地を購入した場合において、登記簿に所有者として登記されている売主が当該土地の所有権を有していなかったときは、買主は、当該土地の所有権を取得することはできない。

問 **1** 　金融機関が、その窓口に届出印章とともに預金通帳を提示し預金の払戻しを請求した者を預金者であると過失なく信じて預金を払い戻した。この場合において、当該請求をした者が正当な権利者でないときは、民法上、その払戻しは無効とされ、金融機関は、正当な権利者から預金の払戻しを請求されたときは、これに応じなければならない。　　　　　　　　　（39 - 4 - キ）

問 **2** 　銀行との間の預金契約に基づいて預金者に交付されたキャッシュカードが盗まれ、当該キャッシュカードで銀行の現金自動預払機（ＡＴＭ）から預金が不正に引き出された場合でも、預金者の過失の有無を問わず、預金者保護法により預金者は常に保護される。　　　　　　　　　　　（オリジナル）

問 **3** 　不動産登記に関し、不動産の登記記録の権利部のうち、甲区には、不動産の所有権に関する登記の登記事項が記録される。　　　　　（44 - 1 - カ）

問 **4** 　令和 6 年 4 月 1 日施行の不動産登記法によれば、相続によって不動産を取得した相続人は、相続により所有権を取得したことを知った日から 1 年以内に相続登記の申請をしなければならない。　　　　　　　（オリジナル）

問 **5** 　令和 5 年 4 月27日施行の相続等により取得した土地所有権の国庫への帰属に関する法律によれば、相続によって土地の所有権を取得した相続人は、その申請により、法務大臣の承認を受けて、当該土地を国庫に帰属させることができるが、当該土地が共有地であるときは、共有者全員で当該申請をする必要がある。　　　　　　　　　　　　　　　　　（オリジナル）

解 1 ×　金融機関が、その窓口に届出印章とともに預金通帳を提示し預金の払戻しを請求した者を預金者であると過失なく信じて預金を払い戻した場合、当該請求をした者が正当な権利者でないときでも、当該払戻しは、受領権者以外の者であって取引上の社会通念に照らして受領権者としての外観を有するものに対する弁済として有効とされる。したがって、金融機関は、正当な権利者から預金の払戻しを請求されても、これに応じる必要はない。

解 2 ×　金融機関が善意・無過失で、預貯金者に重過失がある場合は、預貯金者は保護されない。なお、預金者保護法による金融機関の補償義務を軽減する特約は無効である。

解 3 ○　権利部とは、不動産の登記記録のうち、権利に関する事項を記録する部分をいう。そして、不動産の所有権に関する登記の登記事項は、不動産の登記記録の権利部の甲区に記録される。

解 4 ×　相続によって不動産を取得した相続人は、相続により所有権を取得したことを知った日から3年以内に相続登記の申請をしなければならない。

解 5 ○　相続によって土地の所有権を取得した相続人は、その申請により、法務大臣の承認を受けて、土地を国庫に帰属させることができる（相続土地国庫帰属制度）。ただし、当該土地が共有地であるときは、共有者全員で当該申請をする必要がある。

第3節 知的財産権

問 1　特許権の設定登録を受けるためには、設定登録を受けようとする発明が産業上利用し得るものであることを要するが、当該発明の属する技術分野における通常の知識を有する者が、特許出願時の技術常識に基づいて容易に発明をすることができないものであることは要しない。　（46-1-イ）

問 2　企業の従業員が、特許法上の職務発明に該当する発明をした場合、その企業は、特許法上、当然に特許権を取得する。　　　　　　　　（46-8-カ）

問 3　特許権は、その設定登録によりその効力を生じるが、設定登録の後、1年を経過するごとに登録の更新手続を経る必要があり、更新手続を怠ると特許権は消滅する。　　　　　　　　　　　　　　　　　　　（44-1-エ）

問 4　特許法上の発明をした者が当該発明について特許出願をした後、第三者が当該発明と同じ内容の発明につき特許出願をした。この場合において、当該第三者が先に発明を完成させていたときは、特許法上、当該第三者のみがその発明について特許を受けることができる。　　　（44-8-ア）

問 5　特許権者は、その有する特許権について第三者に専用実施権を設定し、その旨の登録をしても、専用実施権を設定した特許発明を自ら自由に実施することができる。　　　　　　　　　　　　　　　（38-10-エ-③）

解 1 ✕ 　特許権の設定登録を受けるためには、設定登録を受けようとする発明が産業上利用し得るものであること（産業上の利用可能性）を要する。また、当該発明の属する技術分野における通常の知識を有する者が、特許出願時の技術常識に基づいて容易に発明をすることができないものであること（進歩性）も要する。

　なお、その発明がいまだ社会に知られていないものであること（新規性）も要することに注意。

解 2 ✕ 　特許法上、従業者等がした職務発明については、契約、勤務規則その他の定めにおいてあらかじめ使用者等に特許を受ける権利を取得させることを定めたときを除き、その特許を受ける権利は、当該従業者等に帰属するのであり、企業等の使用者等は、当然には特許権を取得しない。

解 3 ✕ 　特許権は、特許登録原簿に設定登録することにより発生（成立）するが、特許権の登録については、そもそも更新の制度はない。特許権の存続期間は、特許出願の日から20年とされており、20年の経過をもって消滅する。

解 4 ✕ 　特許法は、「同一の発明について異なった日に二以上の特許出願があったときは、最先の特許出願人のみがその発明について特許を受けることができる。」と規定しており、先願主義を採用している。したがって、当該第三者が先に発明を完成させていたときでも、先に出願しない限り、当該第三者はその発明について特許を受けることはできない。

解 5 ✕ 　専用実施権を設定した場合には、その設定した範囲においては、特許権者自身も特許発明を実施できない。

第**4**章　法人財産の管理と法律

一問一答トレーニング　183

実用新案権者は、実用新案権の存続期間が満了した後であっても、その更新登録がなされることにより引き続き実用新案権を行使することができる。 (39-4-イ)

意匠法上、意匠権は、文字、図形、記号、立体的形状もしくはこれらの結合であって、業として商品を生産する者がその商品について使用するものを保護する権利である。 (41-4-エ)

意匠登録を受けた意匠について、第三者が意匠権者よりも早く同じ意匠を創作したことを証明すれば、意匠登録は取り消され、当該第三者が改めて意匠権の設定登録を受けることができる。 (39-8-イ)

商標につき商標登録を受けるには、商標登録出願をしなければならないが、例えば、同一の商品に使用する同一の商標につき、異なった日に2以上の商標登録出願があったときは、原則として、最先の商標登録出願人のみがその商標について商標登録を受けることができる。 (45-4-イ改)

解 6 ×　実用新案権の存続期間は、実用新案登録出願の日から10年であり、実用新案権は、存続期間の満了により消滅するため、満了後も引き続き実用新案権を行使することはできない。実用新案権については、更新登録という制度はない。

解 7 ×　意匠法上、意匠権は、意匠、すなわち、物品（物品の部分を含む）の形状、模様もしくは色彩もしくはこれらの結合（形状等）、建築物の形状等または一定の画像であって、視覚を通じて美感を起こさせるものを保護する権利である。「文字、図形、記号、立体的形状もしくはこれらの結合であって、業として商品を生産する者がその商品について使用するもの」とは、商標権における「商品商標」のことである。

解 8 ×　意匠権については、先願主義が採られており、同一または類似の意匠について異なった日に 2 以上の意匠登録出願があったときは、最先の意匠登録出願人のみがその意匠について意匠登録を受けることができる。したがって、意匠登録を受けた意匠について、第三者が意匠権者よりも早く同じ意匠を創作したことを証明しても、意匠登録は取り消されることはなく、当該第三者が改めて意匠権の設定登録を受けることはできない。

解 9 ○　商標につき商標登録を受けるには、商標登録出願をしなければならない。そして、同一の商品に使用する同一の商標につき、異なった日に 2 以上の商標登録出願があったときは、原則として、最先の商標登録出願人のみがその商標について商標登録を受けることができる（先願主義）。

問 10 　他人が既に登録を受けている商標と同一の商標については、商標権の設定登録を受けることはできないが、他人が既に登録を受けている商標と類似する商標については、自由に商標権の設定登録を受けることができる。

(39−1−ア)

問 11 　A社は、自社の商品Xに使用する商品名として「甲」の商標登録を受けることとした。A社が「甲」について商標権の設定登録を受けた後であっても、A社が「甲」を継続して一定の期間使用していない場合、商標法上、その期間の経過により、「甲」の商標登録は当然に無効となる。

(40−3−イ−③改)

問 12 　商標権は、商標登録がなされた後、商標権の存続期間が満了するとともに消滅し、商標権の更新登録は認められない。　　　　　(37−8−カ)

問 13 　著作物は、原則として、著作者が生存している間に限り、著作権法による保護を受け、著作者の死亡と同時に、その著作物の著作権（著作財産権）は消滅する。

(46−1−ク)

解10 ×　他人が既に登録を受けている商標と同一の商標だけでなく、他人が既に登録を受けている商標と類似する商標についても、新たに商標権の設定登録を受けることはできない。

（注）　令和5年の商標法の改正により、「①出願人が先行登録商標の権利者の承諾を得ていること、かつ②先行登録商標の権利者の業務に係る商品又は役務との間で混同を生じるおそれがないこと」を要件として、先行登録商標と同一又は類似の商標についても商標登録できるという例外が規定された（令和6年6月までに施行）。

解11 ×　商標権者が商標登録を受けた商標を継続して一定の期間使用していない場合、その期間が経過しただけでは、当該商標登録は無効とはならない。この場合、商標登録の取消しの審判（不使用取消審判）がなされることにより、当該商標登録が取り消され得る。

解12 ×　商標権は、設定の登録により発生し、その存続期間は、設定の登録の日から10年である。ただし、商標権の存続期間は、商標権者の更新登録の申請により更新することができる。

解13 ×　著作権の存続期間は、著作物の創作の時に始まり、著作権は、原則として、著作者の死後（共同著作物にあっては、最終に死亡した著作者の死後）70年を経過するまでの間、存続する。

問 14 　著作権法上、著作者の有する著作者人格権として、公表権、氏名表示権および同一性保持権の3つが定められている。 (43−8−エ)

問 15 　企業において、秘密として管理されている生産方法、販売方法その他の技術上または営業上の情報であって、公然と知られていないものは、事業活動に有用か否かを問わず、不正競争防止法上の営業秘密に該当する。 (43−4−ア)

問 16 　企業は、その営業上の機密情報を第三者によって不正に利用されていても、当該情報を営業秘密として特許庁の登録を受けていなければ、当該第三者に対し、不正競争防止法に基づく差止めや損害賠償を請求することができない。 (46−1−ア)

解 14 ◯　著作権法上、著作者の有する**著作者人格権**（著作者が著作物について有する人格的利益を保護する権利）として、**公表権**（著作物でまだ公表されていないものを公衆に提供し、または提示する権利）、**氏名表示権**（著作物の原作品に、またはその著作物の公衆への提供もしくは提示に際し、その実名もしくは変名を著作者名として表示し、または著作者名を表示しないこととする権利）および**同一性保持権**（著作物およびその題号の同一性を保持する権利）の３つが定められている。

解 15 ✕　不正競争防止法上の営業秘密に該当するためには、①秘密管理性、②有用性、③非公知性の各要件を満たすことが必要である。したがって、企業において、秘密として管理されている生産方法、販売方法その他の技術上または営業上の情報であって、公然と知られていないものであっても、**当該情報が事業活動に有用でないときは、不正競争防止法上の営業秘密に該当しない。**

解 16 ✕　企業は、その営業上の機密情報を第三者によって不正に利用されている場合、当該情報を営業秘密として特許庁の登録を受けていなくても、当該第三者に対し、不正競争防止法に基づく差止めや損害賠償を請求することができる。

第5章

債権の管理と回収

本章では、債権の消滅原因（弁済、相殺、時効など）、債権担保の手段である人的担保（保証、連帯債務）と物的担保（留置権、先取特権、質権、抵当権、譲渡担保など）、緊急時の債権回収手段としての強制執行や倒産処理手続（破産、民事再生、会社更生など）について学習します。

試験対策としては、出題のもっとも多い人的担保（特に保証）と物的担保（特に抵当権）を重点的に学習する必要があります。

この節で学習すること

1
債権の消滅事由

お金を貸した貸主には、「お金を返せ」と請求する権利があります。この権利は、借主がお金を返すと消滅します。

100年も前に祖父が借りたお金を突然今更返せと言われても、困ります。消滅時効が解決します。

2
時効

❶ 債権の消滅事由

　売買代金債権や貸金債権などの債権は、次の事由により消滅します。

❶　内容実現により消滅する場合

①　弁　済

　弁済とは、債務の本旨に従った履行をいいます。たとえば、100万円を借りた債務者が100万円を返済するような場合がこれにあたります。

　なお、**債務の弁済**は、一定の場合を除き、債務者以外の**第三者**もすることができます。

②　代物弁済

　代物弁済とは、弁済をすることができる者（弁済者）が、債権者との間で、債務者の負担した給付に代えて他の給付をすることにより債務を消滅させる旨の契約をした場合において、その弁済者が当該他の給付をすることをいいます。たとえば、100万円の借入金の返済（本来の給付）に代えて100万円相当の絵画を引き渡す（別の物の給付）ことにより貸金債権を消滅させるような場合がこれにあたります。

注意

債務者は、債務を弁済するに際し、弁済を受領する者に対して、弁済と引換えに受取証書の交付を請求することができます。弁済に先立って受取証書の交付を請求することはできないことに注意してください。

注意

代物弁済は、弁済者と債権者との「契約」であることから、その効果（債権の消滅）が生ずるためには、弁済者の代物弁済の申込みと目的物の給付のほか、「債権者の承諾」が必要となります。

③ 供 託

供託とは、弁済の目的物を供託所に供託することにより債務を免れることをいいます。たとえば、100万円を返済しようとしたところ、債権者がその受領を拒んだり、受領できない場合や弁済者が過失なく債権者を確知できない場合には、債務者は100万円を供託することによりその債務を免れることができます。

◀**ココが出る!**

❷ 内容実現不能により消滅する場合

債務者の責めに帰することができない事由により履行が不可能になった場合、たとえば、家屋の売主の家屋引渡債務が、大地震によってその家屋が滅失したため履行不能となったような場合がこれにあたります。

❸ 実現不必要なため消滅する場合
① 相 殺

相殺とは、債務者がその債権者に対し自分も債権を持っている場合に、その債権と債務を**対当額**で消滅させることをいいます。

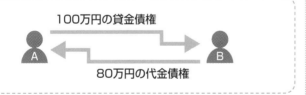

用 語

「対当額」とは、同額の意味であり、具体的には、自働債権と受働債権とを比べて小さいほうの額をいいます。

上の図のように、AがBに対して100万円の貸金債権を有しており、他方、BもAに対して80万円の代金債権を有している場合において、AがBに対して相殺の意思表示をすれば、互いの債権が対当額である80万円について消滅し、後は、AがBに対して20万円の貸金債権を有することになります。

この場合において、相殺の意思表示をなした方であるAが有する貸金債権を「**自働債権**」といい、相殺の意思表示を受けた方であるBが有する債権を「**受働債権**」といいます。

相殺をするには、双方の債権が**相殺適状**にあることが必要で

注 意

相殺は、相手方に対する一方的な意思表示により効力を生じます。相手方の承諾は不要です。

第**5**章 債権の管理と回収

す。相殺適状とは、次のイ〜ホの要件を具備する債権の対立状態をいいます。

イ 当事者間に対立する債権が存在すること
ロ 双方の債権が同種の目的を有すること
ハ 双方の債権が弁済期にあること
ニ 双方の債権が有効に存在すること
ホ 相殺を許す債権であること

　相殺をするためには、双方の債権が同種の目的を有することが必要です。ゆえに、貸した100万円の金銭を返せという「金銭債権」と、100万円相当の自動車を引き渡せという「物の引渡債権」とでは、価値的には同じでも、目的が異なるため、相殺をすることはできません。

　また、相殺をするには、条文上は、双方の債権が弁済期にあることが必要とされています。ただし、**自働債権の弁済期が到来していれば、受働債権の弁済期がまだ到来していなくても、**債務者（受働債権の債務者）は期限の利益を放棄することができますので、自働債権の債権者（受働債権の債務者）は、**相殺することができます。**

　さらに、相殺をするには、相殺を許す債権であることが必要とされています。このことから、次に掲げる債務の債務者は、その債権者がその債務にかかる債権を他人から譲り受けたときを除き、**相殺をもって債権者に対抗することができない**とされています。

イ 悪意による不法行為に基づく損害賠償の債務
ロ 人の生命または身体の侵害による損害賠償の債務（イに掲げるものを除く。）

　これは、被害者に現実の弁済を受けさせる必要があるということと、もし相殺を許すならば、債権者の不法行為を誘発するおそれがあるからとの理由によります。

② 更　改

　更改とは、新しい債務を成立させることにより、前の債務を消滅させる契約をいいます。たとえば、AからBが100万円を借りている場合に、AB間で100万円を返す代わりに、Bの所

ココが出る!

「相殺適状」の要件を押さえてください。

ココが出る!

注　意

自働債権の弁済期が到来していない場合には、受働債権の弁済期が到来していても、自働債権の債権者は、相殺することはできません。

注　意

被害者の側から相殺することは禁止されません。

有する壺を引き渡すというように合意すると、壺の引渡債務が成立する一方で、100万円の貸金債務は消滅することになります。

③ 免　除

　免除とは、債権者が債務者に対して持っている債権を放棄し、その債権を消滅させることをいいます。

④ 混　同

　混同とは、債務者が債権者を相続するなど、債権と債務が同一人に帰属することにより、債権としての意味がなくなり、債権が消滅することをいいます。

注　意

免除は、債権者から債務者に対してなされる一方的な意思表示であり、債務者の承諾は不要です。

❹　一般的消滅事由

① 消滅時効

　消滅時効とは、債権者が権利を行使しない状態が一定期間継続することにより、その権利が消滅することをいいます。

② 契約の解除

　契約の解除とは、契約関係を解消することをいいます。

③ 法律行為の取消し

　法律行為の取消しとは、制限行為能力者がした法律行為や詐欺などによりなされた法律行為を最初からその効力がなかったものとすることをいいます。

❷ 時　効

❶　意　義

　時効とは、一定の事実状態が一定期間を超えて継続する場合に、それが真実の権利状態と一致するかどうかを問わずに、そのまま権利関係として認める制度をいいます。

❷　種　類

① 取得時効

　これは、権利者であるかのような権利行使をしている事実状態を根拠にして真実の権利者とする場合をいいます。

たとえば、Aの所有する土地をBが一定期間（20年間または10年間）、所有の意思をもって、平穏かつ公然と占有（物を事実上支配すること）したときは、Bは、時効を援用することにより、その土地の所有権を時効取得します。

② **消滅時効**

　これは、権利不行使の事実状態を根拠にして権利の消滅を認める場合をいいます。

　たとえば、AがBに対して100万円を貸し付けた場合において、その返済期限が到来しているにもかかわらず、AがBにその返済を請求しないというような状態が10年間継続すると、AのBに対する貸金債権は、時効によって消滅します（ただし、Bによる時効の援用が必要となります）。

　時効期間は、次のとおりです。

イ　**債　権**

　債権者が権利を行使することができることを知った時（**主観的起算点**）から５年、または権利を行使することができる時（**客観的起算点**）から10年。

　たとえば、AがBに対して100万円の貸金債権を有しており、その弁済期について、「Bの父が亡くなってから３か月が経過した時に返済する」という不確定期限が付けられた場合、Aが、Bの父が亡くなってから３か月が経過したことを知った時から５年、またはBの父が亡くなってから３か月が経過した時から10年のいずれか早いほうの到来によって貸金債権の消滅時効が完成します。

ロ　**債権または所有権以外の財産権**

　権利を行使することができる時から20年。

ハ　**確定判決等によって確定した権利**

　確定判決または確定判決と同一の効力を有するものによって確定した権利については、10年より短い時効期間の定めがあるものであっても、その時効期間は、10年となります。

　なお、不法行為による損害賠償請求権については、別途規定があります（P107参照）。

❸　時効の援用

　時効による権利の取得または消滅という効果は、時効成立に必要な期間の経過（これを「時効の完成」といいます）後、当事者がこれを援用することにより確定します。

　時効の援用とは、時効の成立により利益を受ける者が、その利益を受ける旨の意思表示をすることをいいます。時効が成立したことによる効果（権利の取得または消滅）を主張するには、時効の援用が必要です。

ココが出る!

❹　時効の完成猶予および更新

①　意　義

　時効の完成猶予とは、一定の事由がある場合に、その事由が終了する等までの間は、時効が完成しないことをいいます。

　時効の更新とは、既に経過した時効期間がリセットされて、新たに時効の進行を始めることをいいます。

ココが出る!

ココが出る!

②　裁判上の請求等による時効の完成猶予および更新

　次に掲げる事由がある場合には、その事由が終了する（確定判決または確定判決と同一の効力を有するものによって権利が確定することなくその事由が終了した場合にあっては、その終了の時から6か月を経過する）までの間は、時効は、完成しません（**時効の完成猶予**）。

　イ　裁判上の請求

　ロ　支払督促

　ハ　和解、民事調停、家事調停

　ニ　破産手続参加、再生手続参加、更生手続参加

　上記の場合において、確定判決または確定判決と同一の効力を有するものによって権利が確定したときは、時効は、イからニまでに掲げる事由が終了した時から新たにその進行を始めます（**時効の更新**）。

　たとえば、AがBに対して100万円の貸金債権を有している場合において、Bが弁済期を過ぎても貸金の返済をしないため、AがBを相手に裁判上の請求（訴えの提起）をした場合、これにより貸金債権の消滅時効の完成が猶予され（時効の完成

第
5
章

債権の管理と回収

猶予）、その後、Aの請求を認容する確定判決等によりAの権利が確定すると、貸金債権の消滅時効は、新たにその進行を始めることになります（**時効の更新**）。

③ **強制執行等による時効の完成猶予および更新**

次に掲げる事由がある場合には、その事由が終了する（申立ての取下げまたは法律の規定に従わないことによる取消しによってその事由が終了した場合にあっては、その終了の時から6か月を経過する）までの間は、時効は、完成しません（**時効の完成猶予**）。

イ　強制執行
ロ　担保権の実行
ハ　担保権の実行としての競売の例による競売
ニ　財産開示手続

上記の場合には、時効は、イからニまでに掲げる事由が終了した時から新たにその進行を始めます（**時効の更新**）。ただし、申立ての取下げまたは法律の規定に従わないことによる取消しによってその事由が終了した場合は、時効の更新は生じません。

④ **仮差押え等による時効の完成猶予**

次に掲げる事由がある場合には、その事由が終了した時から6か月を経過するまでの間は、時効は、完成しません（**時効の完成猶予**）。

イ　仮差押え
ロ　仮処分

⑤ **催告による時効の完成猶予**

催告（たとえば、内容証明郵便による督促）があったときは、その時から6か月を経過するまでの間は、時効は、完成しません（**時効の完成猶予**）。催告によって時効の完成が猶予されている間にされた再度の催告は、時効の完成猶予の効力を有しません。

たとえば、AがBに対して100万円の貸金債権を有している場合において、Bが弁済期を過ぎても貸金の返済をしないため、AがBに対して催告をしたときは、その時から6か月を経

ココが出る！

過するまでの間は、貸金債権の消滅時効は完成しません（時効の完成猶予）。

しかし、当該催告から6か月を経過しないうちに、再度、AがBに催告をしたとしても、その時から再び6か月の間時効の完成が猶予されることはありません。

⑥ **協議を行う旨の合意（協議合意）による時効の完成猶予**

権利についての協議を行う旨の合意（協議合意）が書面またはその内容を記録した電磁的記録でされたときは、次に掲げる時のいずれか早い時までの間は、時効は、完成しません（**時効の完成猶予**）。

イ　その合意があった時から1年を経過した時

ロ　その合意において当事者が協議を行う期間（1年に満たないものに限る）を定めたときは、その期間を経過した時

ハ　当事者の一方から相手方に対して協議の続行を拒絶する旨の通知が書面でされたときは、その通知の時から6か月を経過した時

協議合意により時効の完成が猶予されている間にされた再度の協議合意は、時効の完成猶予の効力を有します。ただし、その効力は、時効の完成が猶予されなかったとすれば時効が完成すべき時から通じて5年を超えることができません。

これに対し、催告によって時効の完成が猶予されている間にされた協議合意は、時効の完成猶予の効力を有しません。協議合意により時効の完成が猶予されている間にされた催告についても、時効の完成猶予の効力を有しません。

⑦ **承認による時効の更新**

時効は、権利の承認があったときは、その時から新たにその進行を始めます（**時効の更新**）。「**承認**」とは、時効の利益を受けるべき立場にある者が、権利の不存在（取得時効の場合）、または権利の存在（消滅時効の場合）を権利者に対して表示することをいいます。

たとえば、取得時効の場合でいえば、Aの土地を時効によって取得しようとしているBが、Aに対して自分には土地の権利はないことを表示したり、あるいは、消滅時効の場合でいえ

用　語

「電磁的記録」とは、電子的方式、磁気的方式その他人の知覚によっては認識することができない方式で作られる記録であって、電子計算機による情報処理の用に供されるものをいいます。

◀ 発 展 ▶

「電磁的記録」の具体例としては、CD-ROMやフロッピー・ディスクなどによる記録があります。

ココが出る！

ば、Aから100万円の借金をしているBが、Aに対して100万円の借金をしていることを自分の方から認めることが「承認」にあたります。また、Aから100万円の借金をしているBが、その借金の一部を弁済した場合も「承認」にあたります。

この節で学習すること

1 人的担保 — 金銭を借り入れるときに、「保証人」をつけることがあります。保証人が人的担保の一例です。

家をローンで買うと、銀行が抵当権をその家につけることになります。抵当権が物的担保の一例です。 — **2** 物的担保

債権担保の方法を大別しますと、「人的担保」と「物的担保」とに分けられます。**人的担保**とは、債務者以外の第三者にも履行を請求できるようにする担保をいい、これには「保証」と「連帯債務」とがあります。一方、**物的担保**とは、債務者がその債務を履行しない場合に、債務者または第三者の特定の財産から他の債権者に優先して債権の回収を図れるようにする担保をいい、担保物権ともいわれます。物的担保には、留置権、先取特権、質権、抵当権等があります。

1 人的担保

❶ 保証債務

① 意　義

　保証債務とは、主たる債務者がその債務を履行しないときに、これに代わって保証人が履行する責任を負う債権担保の方法をいいます。

　保証債務は、債権者と保証人との間の保証契約によって成立しますが、**保証契約は、書面またはその内容を記録した電磁的記録によってしなければ、その効力を生じません。**

ココが出る！

注 意 ⚠️

保証契約の当事者
は、債権者と保証人
ですから、保証契約
が成立するために
は、主たる債務者の
同意は不要です。

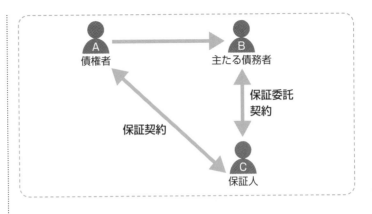

② 性 質

イ **保証債務**は、**主たる債務**とは**別個の債務**です。

ロ **主たる債務**に対して**附従性**を有します。

  a 保証債務は、主たる債務の担保を目的とする従たる債
務ですから、主たる債務が成立してはじめて保証債務も
成立し、主たる債務が弁済や時効により消滅すれば保証
債務もまた消滅します。

  b **保証人**は、**主たる債務者が主張**することができる**抗弁
（同時履行の抗弁等）をもって債権者に対抗**することがで
きます。

ハ **主たる債務**に対して**随伴性**を有します。

  主たる債務が債権譲渡などによって移転した場合には、保
証債務も移転します。たとえば、債権者Aが保証付債権（主
たる債務者をB、保証人をCとする）をDに譲渡し、その旨
の通知がBになされた場合には、主たる債務者Bは、Dに対
して債務を履行する責任を負うことになりますが、同時に、
保証人Cも、Dに対して保証債務を履行する責任を負うこと
になります。

ニ **主たる債務**に対して原則として**補充性**を有します。

  保証債務は、主たる債務が履行されないときにはじめてこ
れを履行する責任が生じるという性質を有し、このような性
質を「**補充性**」といいます。

  保証債務の補充性から、保証人は、債権者からの請求に対

ココが出る！ ▶

ココが出る！ ▶

たとえば、買主が売
主から商品等の引渡
しを受けていない場
合には、買主の代金
債務の保証人は、買
主が有する同時履行
の抗弁権をもって売
主の保証債務の履行
請求を拒むことがで
きます。

して、まず主たる債務者に請求せよという「**催告の抗弁権**」と、まず主たる債務者の財産に執行せよという「**検索の抗弁権**」を有します。ただし、後述する連帯保証には、補充性はありませんので、連帯保証人はこのような抗弁権を有しません。

◀ココが出る!

　なお、**保証人が主たる債務者に代わって債務を弁済した場合には、その弁済した金額について主たる債務者に求償する**ことができますが、この点は、保証人と連帯保証人とで違いはありません。

③ 連帯保証

　連帯保証とは、保証人が主たる債務者と連帯して保証債務を負担することを合意した保証をいいます。前述しましたように、**連帯保証人には催告の抗弁権も検索の抗弁権も認められない**ため、連帯保証の有する債権の担保的効力は大きいといえます。それゆえ、実務では連帯保証が広く利用されています。

　なお、保証債務が連帯保証となるのは、原則として、その旨の特約がある場合に限られますが、債務が主たる債務者の商行為によって生じたものであるとき、または**保証が商行為であるときは、保証債務は当然に連帯保証となります。**

◀ココが出る!

❷ 連帯債務

① 意　義

　連帯債務とは、数人の債務者が同じ債務を負い、それぞれが債務の全額について履行する義務を負っており、**1人が履行すれば、他の債務者の債務もまた消滅する**という関係にある債務をいいます。

　たとえば、A、B、Cの3人が、Dの所有する900万円の自動車をそれぞれ300万円ずつ代金を負担する合意のもとに共同購入した場合において、代金債務を連帯債務としたときは、A、B、Cの3人は、それぞれがDとの関係において900万円全額を支払う義務を負うことになり、いずれか1人（たとえばA）がDに対して900万円全額を支払えば、他の者（BおよびC）の代金債務もまた消滅するという関係をいいます。

◀ココが出る!

◀ **発　展** ▶

複数の債権者または債務者がいる場合には、特別の意思表示がない以上、各債権者または各債務者は、平等の割合をもって、権利を有し、義務を負うものとされています。こ

のような関係を「**分割債権**」または「**分割債務**」といいます。

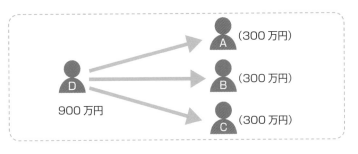

　債権者は、かりに連帯債務者中に破産などによって資力を失った者が生じても、他の資力のある者に対して債務の全額を請求することができますので、連帯債務は、保証と同様に債権担保の役割を果たすこととなります。

　数人の者がその1人または全員のために**商行為となる行為によって債務を負担したときは、その債務は、当然に連帯債務**となり、各自が連帯して負担します。

② **求　償**

　連帯債務者は、互いに一定の**負担部分**を有しています（前記の例でいえば、A、B、Cの3人は、Dの所有する900万円の自動車をそれぞれ300万円ずつ代金を負担する合意のもとに共同購入していますので、A、B、Cの負担部分はそれぞれ300万円ということになります）ので、もし1人が弁済をしたときは、他の債務者に求償することができます。前記の例で、AがDの請求に応じて900万円全額を支払ったときは、Aは、BおよびCに対して、300万円ずつ求償することができます。

❷ 物的担保（担保物権）

　物的担保（担保物権）は、**法定担保物権**（一定の要件の下で法律上当然に成立する担保物権）と**約定担保物権**（契約によって成立する担保物権）とに分けられます。法定担保物権には、留置権と先取特権とがあり、約定担保物権には、民法典に定められている担保物権（**典型担保物権**）として質権と抵当権があり、さらに、民法典に定められていない担保物権（**非典型担保物権**）として譲渡担保、仮登記担保、所有権留保等があります。

❶ 物的担保（担保物権）の必要性

　実務では、債権担保の手段として、人的担保に加えて物的担保が併用されるのが一般的です。それはなぜでしょうか？

　たとえば、AがBに1,000万円の金銭を貸し付けている場合において、物的担保を有しないときは、かりにBに1,000万円相当の土地があり、Aがその土地を差し押さえて強制競売にかけたとしても、1,000万円全額を回収できるとは限らないのです。というのは、Bの債権者として、Aの他にC、D、Eの3人がおり、それぞれがAと同様に物的担保を有することなくBに1,000万円の金銭を貸し付けているような場合には、AがC、D、Eに先んじてBの土地を差し押さえて強制競売にかけ、その土地が1,000万円で売却されたとしても、Aに入ってくる配当金は、250万円にすぎないからです。

　物的担保を有しない債権者（無担保債権者）間においては、債権の種類・内容・発生時期に関係なく、その有する債権額に応じて按分された額しか回収できないという「**債権者平等の原則**」が働くために、競売代金の1,000万円は、4等分されてしまうのです。Aとしては、結局、債権の一部しか回収できないことになり、これでは不都合です（同様のことはC、D、Eについてもいえます）。そこで、債権者としては、自己の債権を他の債権者に先んじて回収できるような措置を講じておくことが必要となり、債務者がその債務を履行しない場合でも、債務者または第三者の特定の財産から他の債権者に優先して債権の回収を図れる（これを「**優先弁済的効力**」といいます）手段として物的担保が広く利用されるに至ったのです。

❷ 担保物権に共通する性質

　担保物権には、次のような共通する性質があります。

① 附従性

　附従性とは、債権が成立しなければ担保物権は成立せず、債権が消滅すれば担保物権も消滅するという性質をいいます。

② 随伴性

　随伴性とは、債権が他人に移転すれば、担保物権もそれに

> **▶ ココが出る！**
> 「債権者平等の原則」の意味を押さえてください。

> **▶ ココが出る！**
> それぞれの性質の意味を押さえてください。

第5章　債権の管理と回収

伴って移転するという性質をいいます。

③ 不可分性

不可分性とは、担保物権を有する者は、債権全部の弁済を受けるまで目的物の全部について権利を行使しうるという性質をいいます。

④ 物上代位性

物上代位性とは、担保物権を有する者は、目的物の売却、賃貸、滅失、損傷により債務者または目的物の所有者が受ける金銭その他の物に対しても権利を行使しうるという性質をいいます。

ただし、留置権にはこの性質はありません。

❸ 留置権

① 意 義

留置権とは、他人の物の占有者が、その物に関して生じた債権を有する場合に、その債権の弁済を受けるまでその物を留置することができる権利をいいます。留置権は、当事者間の公平を図るため**法律上当然に認められる担保物権**です。

たとえば、AがBの依頼を受けてBの時計を修理した場合、もしもBが修理代金を支払わなくても、AはBに対して時計を返還しなければならないとしたら、不公平です。そこで、AB間の公平を図るため、Aに留置権が当然に成立し、Aは、修理代金の支払いを受けるまでは、時計を自分のもとに留置してBに対し時計の返還を拒絶することができます。Aとしては、時計の返還を拒絶することにより、Bに対して修理代金の支払いを間接的ないし心理的に強制できるわけです。

② 留置権の性質

留置権には、附従性、随伴性、不可分性は認められますが、抵当権などと異なり**優先弁済的効力を有せず**、物の交換価値を把握するものではないため、**物上代位性は認められません**。しかしその反面、前述したように、物を自分のもとに留置して、その返還を拒絶することにより、債務者に対してその弁済を間接的ないし心理的に強制しうるという**留置的効力を有します**。

◀ 発 展 ▶

売買代金、賃料、損害賠償請求権、保険金請求権等が物上代位の対象となります。

注 意

留置権は、当事者間の設定契約により成立するものではないことに注意してください。

ココが出る!

また、**競売権**も認められています。

　なお、留置権者が、被担保債権の弁済を受ける前に、留置権の目的物をその所有者に引き渡してその占有を失ったときは、留置権は消滅します。

③　留置権の成立要件

　留置権が成立するためには、債権がその物に関して生じたものであること（債権と物との**牽連性**）、債権が弁済期にあること、他人の物を占有していること、占有が不法行為によって始まったものでないこと、という４つの要件を満たすことが必要です。

　ただし、商人間の取引（双方的商行為）において生じた債権が弁済期にある場合には、債権者たる商人は、債権の弁済を受けるまで、その取引関係から自ら占有することになった債務者所有の物を留置することができ、必ずしも債権がその物に関して生じたものであることを要しません（**商事留置権**）。たとえば、自動車の修理業者A社が運送会社B社に対してB社所有の自動車Xの修理代金債権（弁済期は到来している）を有するとともに、それとは別個にB社に対してB社所有の自動車Yの塗装代金債権（弁済期は到来している）を有する場合には、A社は、両方の債権が弁済されるまで、A社のもとにある自動車XおよびYを留置することができます。したがって、たとえば、A社は、自動車Yの塗装を完了し、YをB社に引き渡していたとしても、まだその塗装代金の支払いを受けていない場合には、塗装代金の弁済を受けるまで、塗装代金債権と牽連性のない自動車Xを留置することができます。

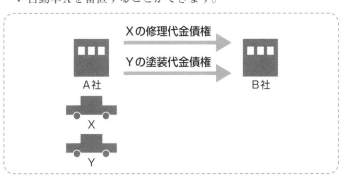

注意 ⚠

留置権は物権であるため、対世的効力を有し、すべての者に対して行使することができ、いったん成立した後は、その留置物の譲受人に対しても留置権を行使することができます。

注意 ⚠

留置権に基づく競売の申立ては、留置物の所在地を管轄する地方裁判所に対して行います。
競売手続を経ずに留置物から債務の弁済を受けること（私的実行）は認められません。

④ 民事留置権（民法上の留置権）と商事留置権（商法上の留置権）の違い

ココが出る！

民事留置権と商事留置権の違いを押さえてください。

	民事留置権	商事留置権
債権と物との牽連性の要否	必要	不要
目的物	債務者以外の第三者の所有物でもよい	債務者の所有物に限られる
破産手続における扱い	破産法上、**別除権**として認められず、破産手続外で権利を行使できない	破産法上、**別除権**として認められ、破産手続外で権利を行使できる

用　語

「別除権」とは、破産手続や民事再生手続によらずに担保権の対象となる財産を処分して被担保債権の回収を図ることができる権利をいいます。

❹　先取特権

① 意　義

　　先取特権とは、法律の定める一定の債権を有する者が、債務者の財産から他の債権者に優先してその債権の弁済を受けることのできる担保物権をいいます。

　　たとえば、AがBに工作機械を販売し、これを引き渡したけれども、Bが代金を支払わない場合には、Aは、Bのもとにある工作機械に対して**動産売買の先取特権**を行使し、その機械を競売して、優先弁済（代金の回収）を受けることができます。

② 先取特権の種類

　　先取特権は、優先弁済権の目的物となる物の種類に応じて、まず、**一般の先取特権**（債務者の総財産を目的とするもの）と**特別の先取特権**（債務者の特定の財産を目的とするもの）とに大別され、特別の先取特権は、さらに、**動産の先取特権**（債務者の特定の動産を目的とするもの）と**不動産の先取特権**（債務者の特定の不動産を目的とするもの）とに分けられます。

　　先の例であげた動産売買の先取特権は、動産の先取特権の一種であり、実務上最も重要なものです。

③ 動産売買の先取特権

イ　意　義

　　　動産の売主は、動産の代価およびその利息に関し、その動産の上に先取特権を有します。これを動産売買の先取特権と

いいます。

ロ　効　力

　先取特権は、**債務者がその目的である動産をその第三取得者に引き渡した後は、その動産について行使することができ**ません。すなわち、動産売買の先取特権には、**追及力**（追及効）がありません。

　なお、先取特権は、優先弁済的効力を有し、目的物を競売することにより優先弁済を受けることができます。具体的には、(a)債権者が執行官に対し当該動産を提出する、(b)債権者が執行官に対し当該動産の占有者が差押えを承諾することを証する文書又は電磁的記録を提出する、(c)債務者の任意の協力が得られない場合には、債権者が担保権の存在を証する文書を執行裁判所に提出して得た動産競売開始許可の決定書の謄本又は電子決定書の記録事項証明書を執行官に提出し、かつ、これが債務者に送達される、のいずれかの方法により競売を行うことができます。

（注）　(b)と(c)における電子化の規定は令和10年6月までに施行予定。

❺　質　権

① 意　義

　質権とは、その債権の担保として債務者または第三者から受け取った物を占有し、かつ、その物について他の債権者に先立って自己の債権の弁済を受ける権利をいいます。このように、質権には**優先弁済的効力**があります。

　また、質権者は、債権の弁済を受けるまでは、質物を留置することができます（**留置的効力**）。このように、目的物を留置することによって債権の弁済を間接的に強制する効力を有する点は、留置権と同様です。

　質権は、債権者と質権設定者（債務者または第三者）との質権設定契約により成立しますが、**質権設定契約は、要物契約であり、債権者にその目的物を引き渡すことによって、その効力が生じます**。

用　語

「追及力」とは、債務者等が担保に供した物が第三者に処分（売却など）された場合でも、当該担保物権の効力を及ぼして、競売等の手続により債権の回収を図ることができる効力をいいます。抵当権には追及力が認められています。

◀**ココが出る！**

質権設定契約は、引渡しが効力発生要件です。

質権には、附従性、随伴性、不可分性および物上代位性が認められます。

なお、弁済期が到来しても借金を返さなかったら、質権者が直ちに質物の所有権を取得する旨を約束したり、質権者が適宜に質物を売却して債権の弁済に充てることができる旨を約束するというように、法律に定める方法によらないで質物を処分することを約する契約（**流質契約**）は、質屋営業法上の営業質屋では認められていますが、**民法では禁止されています**。もし流質契約を自由に認めるならば、債権者が債務者の窮迫に乗じて、債権額に比べ不相当に高価な質物について流質契約を結ぶことにより、不当な利益を得るおそれがあるからです。

ココが出る！

流質契約は、民法上は禁止されていることを押さえてください。

質権は、その目的物により、動産質、不動産質、債権質（権利質）に分けられます。

② **動産質**

動産質権とは、時計や宝石などの動産を目的とする質権をいいます。動産質権の**対抗要件は、目的物の占有の継続**です。

③ **不動産質**

不動産質権とは、不動産を目的とする質権をいいます。不動産質権は、不動産に関する物権であるため、**登記が対抗要件**となります。

④ **債権質（権利質）**

債権質とは、債権を目的とする質権をいいます。実務で多く利用されているのは、債権者の特定している「指名債権」を目的とする質権です。

◀ 発 展 ▶

実務では、銀行等が建物に抵当権の設定を受ける際に、抵当権と併用して、建物の火災保険金請求権に質権（債権質）の設定を受けることが行われています。

債権に質権を設定することは、債権譲渡に類似する効果を生じさせる（質権設定により、債権は拘束を受け、弁済などが制約される）ことから、**債権質の第三債務者（質入れされた債権の債務者）に対する対抗要件は、設定者から第三債務者への質権設定の通知または第三債務者の承諾ですが、第三債務者以外の第三者（質入債権の譲受人など）にこれを対抗するためには、その通知または承諾が確定日付のある証書でなされることが必要**です。

たとえば、AがBに対して有する債権についてCのために質

権を設定する場合、A（設定者）からB（第三債務者）への質権設定の通知またはBの承諾が、Bに対する対抗要件となり、B以外の第三者に質権設定を対抗するためには、その通知または承諾が内容証明郵便や公正証書などの確定日付のある証書でなされることが必要だということです。

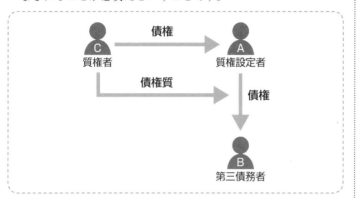

　債権質を設定した場合、質権者は、債務者が弁済をしないときは、質入債権について第三債務者から**直接取り立てること**ができ、取り立てた金銭を債権の弁済に充てることができます。

◀ ココが出る!

❻　抵当権

①　意　義

　抵当権とは、債務者または第三者（物上保証人）が債務の担保に供した物を、その占有を移さずして設定者の使用収益に任せておきながら、債務が弁済されない場合に、その物の交換価値から優先的に弁済を受けることができる担保物権をいいます。

　抵当権には、優先弁済的効力・附従性・随伴性・不可分性・物上代位性が認められます。

②　抵当権の設定・対抗要件

　抵当権は、当事者間の契約（抵当権設定契約）により成立（効力も発生）する「約定担保物権」の1つです。抵当権設定契約の当事者は、債権者と抵当権設定者（債務者または第三者、すなわち物上保証人）です。そして、抵当権は、物権ですから、**登記**を対抗要件とします。

◀ ココが出る!

注 意 ⚠

物上保証人が抵当権設定者となる場合には、債務者は抵当権設定契約の当事者とはならないことに注意してください。

③ 抵当権の目的物

　民法は、抵当権の目的物として、不動産（土地・建物）のほか、地上権および永小作権を認めています。

④ 抵当権の被担保債権の範囲

　抵当権者は、利息その他の定期金（年金、地代、家賃など）を請求する権利を有するときは、その**満期となった最後の2年分**についてのみ、その抵当権を行使することができます。

　このような制限があるのは、抵当権の登記においては、元本と利率については登記されますが、延滞利息等の額については登記されないため、後順位抵当権者や一般債権者が登記からこれを知ることができず、延滞利息等の全部について優先弁済を認めると、これらの者が害されるからです。また、利息等の範囲を制限することにより、抵当目的物の残余価値を最大限に利用することを可能とするためです。

　なお、この制限は、抵当権者と後順位抵当権者その他の第三者との利益を調整するものにすぎず、抵当権設定者に対する関係で抵当債務が縮減するわけではありませんので、抵当権者は、第三者が存在しない場合には、延滞利息等の全額について配当を受けることができますし、第三者が存在する場合でも、この者に配当してなお余剰があれば、抵当権者は、2年分を超える延滞利息等についても、さらに配当を受けることができます。

⑤ 抵当権の効力の及ぶ目的物の範囲

　抵当権は、抵当地の上に存する建物を除き、その目的である不動産（抵当不動産）に付加して一体となっている物（付加一体物）に及びます。

　たとえば、土地に抵当権が設定された場合、その抵当権の効力は、土地上の立木（立木に関する法律による登記があるものを除く）・石垣などにも及びます。また、**建物に抵当権が設定された場合、その抵当権の効力**は、増築部分（茶の間など）・附属建物（車庫など）・建物に備えられた営業用の什器・建物を所有するために設定された**敷地利用権**（土地賃借権など）などにも及びます。

⑥　物上代位

イ　意　義

　　物上代位とは、抵当権者が、目的物の売却、賃貸、滅失または損傷によって目的物の所有者が受けるべき金銭その他の物に対しても抵当権の効力を及ぼしうる制度をいいます。

　　抵当権は、目的物の交換価値を把握し、これを優先弁済に充てる権利であるため、目的物が何らかの理由でその交換価値を具体化したときは、抵当権は、その具体化された交換価値（代位物）の上に効力を及ぼします。この効力が物上代位性であり、民法は、先取特権、質権とともに、抵当権にもこの効力を認めています。

ロ　物上代位の目的物

　　物上代位の目的物（代位物）となりうるものとしては、売却代金、賃料、**保険金請求権**、**不法行為に基づく損害賠償請求権**などがあります。

　　たとえば、A社がB社に対して有する債権を担保するためにB社所有の甲建物に抵当権の設定を受けた場合、甲建物につきB社が保険会社C社との間で火災保険契約を締結しており、甲建物が火災により焼失したときは、A社は、B社の火災保険金請求権を差し押さえて、物上代位権を行使し、その火災保険金からB社に対する債権を回収することができます。

ハ　物上代位権行使の要件

　　抵当権者が物上代位によって優先弁済を受けるためには、**目的物の所有者に代位物が払い渡されまたは引き渡される前に、その代位物に対する請求権を差し押さえなければなりません。**

　　したがって、前記の火災保険金請求権の例でいえば、A社が火災保険金請求権を差し押さえる前に、B社がC社から火災保険金の支払いを受けていた場合には、A社は、もはや火災保険金請求権について物上代位することはできなくなります。

⑦　根抵当権

　　抵当権の一種に根抵当権という権利があります。**根抵当権**とは、一定の範囲に属する不特定の債権を**極度額**の限度において

ココが出る！
何が物上代位の目的物となりうるかを押さえてください。

ココが出る！
「払渡し又は引渡し前」に「差押え」をすることが物上代位の要件であることを押さえてください。

ココが出る！
根抵当権の定義を正確に押さえてください。

担保する抵当権をいいます。

　たとえば、大手家電メーカーＡ社と特約店契約を結んでいる
小売業者Ｂ社が、Ａ社から継続的に供給を受ける家電製品の代
金債権を１億円（極度額）の限度で担保するため、自己の所有
する不動産に根抵当権を設定するというような場合をあげるこ
とができます。

❼　譲渡担保

① 意　義

　譲渡担保とは、債権担保の目的で、債務者または第三者の所
有する財産を、債務弁済時には返還するという約束の下に、債
権者に譲渡するという形式の担保をいいます。

② 譲渡担保の目的物

　目的物は、財産的価値のあるもので、譲渡性があればよく、
実務では、企業用動産、たとえば、工場内の機械や器具類がそ
の目的となることが多いです。また、土地、建物、手形、小切
手、ゴルフ会員権、特許権なども目的となっています。さら
に、企業の倉庫内にある在庫商品のように、**構成部分の変動す
る集合動産を譲渡担保の目的物とすることも認められています。**

③ 譲渡担保権の実行

　弁済期が到来しても債務者が被担保債権の弁済をしない場
合には、譲渡担保権者は、譲渡担保権を実行して、目的物の所
有権を確定的に取得することができます。

　譲渡担保権者は、被担保債権額の範囲内で目的物の交換価値
を把握しうるにすぎませんので、目的物の価額が被担保債権額
を超過する場合には、その超過額を設定者に返還する義務（**清
算義務**）を負うものとされています。

❽　仮登記担保

① 意　義

　仮登記担保とは、債務者が債務を弁済しないときには債務者
に属する所有権その他の権利を債権者に移転する旨をあらかじ
め契約し、これに基づく債権者の権利について仮登記・仮登録

ココが出る!

注　意

債権者は、債務の弁
済がないときは、譲
渡担保の目的物を裁
判所の手続によらず
に評価して（私的実
行）、優先的に弁済
を受けることができ
ます。

214

をしておくという方法により債権担保の目的を達成しようとする担保の方法をいいます。

通常、仮登記担保に用いられる契約は代物弁済の予約や停止条件付代物弁済契約ですが、売買の予約が用いられることもあります。

そして、仮登記担保の公示方法としては、通常、所有権移転請求権保全の仮登記が用いられます。

② **仮登記担保権の実行**

仮登記担保権を実行した場合、仮登記担保権者には、譲渡担保権者と同様に、清算義務が課せられます。

注　意　⚠

仮登記担保権者にも、譲渡担保権者と同様に、私的実行が認められています。

❾ **所有権留保**

① **意　義**

所有権留保とは、売買の目的物の売主が、その代金の完済を受けるまで、買主に引き渡した目的物の所有権を留保することをいいます。所有権留保は、代金債権を確保するための一種の担保物権としての機能を果たしています。たとえば、Aが自動車をBに割賦販売する場合のように、**動産の割賦販売において所有権留保が利用されることが多い**です。

◀ ココが出る!

所有権留保は、目的物の売買契約中に、売主から買主への所有権移転を代金完済まで留保する旨の特約を付けることにより行われます。

② **所有権留保の実行**

一般に、買主に代金債務の履行遅滞がある場合に、売主が売買契約を解除し、原状回復請求権に基づいて目的物の返還を請求するという方法がとられています。

目的物の価額が残存代金債権額を超過する場合には、売主は、その**超過額を買主に清算する**義務を負います。

◀ ココが出る!

なお、所有権留保付売買においては、一般に、買主は、代金を完済するまでは目的物を他に転売しない旨の特約が結ばれます。この場合に、買主が特約に違反して善意・無過失の第三者に転売し、引き渡したときは、即時取得が成立して、売主は、目的物の所有権を失い、その返還を請求できなくなります。

第3節 緊急時の債権の回収

重要度 **B**

この節で学習すること

1 裁判手続による債権回収

「貸したお金を返してもらえない」ときに、裁判所に訴えて、勝訴判決が確定すれば、お金を回収できます。

倒産のパターンには、いくつかの種類がありますので、違いと特徴を押さえましょう。

2 会社の倒産処理手続

3 強制執行の手続

裁判所や執行官に対して、確定判決などを根拠に強制執行の申立てをすることができます。

① 裁判手続による債権回収

ココが出る!

債権の強制回収は、自力救済が禁止されているため、裁判所に対する手続を経て行われます。

❶ 民事訴訟手続

民事訴訟手続とは、裁判所に訴状を提出して、当事者(原告・被告)が法廷で口頭弁論を行い、判決をもらう手続です。

(注) 民訴法改正により訴状のオンライン提出も可能となりました。(令和8年5月までに施行)。

判決が確定すると、その判決が**債務名義**(請求権の存在および内容を公証する文書等)となり、これに基づいて強制執行ができるようになります。

❷ 支払督促

支払督促とは、簡易裁判所の督促手続です。簡易裁判所の裁判所書記官に支払督促の申立てを行い、支払督促を債務者に対して発してもらうものです。

債務者が支払督促の送達を受けた日から2週間以内に支払いをせず、または督促異議の申立てをしないときは、裁判所書記官は、債権者の申立てにより仮執行宣言を付さなければならず、債務者が仮執行宣言付支払督促の送達を受けた日から2週間以内に異議の申立てをしないときは、当該**仮執行宣言付支払督促**は確定して**債務名義**となり、債権者は、これに基づいて強制執行をすることができます。

これに対し、債務者が支払督促の送達を受けた日から2週間以内に督促異議の申立てをしたときは、通常の民事訴訟手続に移行します。

❸ 即決和解

即決和解とは、法的な紛争の解決に向けた紛争当事者間における合意を前提に、**簡易裁判所の関与の下**に和解を行う手続です。

❹ 調 停

調停とは、民事上の紛争の当事者またはその代理人が裁判所に出頭し、話し合いをする手続です。調停の成立により作成される**調停調書**は、**確定判決と同一の効力**を有し、債務名義となります。したがって、調停調書に基づいて強制執行を行うことができます。

◀ **ココが出る！**

❷ 会社の倒産処理手続

❶ 倒産とは

倒産とは、会社が支払不能または債務超過の状態になって、事業を継続して行えなくなった状態をいいます。

❷ 倒産処理

① 法的整理

　これは、手続が法律上規定されており裁判所が関与するものです。再建型と清算型とに分けられます。

　イ　再建型整理

　　これは、会社の再建を目指す処理であり、民事再生・会社更生がこれにあたります。

　ロ　清算型整理

　　これは、会社を解体整理する処理であり、破産・特別清算がこれにあたります。

ココが出る!

民事再生・会社更生は「再建型」、破産・特別清算は「清算型」であることを押さえてください。

用　語

「換価」とは、財産を金銭に換えることをいいます。

〈主な法的整理の比較〉

	破産	民事再生	会社更生
目的	債務者である会社が総債務を完済する見込みがない場合に強制的に債務者の全財産を**換価**して、総債権者に公平に分配し、清算することを目的とする。	経済的に窮境にある債務者の事業または経済生活の再生を図ることを目的とする。	窮境にある株式会社が裁判所の監督の下に会社を更生することを目的とする。
会社経営権・財産管理処分権	会社は破産管財人の管理下に入る。債務者（経営者）は**財産管理処分権を失う。**	債務者（経営者）は原則として**会社経営権も財産管理処分権も失わない。**ただし、管理命令が出された場合、管財人が選任され、債務者はこれらの権限を失う。	会社は更生管財人の管理下に入る。債務者（経営者）は**財産管理処分権を失う。**
担保権の扱い	抵当権・商事留置権等の一定の担保権を有する者は**別除権**を有し、手続外で担保権の行使が可能。	抵当権・商事留置権等の一定の担保権を有する者は**別除権**を有し、手続外で担保権の行使が可能。ただし、担保権実行中止命令や担保権消滅請求により担保権の行使が制限される場合もある。	別除権は認められず、担保権は更生担保権として棚上げされ、担保権の行使は制限される。

② **任意整理**

　これは、債権者と債務者の協議によって進められる倒産処理手続をいいます。

③ 強制執行の手続

❶ 債務名義

　強制執行の申立てをするには、**請求権の存在および内容を公証する文書**である**債務名義が必要**となります。

　債務名義には、次のもの等があります。

① 裁判所の確定判決
② 仮執行宣言付きの支払督促
③ 調停調書・和解調書
④ 強制執行認諾文言付き公正証書

❷ 強制執行の申立て

　強制執行の申立ての相手方は、執行の目的によって異なります。執行の目的が**不動産または債権の場合は裁判所**に対して行い、**動産の場合は執行官**に対して行います。

◀ココが出る！

用　語

「強制執行認諾文言付き公正証書」とは、債務者が、公正証書の文言中において、債務不履行があった場合には直ちに強制執行を受けても異議はない旨の認諾をしたものをいいます。

重要度
A

問 1 　買主Aは、売主Bに対して売買代金債務を負っている。Aは、Bに対して売買代金債務を弁済する場合、民法上、Bに対して、その弁済と引換えに受取証書の交付を請求することができる。　　　　　　　　　　（46-8-ケ）

問 2 　Xは、Yから50万円を借り入れた。この場合、Xは、Yとの間で特段の合意をしなくても、自らの一方的意思表示によって、50万円の弁済に代えて自己所有の50万円相当の貴金属をYに引き渡し、XのYに対する借入金債務を免れることができる。　　　　　　　　　　　　　　　（46-4-ア）

問 3 　Xは、Yから50万円を借り入れた。その後、Xは、返済期日に50万円をYに弁済しようとしたが、返済期日よりも前にYは死亡しており、相続人が不明であった。この場合、Xは、供託をすることにより、XのYに対する借入金債務を免れることができる。　　　　　　　（41-6-ア-③）

問 4 　A社はB社に対して履行期の到来した土地の引渡請求権を有し、B社はA社に対して履行期の到来した貸金債権を有している。この場合、A社は、両債権を対当額で相殺することができる。　　　　（44-3-ウ-a）

解1 ◯ 債務者は、債務を弁済するに際し、弁済を受領する者に対して、弁済と引換えに受取証書の交付を請求することができる。

解2 ✕ 50万円の弁済に代えて自己所有の50万円相当の貴金属をYに引き渡し、XのYに対する借入金債務を免れることを**代物弁済**というが、代物弁済は、**弁済者と債権者との契約**であるから、その効果（債務の消滅）が生ずるためには、弁済者の代物弁済の申込みと目的物の給付のほか、**債権者の承諾**が必要となる。弁済者の一方的意思表示によって代物弁済をすることはできない。

解3 ◯ 弁済者が過失なく債権者を確知できないときは、供託することができ、債務者は、弁済の目的物を供託所に供託することにより、その債務を免れることができる（供託）。

解4 ✕ 相殺をするためには、**双方の債権が同種の目的を有すること**が必要である。したがって、貸した金銭の返還を求める「貸金債権」と、土地の引渡しを求める「土地の引渡請求権」とでは、かりに価値的には同じであっても、目的が異なるため、相殺をすることはできない。

第5章 債権の管理と回収

問 5　A社はB社に対して履行期の到来していない賃料債権を有し、B社はA社に対して履行期の到来した貸金債権を有している。この場合、A社は、両債権を対当額で相殺することができない。　　　　　　　　（44−3−ウ−c）

問 6　Xは、修理代金を5,000円とすることでY社に依頼したオートバイの修理が完了した旨の連絡を受けたため、オートバイを引き取りに行ったところ、Y社から「今回はサービスとして修理代金を請求しない」旨を告げられた。Y社の行為は、免除に該当する。　　　　　　　　（45−3−オ−Ⅳ改）

問 7　債権者は、債務者の承諾を得なければ、債務者が債権者に対して負う債務を免除することはできない。　　　　　　　　　　　　　　　　（44−1−イ）

問 8　Aは、父親Bから30万円を借り入れた。その後、Bが死亡し、Aがその唯一の相続人としてBを相続した。この場合であっても、AのBに対する借入金債務は消滅しない。　　　　　　　　　　　　　　　　（44−4−ケ）

問 9　時効の援用とは、時効の成立により利益を受けようとする者がその旨の意思を表示することをいう。　　　　　　　　　　　　　　　　（46−8−キ）

解 5 ○ 　相殺をするには、条文上は、双方の債権が弁済期にあることが必要とされているが、自働債権の弁済期が到来していれば、受働債権の弁済期がまだ到来していなくても、債務者（受働債権の債務者）は期限の利益を放棄することができるので、自働債権の債権者（受働債権の債務者）は、相殺することができる。しかし、本問は、これとは異なり、受働債権（Ｂ社のＡ社に対する貸金債権）の弁済期は到来しているが、自働債権（Ａ社のＢ社に対する賃料債権）の弁済期はまだ到来していない場合であり、このような場合にＡ社による相殺を認めると、Ｂ社の期限の利益を相殺によって一方的に放棄させることになり妥当でない。したがって、本問の場合は、相殺することはできない。

解 6 ○ 　免除とは、債権者が債務者に対して持っている債権を放棄し、その債権を消滅させることをいう。Ｙ社は、Ｘに対し、「今回はサービスとして修理代金を請求しない」旨を告げているが、Ｙ社の行為は、Ｘに対する修理代金債権を放棄し、当該債権を消滅させるものであり、免除に該当する。

解 7 × 　債務の免除は、債権者の一方的意思表示により行うことができ、債務者の承諾を得る必要はない。

解 8 × 　Ａが父親Ｂを相続することにより混同（債務者が債権者を相続するなど、債権と債務が同一人に帰属することにより、債権が消滅すること）が生じ、これによりＡのＢに対する借入金債務は消滅する。

解 9 ○ 　時効の援用とは、時効の成立により利益を受けようとする者がその旨の意思を表示することをいう。

第2節 債権の担保

問 1 　民法上、保証契約が効力を生じるには、保証人となる者と債権者とが保証契約を締結し、かつ主たる債務者がこれに同意することが必要である。

(40−3−ウ−①)

問 2 　保証には、主たる債務が消滅すれば保証債務も消滅するという性質、すなわち附従性が認められる。

(40−3−ウ−②)

問 3 　保証人が民法の規定に従い債権者に対し保証債務を履行した場合、民法上、当該保証人には、主たる債務者に対する求償権が認められる。

(40−3−ウ−③)

問 4 　保証人が債権者との間で、主たる債務者と連帯してその債務を履行することを特に合意し、連帯保証人となった場合、民法上、連帯保証人には、催告の抗弁権および検索の抗弁権が認められない。　　　(40−3−ウ−④)

問 5 　A社、B社およびC社は、いずれも、D社に対し金銭債権を有しているが、担保権は有していない。この場合において、D社の有する財産では、A社、B社およびC社の有する債権全額の弁済をすることができないときは、債権の種類、内容、履行期には関係なく、債権の発生の先後により債権者間の優劣が決せられるため、A社、B社およびC社のうち、債権の発生時期の最も早い者が、他の債権者に優先してD社の財産から弁済を受けることができる。

(45−8−コ)

解 1 × 保証契約が効力を生じるには、保証人となる者と債権者とが保証契約を締結すれば足り、主たる債務者の同意は不要である。

解 2 ○ 保証には、主たる債務が消滅すれば保証債務も消滅するという性質、すなわち附従性が認められる。

解 3 ○ 保証人が民法の規定に従い債権者に対し保証債務を履行した場合、当該保証人には、主たる債務者に対する求償権が認められる。

解 4 ○ 連帯保証人には、催告の抗弁権・検索の抗弁権は認められない。

解 5 × 物的担保（担保物権）を有しない債権者（無担保債権者）間においては、債権の種類・内容・発生時期に関係なく、その有する債権額に応じて按分された額しか回収できないという債権者平等の原則が働く。したがって、A社、B社およびC社のうち、債権の発生時期の最も早い者が、他の債権者に優先してD社の財産から弁済を受けることができる、というわけではない。

問 6

自動車修理業者であるX社は、運送会社であるY社から、Y社が所有する甲トラックを修理する旨の依頼を受け、その修理を完了し、保管している。Y社は、修理代金の支払期日を経過した後も、その支払いを遅滞している。なお、X社とY社との間には留置権に関する特段の合意はない。Y社は、X社に修理代金を支払うことなく、第三者であるZ社に甲トラックを譲渡した。この場合、X社は、Z社から甲トラックの引渡しを請求されても、修理代金の弁済を受けるまでは、留置権を行使して甲トラックの引渡しを拒むことができる。　　　　　　　　　　　　　　　　　　　（39-10-ア-b改）

問 7

自動車修理業者であるX社は、運送会社であるY社から、Y社が所有する甲トラックを修理する旨の依頼を受け、その修理を完了し、保管している。Y社は、修理代金の支払期日を経過した後も、その支払いを遅滞している。なお、X社とY社との間には留置権に関する特段の合意はない。X社は、Y社から修理代金が支払われる前に、甲トラックをY社に引き渡した。この場合であっても、甲トラックに成立していた留置権は存続する。

（39-10-ア-c改）

問 8

Aは、Bとの間で、自己を売主として動産甲を売却する旨の売買契約を締結した。この売買契約に基づき、AはBに甲を引き渡したが、Bは甲の代金を支払っていない。この場合、Aは、Bが甲の代金を支払うまでの間、Bが占有する甲について先取特権を有する。　　　（42-8-ケ）

問 9

動産に質権を設定する場合、民法上、質権設定契約は当事者の合意のみでは成立せず、質権設定契約が法的に有効に成立するためには、当該動産の引渡しが必要である。　　　　　　　　　　　　　　　　　（41-10-ウ-a）

問 10

X社は、Y社に対して有する債権を担保するため、Y社から、Y社がZ社に対して有する債権に質権の設定を受けた。この場合であっても、X社は、Y社がZ社に対して有する債権を直接取り立てることはできない。

（43-1-エ）

解 6 ○ 　留置権は物権であるから、対世的効力を有し、すべての者に対して行使することができる。したがって、いったん成立した後は、その留置物の譲受人に対しても留置権を行使することができる。

解 7 × 　留置権者が、被担保債権の弁済を受ける前に、留置権の目的物をその所有者に引き渡してその占有を失ったときは、留置権は消滅する。

解 8 ○ 　動産の売主は、動産の代価およびその利息に関し、その動産の上に先取特権（動産売買の先取特権）を有する。したがって、Aは、Bが甲の代金を支払うまでの間、Bが占有する甲について動産売買の先取特権を有する。

解 9 ○ 　質権は、債権者と質権設定者（債務者または第三者）との質権設定契約により成立するが、質権設定契約は、要物契約であり、債権者にその目的物を引き渡すことによって、その効力が生じる。

解 10 × 　債権質を設定した場合、質権者は、債務者が弁済をしないときは、質入債権について第三債務者から直接取り立てることができる。そして、取り立てた金銭を債権の弁済に充てることができる。したがって、X社は、Y社がZ社に対して有する債権を直接取り立てることができる。

問 11 　民法上、自己の所有する動産に質権を設定した債務者が質権者に対して負う債務を弁済しない場合、質権者は、裁判所の手続を経ることなく、当然に当該動産の所有権を取得する。　　　　　　　　　　　　　（41−10−ウ−d）

問 12 　X社は、Yに金銭を貸し付けるにあたり、Yが所有する土地に抵当権の設定を受けることとした。本件土地に設定される抵当権は、X社とYが抵当権設定契約を締結することに加え、抵当権の設定登記を経なければ、その効力を生じない。　　　　　　　　　　　　　　　　（41−3−イ−②改）

問 13 　土地を賃借している者が、その土地上に建築した建物に抵当権を設定した場合、当該抵当権の効力は、当該建物の敷地である土地の賃借権には及ばない。　　　　　　　　　　　　　　　　　　　　　　　　（44−1−キ）

問 14 　A社は、B社に対して有する貸金債権を担保するため、B社が所有する甲建物に抵当権の設定を受けその登記を経た。その後、甲建物が火災で焼失し、B社が甲建物に付していた火災保険に基づき火災保険金請求権を取得した場合、A社は、火災保険金がB社に支払われる前に当該火災保険金請求権を差し押さえて、物上代位権を行使し、B社が受け取るべき火災保険金から自己の貸金債権を回収することができる。　　　　　（39−1−ウ）

問 15 　根抵当権は、被担保債権について一定の極度額を定めて、その極度額の限度で、一定の範囲に属する不特定の債権を担保する抵当権である。　　　　　　　　　　　　　　　　　　　　　　　　（39−8−ウ）

解 11 ✕ 　弁済期が到来しても債務を弁済しないときは、質権者が直ちに質物の所有権を取得する旨を約束したり、質権者が適宜に質物を売却して債権の弁済に充てることができる旨を約束するというように、法律に定める方法によらないで質物を処分することを約する契約（流質契約）は、質屋営業法上の営業質屋では認められているが、民法では禁止されている。したがって、民法上、質権者は、裁判所の手続を経ることなく、当該動産の所有権を取得することはできない。

解 12 ✕ 　抵当権は、当事者間の契約（抵当権設定契約）により成立する。抵当権の設定登記は、対抗要件にすぎず、効力発生要件ではない。

解 13 ✕ 　土地の賃借権は、建物に従たる権利であるから、土地を賃借している者が、その土地上に建築した建物に抵当権を設定した場合、当該抵当権の効力は、当該建物の敷地である土地の賃借権にも及ぶ。

解 14 ◯ 　抵当権者は、目的物の売却、賃貸、滅失または損傷によって目的物の所有者が受けるべき金銭その他の物に対しても抵当権の効力を及ぼすことができる（物上代位）。物上代位の目的物となりうるものとしては、売却代金、賃料、保険金請求権、不法行為に基づく損害賠償請求権などがある。そして、抵当権者が物上代位によって優先弁済を受けるためには、目的物の所有者に代位物が払い渡されまたは引き渡される前に、その代位物に対する請求権を差し押さえなければならない。

解 15 ◯ 　根抵当権は、被担保債権について一定の極度額を定めて、その極度額の限度で、一定の範囲に属する不特定の債権を担保する抵当権である。

問16　　例えば倉庫に保管されている商品全部というように、構成部分の変動する集合動産は、譲渡担保の目的物となり得ない。　　　　　　　　　（42-4-ク）

問17　　仮登記担保法上、仮登記担保権者は、裁判所の競売手続によらなければ、仮登記担保権を実行することはできない。　　　　　　　　　（42-8-イ）

第3節 緊急時の債権の回収

重要度 **B**

問1　　支払督促は、金銭の支払請求権等について、債権者の申立てにより、簡易裁判所の裁判所書記官が、債務者に宛て発するものである。

（40-10-オ-c）

問2　　支払督促は、簡易裁判所の裁判所書記官に支払督促の申立てを行い、支払督促を債務者に発する手続であるが、支払督促が確定判決と同じ効力を持つことはない。　　　　　　　　　　　　　　　　　　　　　（46-8-イ）

問3　　即決和解は、紛争当事者間における法的な紛争の解決に向けた合意を前提に、簡易裁判所の関与の下に和解を行う手続である。　　　　（42-1-イ）

問4　　民事上の法的紛争に関し、紛争当事者間に調停が成立することにより作成される調停調書は、確定判決と同一の効力を有する。　　　（40-4-ケ）

問5　　民事執行法上、強制執行の申立てをするには債務名義が必要であり、民事訴訟における裁判所の確定判決は、債務名義に該当する。（45-1-キ）

解 16 ✕　企業の倉庫内にある在庫商品のように、構成部分の変動する集合動産を譲渡担保の目的物とすることも認められている。

解 17 ✕　仮登記担保権者は、裁判所の競売手続によることなく、仮登記担保権を私的に実行して債権を回収することができる。

解 1 ◯　支払督促は、金銭の支払請求権等について、債権者の申立てにより、簡易裁判所の裁判所書記官が、債務者に宛て発するものである。

解 2 ✕　支払督促は、簡易裁判所の裁判所書記官に支払督促の申立てを行い、支払督促を債務者に発する手続であるが、支払督促も、一定の手続を経ることにより、確定判決と同一の効力を有する。

解 3 ◯　即決和解は、紛争当事者間における法的な紛争の解決に向けた合意を前提に、簡易裁判所の関与の下に和解を行う手続である。

解 4 ◯　調停は、民事上の紛争の当事者またはその代理人が裁判所に出頭し、話し合いをする手続である。調停の成立により作成される調停調書は、確定判決と同一の効力を有し、債務名義となる。

解 5 ◯　強制執行の申立てをするには、請求権の存在および内容を公証する文書等（債務名義）が必要となる。裁判所の確定判決は、債務名義に該当する。

第6章

企業活動に関する法規制

本章では、企業活動に関する各種の法規制（独占禁止法、消費者契約法、特定商取引法など）とビジネスにかかわる犯罪（背任罪、違法配当罪、利益供与罪など）について学習します。

本章は学習する法律の数が多いですが、試験では同じ内容が繰り返し出題される傾向にあり、比較的得点しやすい分野ですので、しっかりと学習して、ぜひ得点源としてください。

独占禁止法

この節で学習すること

1 私的独占
市場を独占支配して競争を実質的に制限することをいいます。単に人気があるだけではありません。

複数事業者が共同して、競争を実質的に制限することをいいます。いわゆる「カルテル」のことです。
2 不当な取引制限

取引を拒絶するとか、不当な安値で販売するなど、公正な取引を阻害するおそれのある取引行為のことをいいます。
3 不公正な取引方法

4 独占禁止法に違反する行為が行われた場合の措置

公正取引委員会がいろいろな対抗措置をとります。どのようなときに、どんな措置をとるのか、見ておきましょう。

　独占禁止法は、公正で自由な競争を促進することなどにより、一般消費者の利益の確保と民主的で健全な国民経済の発達を促進するという目的を達成するために、①私的独占、②不当な取引制限および③不公正な取引方法という、3種の類型の行為をその主要な禁止の対象としています。

　以下、これらの禁止される行為について説明します。

❶ 私的独占

　私的独占とは、ある事業者が他の事業者の事業活動を排除し、または支配することにより、公共の利益に反して、一定の取引分野における競争を実質的に制限することをいいます。

　ただし、事業者が正常な事業活動の結果高い市場占拠率を実現したとしても、それ自体が直ちに私的独占に該当するわけではあ

りません。

(注)　独占禁止法の規制対象となるのは、「事業者」と「事業者
　　　団体」です。**事業者**」とは、商業、工業、金融業その他の
　　　事業を行う者をいい、会社などの商人のほか、公益法人や公
　　　共団体も含まれます。「**事業者団体**」とは、事業者としての
　　　共通の利益を増進することを主たる目的とする2以上の事業
　　　者の結合体またはその連合体をいい、その組織形態や名称を
　　　問いません。

ココが出る！

「事業者」と「事業者団体」の意味を押さえてください。

② 不当な取引制限

❶　意　義

不当な取引制限とは、事業者が協定その他の名義により、他の
事業者と共同して対価を決定し、維持し、もしくは引き上げ、ま
たは数量、技術、製品、設備もしくは取引の相手方を制限するな
ど、相互にその事業活動を拘束し、または遂行することにより、
公共の利益に反して、**一定の取引分野における競争を実質的に制
限する**ことをいいます。

不当な取引制限は、一般に、**カルテル**と呼ばれています。

❷　不当な取引制限の主な類型

① **価格協定**（標準価格の設定等）

　たとえば、標準価格、基準価格、目標価格など価格設定の基
準を決定する協定がこれに該当します。

　なお、不当な取引制限といえるためには、事業者間に意思の
連絡があることが必要ですが、複数の事業者が、協議等をする
ことなく、独自の判断で、同種の製品等につき価格の引上げを
行うことは、いわゆる**価格の同調的引上げ**にすぎず、意思の連
絡を欠くため、当該行為は、不当な取引制限に該当しないこと
に注意してください。

② **生産制限協定**

　たとえば、出荷量を制限する協定がこれに該当します。

ココが出る！

特に、「入札談合」は不当な取引制限（カルテル）に該当することを押さえてください。

第
6
章

企業活動に関する法規制

③　入札談合

　　これは、競争入札に参加する建設業者等の間で、あらかじめ談合して特定の者を受注予定者とする行為や、入札価格を決める行為をいいます。

③ 不公正な取引方法

❶　意　義

ココが出る！

　　不公正な取引方法とは、それ自体は競争を直接制限していなくても、公正な競争を阻害する可能性のある行為をいいます。

❷　不公正な取引方法の主な類型

　　独占禁止法は、不公正な取引方法に該当する行為として、11種類の行為を定めており、さらに、これらに基づき、独占禁止法を運用し執行する行政機関である公正取引委員会が、告示により、不公正な取引方法に該当する行為類型を定めています（一般指定）。以下では、主な行為類型について説明します。

① 共同の取引拒絶

　　正当な理由がないのに、自己と競争関係にある他の事業者（以下「競争者」という）と共同して、次のいずれかに掲げる行為をすること。

イ　ある事業者に対し取引を拒絶しまたは取引にかかる商品・役務（サービス）の数量・内容を制限すること。

ロ　他の事業者にイに該当する行為をさせること。

注　意

生鮮食料品の閉店間際の安売りは不当廉売に該当しません。

② 不当廉売

　　正当な理由がないのに商品または役務（サービス）をその供給に要する費用を著しく下回る対価で継続して供給し、その他不当に商品・役務（サービス）を低い対価で供給し、他の事業者の事業活動を困難にさせるおそれがあること。

◀ 発　展 ▶

不当な利益による顧客誘引は、「不当景品類及び不当表示防止法」によって規制されています。

③ 不当な利益による顧客誘引

　　正常な商慣習に照らして不当な利益をもって、競争者の顧客を自己と取引するように誘引すること。

④ **抱き合わせ販売等**

　相手方に対し、不当に、商品・役務（サービス）の供給に併せて他の商品・役務（サービス）を自己または自己の指定する事業者から購入させ、その他自己または自己の指定する事業者と取引するように強制すること。

⑤ **排他条件付取引**

　不当に、相手方が競争者と取引しないことを条件として当該相手方と取引し、競争者の取引の機会を減少させるおそれがあること。

⑥ **再販売価格の拘束**

　自己の供給する商品を購入する相手方に、正当な理由がないのに、次のいずれかに掲げる拘束の条件をつけて、当該商品を供給すること。

　イ　相手方に対しその販売する当該商品の販売価格を定めてこれを維持させることその他相手方の当該商品の販売価格の自由な決定を拘束すること。

　ロ　相手方の販売する当該商品を購入する事業者の当該商品の販売価格を定めて相手方をして当該事業者にこれを維持させることその他相手方をして当該事業者の当該商品の販売価格の自由な決定を拘束させること。

⑦ **拘束条件付取引**

　⑤⑥に該当する行為のほか、相手方とその取引の相手方との取引その他相手方の事業活動を不当に拘束する条件をつけて、当該相手方と取引すること。

⑧ **優越的地位の濫用**

　自己の取引上の地位が相手方に優越していることを利用して、正常な商慣習に照らして不当に、次のいずれかに掲げる行為をすること。

　イ　継続して取引する相手方（新たに継続して取引しようとする相手方を含む。ロにおいて同じ。）に対して、当該取引にかかる商品・役務（サービス）以外の商品・役務を購入させること。

　ロ　継続して取引する相手方に対して、自己のために金銭、役

注意

２つ以上の商品・役務（サービス）を組み合わせた販売であっても、①それにより別個の特徴を持つ商品になる、②顧客がそれぞれ単独で購入することができる、③２つの商品・役務（サービス）間に機能上補完関係がある場合（レンタカーと保険、歯磨き粉と歯ブラシなど）には、抱き合わせ販売等に該当しません。

◀ 発 展 ▶

著作物（新聞、雑誌、書籍、レコード等）を発行・販売する事業者の再販売価格拘束行為は、それが正当な行為であるときは、独占禁止法の適用除外となります（法定再販）。

◀ 発 展 ▶

優越的地位の濫用については、下請取引において問題となることが多いため、「下請代金支払遅延等防止法」によって規制されています。

務その他の経済上の利益を提供させること。

ハ　取引の相手方からの取引にかかる商品の受領を拒み、取引の相手方から取引にかかる商品を受領した後当該商品を当該取引の相手方に引き取らせ、取引の相手方に対して取引の対価の支払いを遅らせ、その額を減じ、その他取引の相手方に不利益となるように取引の条件を設定、変更し、または取引を実施すること。

⑨　**競争者に対する取引妨害**

自己または自己が株主もしくは役員である会社と国内において競争関係にある他の事業者とその取引の相手方との取引について、契約の成立の阻止、契約の不履行の誘引その他いかなる方法をもってするかを問わず、その取引を不当に妨害すること。

❹ 独占禁止法に違反する行為が行われた場合の措置

❶　排除措置命令

独占禁止法を運用し執行するための行政機関として公正取引委員会が設置されています。

公正取引委員会は、独占禁止法に違反する行為があるときは、事業者に対し、当該行為の差止めその他違反行為を排除するために必要な措置を命ずることができます（**排除措置命令**）。

❷　課徴金納付命令

事業者が、私的独占、不当な取引制限等をした場合、公正取引委員会は、当該事業者に対し、課徴金を国庫に納付することを命じなければなりません（**課徴金納付命令**）。

❸　刑事上の措置

私的独占または不当な取引制限をした者、独占禁止法の規定に違反して一定の取引分野における競争を実質的に制限した者は、刑事罰が科せられます。そしてさらに、そのような違反行為をした者を使用する法人等に対しても、刑事罰が科せられます（両罰

規定）。

　なお、**不公正な取引方法については、刑事罰の定めはないこと**に注意してください。

ココが出る！

❹　民事上の措置

　独占禁止法に違反する行為によりその利益を侵害されたり、損害を受けた者には、民事上の措置として、差止請求（不公正な取引方法の場合）や損害賠償請求が認められます。

この節で学習すること

1 目的

消費者を守るための法律です。

消費者（＝個人）と事業者の間の契約にのみ、適用される法律です。

2 適用対象となる契約

誤認又は困惑等により、契約してしまった消費者は、その契約を取り消すことができます。

3 取り消すことができる行為

4 無効となる契約条項

特に消費者を害するおそれのある一定内容の契約条項は、本法によって無効とされます。

◀ 発 展 ▶

消費者契約法等の消費者を保護するための法律を所管し、消費者保護行政を推進する官庁として、消費者庁が内閣府の外局として設置されています。消費者庁は、消費者の利益の擁護および増進、商品および役務の消費者による自主的かつ合理的な選択の確保ならびに消費生活に密接に関連する物資の品質に関する表示に関する事務を行うことを任務としています。

❶ 目 的

　消費者契約法は、①**事業者の一定の行為により消費者が誤認し、または困惑した場合等について契約の申込みまたはその承諾の意思表示を取り消すことができる**こととするとともに、②事業者の損害賠償の責任を免除する条項その他の**消費者の利益を不当に害することとなる条項の全部または一部を無効とする**ほか、③消費者の被害の発生または拡大を防止するため**適格消費者団体が事業者等に対し差止請求をすることができる**こととすることにより、消費者の利益の擁護を図り、もって国民生活の安定向上と国民経済の健全な発展に寄与することを目的とします。

② 適用対象となる契約

　消費者契約法は、**消費者契約**、すなわち、消費者と事業者との間で締結される契約（労働契約を除く）に適用されます。

　ここに**消費者**とは、個人（事業としてまたは事業のために契約の当事者となる場合におけるものを除く）をいいます。したがって、**法人や個人事業主は、消費者契約法にいう個人に含まれず、消費者に該当しません。**

　また、**事業者**とは、法人その他の団体および事業としてまたは事業のために契約の当事者となる場合における個人をいいます。したがって、**事業者には、法人のほか個人も含まれ、また、法人については公益法人であるか非公益法人であるかは問われません。**

　そして、**適格消費者団体**とは、不特定かつ多数の消費者の利益のために消費者契約法の規定による差止請求権を行使するのに必要な適格性を有する法人である消費者団体として内閣総理大臣の認定を受けた者をいいます。

③ 事業者及び消費者の努力義務

① 事業者は、次に掲げる措置を講ずるよう努めなければなりません。

　イ　消費者契約の条項を定めるにあたっては、消費者の権利義務その他の消費者契約の内容が、その解釈について疑義が生じない明確なもので、かつ、消費者にとって平易なものになるよう配慮すること。

　ロ　消費者契約の締結について勧誘をするに際しては、消費者の理解を深めるために、物品、権利、役務その他の消費者契約の目的となるものの性質に応じ、**事業者が知ることができた個々の消費者の年齢、心身の状態、知識および経験を総合的に**考慮した上で、消費者の権利義務その他の消費者契約の内容についての必要な情報を提供すること。

　ハ　民法548条の２第１項に規定する定型取引合意に該当す

注　意 ⚠️

消費者契約法は、契約の対象となる商品、役務、権利の種類を問わず適用されます。

◀ ココが出る！

消費者と事業者のそれぞれの意味を押さえてください。

◀ ココが出る！

◀ 発　展 ▶

令和４年の改正により、事業者と消費者について努力義務の規定が設けられました。

第**6**章

企業活動に関する法規制

る消費者契約の締結について勧誘をするに際しては、消費者が同項に規定する定型約款の内容を容易に知り得る状態に置く措置を講じているときを除き、消費者が同法548条の3第1項に規定する請求を行うために必要な情報を提供すること。

ニ　消費者の求めに応じて、消費者契約により定められた当該消費者が有する解除権の行使に関して必要な情報を提供すること。

②　消費者は、消費者契約を締結するに際しては、事業者から提供された情報を活用し、消費者の権利義務その他の消費者契約の内容について理解するよう努めるものとします。

❹ 取り消すことができる行為

ココが出る！▶

消費者は、事業者が消費者契約の締結について勧誘をするに際し、当該消費者に対して次に掲げる行為をしたことにより、**誤認**または**困惑**をし、それによって当該消費者契約の申込みまたはその承諾の意思表示をしたときは、これを取り消すことができます。

◀　発　展　▶

右記の①～③は、消費者を「**誤認**」させる行為であり、④～⑬は、消費者を「**困惑**」させる行為です。

①　契約の重要事項に関する不実の告知
②　契約における不確実な事項についての断定的判断の提供
③　不利益事実の故意または重過失による不告知
④　不退去（お願いしても帰ってくれない）
⑤　退去妨害（帰りたいのに帰してくれない）
⑥　勧誘することを告げずに退去困難な場所に同行し勧誘したこと
⑦　威迫する言葉を交え、相談の連絡を妨害したこと
⑧　社会生活上の経験不足を不当に利用して不安をあおる告知をすること（**就職セミナー商法等**）
⑨　恋愛感情等に乗じた人間関係を濫用した勧誘行為（**デート商法等**）
⑩　加齢等による判断力の低下を不当に利用する行為
⑪　霊感等による知見を用いた告知（**霊感商法等**）

⑫　契約締結前に債務の内容を実施する行為等

⑬　正当な理由なく、契約前に当該事業者が実施した調査等が当該消費者のために特に実施した旨等を告げること

　また、事業者が勧誘をするに際し、契約の目的物の分量、回数または期間（以下「分量等」という）が当該消費者にとっての通常の分量等を著しく超えるものであることを知っていた場合において、消費者が、その勧誘によりこの消費者契約の申込み・承諾の意思表示をしたとき、消費者は、その契約を取り消すことができます（**過量契約の取消権**）。

ココが出る!

　消費者契約法に基づいて意思表示が取り消された場合、当該契約は遡及的に無効となり、事業者と消費者は、相互に**原状回復義務**を負います。事業者は、すでに受け取った代金などを返還しなければならず、他方、消費者は、引渡しを受けた商品などを返還しなければなりません。

ココが出る!

　この取消権は、追認をすることができる時から１年間（霊感商法等の場合は３年間）行使しないときは、時効によって消滅します。当該消費者契約の締結の時から５年（霊感商法等の場合は10年）を経過したときも、同様です。

　また、**取消しは、これをもって善意でかつ過失がない第三者に対抗することができません**。

ココが出る!

　なお、**消費者契約に取消原因がある場合、消費者は、消費者契約法に基づく取消権の行使のほか、民法の詐欺または強迫の規定に基づく取消権の行使もでき、そのどちらを主張することも可能**です。

ココが出る!

　したがって、消費者契約法に基づく取消権が時効消滅しても、民法の規定に基づく取消権がまだ時効消滅していなければ、消費者は、民法の規定に基づく取消権の行使ができることになります。

注意

消費者契約が締結された場合でも、消費者の債務不履行により事業者に損害が発生したときは、事業者は、消費者に対してその損害の賠償を請求することができます。

⑤ 無効となる契約条項

　次に掲げる消費者契約の条項は、無効とされます。

①　事業者の債務不履行により消費者に生じた損害を賠償する責

◀ 発 展 ▶

消費者に損害が発生
した場合には、消費
者は、事業者に対し
て、債務不履行責任
または不法行為責任
に基づいて損害賠償
の請求をすることが
できます。

任の全部を免除する条項

② 事業者側の故意または重大な過失による債務不履行により消費者に生じた損害を賠償する責任の一部を免除する条項

③ 消費者契約における事業者の債務の履行に際してされた当該事業者の不法行為により消費者に生じた損害を賠償する民法の規定による責任の全部を免除する条項

④ 消費者契約における事業者の債務の履行に際してされた当該事業者側の故意または重大な過失による不法行為により消費者に生じた損害を賠償する民法の規定による責任の一部を免除する条項

⑤ 消費者契約が有償契約である場合において、引き渡された目的物が種類または品質に関して契約の内容に適合しないときに、これにより消費者に生じた損害を賠償する事業者の責任を免除する条項

⑥ 事業者の債務不履行により生じた消費者の解除権を放棄させ、または当該事業者にその解除権の有無を決定する権限を付与する消費者契約の条項

⑦ 消費者が後見開始等の審判を受けたことのみを理由とする解除条項

⑧ 事業者自らの債務不履行等による損害賠償責任の限度を決定する権限を付与する条項

⑨ 事業者の軽過失による債務不履行等により消費者に生じた損害を賠償する責任の一部を免除する条項で、事業者等の軽過失による行為にのみ適用されることを明らかにしていない条項

⑩ 消費者の不作為をもって当該消費者が新たな消費者契約の申込み等の意思表示をしたものとみなす条項

ココが出る！

　なお、**上記の契約条項が無効となる場合でも、消費者契約全体が無効となるわけではない**ことに注意してください。

割賦販売法

この節で学習すること

1 割賦販売法の規制の対象となる取引

いわゆる分割払いで商品を購入するような契約について、消費者保護のために制定された法律です。

割賦販売業者には、販売価格などの大事な情報をあらかじめ書面などにより示す義務があります。

2 割賦販売業者の義務

① 割賦販売法の規制の対象となる取引

割賦販売法の規制の対象となる取引は、次のとおりです。

❶ 割賦販売

割賦販売とは、購入者等から商品代金等を2か月以上の期間にわたり、かつ、3回以上に分割して受領することを条件として、指定商品・指定権利を販売し、指定役務を提供することをいいます。

❷ ローン提携販売

ローン提携販売とは、販売業者等が購入者等の借入債務（商品代金等に充当するための金銭の借入れで、2か月以上の期間にわたり、かつ、3回以上に分割して返済することを条件とするもの）を信販会社に保証をして、指定商品・指定権利を販売し、指定役務を提供することをいいます。

❸ 信用購入あっせん

信用購入あっせんとは、特定の販売業者等が行う購入者等への商品の販売等を条件として、信販会社がその代金等を販売業者等に交付するとともに、購入者等からその代金等相当額を2か月以

◀ **発　展** ▶

割賦販売法上の指定商品が割賦販売の方法で販売された場合には、その商品の所有権は、賦払金の全部の支払義務が履行されるまで、割賦販売業者に留保されたものと推定されます。

注　意 ⚠

割賦販売法は、信用購入あっせんを除いて、指定商品・指定権利・指定役務に関する取引に適用されるものであり、あらゆる商品・権利・役務に関する取引に適用されるわけではありません。

上で定めた時期までに受領することです。これには、カード等を利用して行う包括信用購入あっせんとカード等を利用しない個別信用購入あっせんとがあります。

❷ 割賦販売業者の義務

　割賦販売業者は、割賦販売の方法により指定商品等の販売等をしようとするときは、その相手方に対して、**現金販売価格や割賦販売価格などの所定の事項を書面の提示等により示す**ことが必要です。

　また、割賦販売業者は、購入者等との間で、割賦販売法上の割賦販売に該当する契約を締結した場合には、購入者等に対して、書面の交付によって、所定の事項について当該契約内容を明示しなければなりません。

　なお、購入者等の承諾を得れば、書面の交付に代えて、当該書面に記載すべき事項を電子メールの送付などの**電磁的方法により提供**することができます。

第**4**節 特定商取引に関する法律（特定商取引法）

重要度 **A**

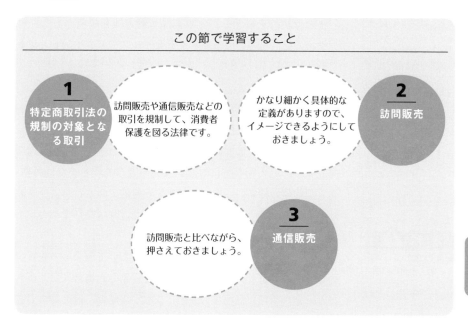

この節で学習すること

1
特定商取引法の規制の対象となる取引

訪問販売や通信販売などの取引を規制して、消費者保護を図る法律です。

かなり細かく具体的な定義がありますので、イメージできるようにしておきましょう。

2
訪問販売

3
通信販売

訪問販売と比べながら、押さえておきましょう。

① 特定商取引法の規制の対象となる取引

　特定商取引法は、その規制の対象となる取引として、①訪問販売、②通信販売、③電話勧誘販売、④連鎖販売取引（いわゆるマルチ商法）、⑤特定継続的役務提供、⑥業務提供誘引販売取引、⑦ネガティブオプション、⑧訪問購入を規定しています。

　以下では、3級検定試験の出題傾向を踏まえて、訪問販売と通信販売について説明します。

② 訪問販売

❶ 意　義

訪問販売とは、次のものをいいます。

①　販売業者等が営業所等以外の場所において、契約の申込み

「訪問販売」には、営業所等以外の場所で行われる所定の取引（典型的な訪問販売）だけでなく、販売業者が路上で呼び止めて同行させるなどの一定の方法により営業所等に誘引した者との間で営業所等において行われる所定の取引も含まれることを押さえてください。

を受け、または契約を締結して行う商品・特定権利・役務の有償での提供

②　販売業者等が、営業所等において、営業所等以外の場所において呼止め等により誘引した者から契約の申込みを受け、または契約を締結して行う商品・特定権利の販売もしくは役務の提供（いわゆる**キャッチセールス**や**アポイントメントセールス**）

❷　販売業者等の義務

① **訪問販売における氏名等の明示**

　　販売業者等は、訪問販売をしようとするときは、その勧誘に先立って、その相手方に対し、販売業者等の氏名または名称、売買契約等の締結について勧誘をする目的である旨および当該勧誘に係る商品等の種類を明らかにしなければなりません。

注意 ⚠️

書面の交付に代えて、購入者等の承諾を得て、当該書面に記載すべき事項を電磁的方法により提供することもできます。

② **書面の交付**

　　販売業者等は、営業所等以外の場所において商品等の売買契約等の申込みを受けたり、売買契約を締結した場合には、直ちに、一定の事項（商品等の対価、支払いの時期、商品等の引渡しの時期、クーリング・オフ等）を記載した書面をその相手方に交付しなければなりません。

❸　**クーリング・オフ**

　　訪問販売においては、販売業者等の相手方となった消費者（申込者等）は、原則として、**クーリング・オフできる旨の書面（法定書面）の交付を受けた日から起算して8日間**は、**書面または電磁的記録により申込みの撤回または契約の解除（申込みの撤回等）**を行うことができます。

ココが出る！▶

注意 ⚠️

クーリング・オフは、書面等で行う必要があり、口頭で行うことはできません。

ココが出る！▶

　　この場合、**申込みの撤回等は、当該申込みの撤回等に係る書面を発した時に、その効力を生じ**、販売業者等は、その申込みの撤回等に伴う**損害賠償または違約金の支払いを請求することができ**ません。また、商品が引き渡されていても、**業者の負担で引き取**らせることができます。これらに反する特約で申込者等に不利なものは、無効となります。

③ 通信販売

❶ 意　義

　通信販売とは、販売業者等が郵便その他の方法により契約の申込みを受けて行う商品・特定権利の販売または役務の提供であって電話勧誘販売に該当しないものをいいます。

❷ クーリング・オフの制度の不採用

　通信販売の場合は、訪問販売と異なり、不意打ち性がないため、クーリング・オフの制度は設けられていないことに注意してください。

◀━ ココが出る!

第5節 個人情報の保護に関する法律（個人情報保護法）

この節で学習すること

1 目的

デジタル社会の進展に伴い、個人情報の適正な取扱いに関する政府の基本方針などを定めた法律です。

なんでもかんでも個人情報というわけではありません。細かい定義がありますので、見ておきましょう。

2 個人情報等

個人情報が体系的に集約されていて、コンピュータで検索可能になっているものなどをいいます。

3 個人情報データベース等

4 個人情報取扱事業者

個人情報データベース等を事業の用に供している者をいいます。

5 個人情報取扱事業者の義務

利用目的、適正な取得方法など、個人情報保護のためのルールが定められています。

❶ 目　的

　個人情報保護法は、デジタル社会の進展に伴い個人情報の利用
が著しく拡大していることにかんがみ、個人情報の適正な取扱い
に関し、基本理念および政府による基本方針の作成その他の個人
情報の保護に関する施策の基本となる事項を定め、国および地方
公共団体の責務等を明らかにし、個人情報を取り扱う事業者およ
び行政機関等についてこれらの特性に応じて遵守すべき義務等を
定めるとともに、個人情報保護委員会を設置することにより、行
政機関等の事務および事業の適正かつ円滑な運営を図り、ならび
に個人情報の適正かつ効果的な活用が新たな産業の創出ならびに
活力ある経済社会および豊かな国民生活の実現に資するものであ
ることその他の個人情報の有用性に配慮しつつ、個人の権利利益
を保護することを目的とします。

❷ 個人情報等

　「個人情報」とは、**生存する個人に関する情報**であって、次の
いずれかに該当するものをいいます。

① 　**1号個人情報**

　　当該情報に含まれる氏名、生年月日その他の記述等〔文書、
図画もしくは電磁的記録〔電磁的方式（電子的方式、磁気的方
式その他人の知覚によっては認識することができない方式をい
う）で作られる記録をいう〕に記載され、もしくは記録され、
または音声、動作その他の方法を用いて表された一切の事項
（個人識別符号を除く）をいう〕により**特定の個人を識別する
ことができるもの**（他の情報と容易に照合することができ、そ
れにより特定の個人を識別することができることとなるものを
含む）

② 　**2号個人情報**

　　個人識別符号が含まれるもの

　　「**個人識別符号**」とは、次のいずれかに該当する文字、番号、
記号その他の符号のうち、政令で定めるものをいいます。

◀ 発　展 ▶

個人情報によって識
別される特定の個人
を「本人」といいま
す。

　イ　特定の個人の身体の一部の特徴を電子計算機の用に供するために変換した文字、番号、記号その他の符号であって、当該特定の個人を識別することができるもの（**指紋認識データ**や**顔認識データ**等が該当します）

　ロ　個人に提供される役務の利用もしくは個人に販売される商品の購入に関し割り当てられ、または個人に発行されるカードその他の書類に記載され、もしくは電磁的方式により記録された文字、番号、記号その他の符号であって、その利用者もしくは購入者または発行を受ける者ごとに異なるものとなるように割り当てられ、または記載され、もしくは記録されることにより、特定の利用者もしくは購入者または発行を受ける者を識別することができるもの（**自動車運転免許証番号**や**パスポート番号**等が該当します）

　外国人の氏名や住所などの情報も、生存する個人に関する情報である以上、**個人情報に該当**します。

　なお、死者に関する情報であっても、それが同時に生存する遺族などに関する情報である場合（たとえば、死者の家族関係に関する情報は、死者に関する情報であると同時に、生存する遺族に関する情報である場合があります）には、その遺族などに関する「個人情報」となります。

　また、「**要配慮個人情報**」とは、本人の人種、信条、社会的身分、病歴、犯罪の経歴、犯罪により害を被った事実その他本人に対する不当な差別、偏見その他の不利益が生じないようにその取扱いに特に配慮を要するものとして政令で定める記述等が含まれる個人情報をいいます。

❸ 個人情報データベース等

　個人情報データベース等とは、個人情報を含む情報の集合物であって、次に掲げるもの（利用方法からみて個人の権利利益を害するおそれが少ないものとして政令で定めるものを除く）をいいます。

① 特定の個人情報を電子計算機を用いて検索することができる
　ように体系的に構成したもの

② 特定の個人情報を容易に検索することができるように体系的
　に構成したものとして政令で定めるもの

　②の「政令で定めるもの」とは、これに含まれる個人情報を一
定の規則（50音順、入社年月日順など）に従って整理することに
より特定の個人情報を容易に検索することができるように体系的
に構成した情報の集合物であって、目次、索引その他検索を容易
にするためのものを有するものをいいます。

　ここに**個人データ**とは、個人情報データベース等を構成する個
人情報をいいます。

④ 個人情報取扱事業者

　個人情報取扱事業者とは、個人情報データベース等を事業の用
に供している者をいいます。ただし、国の機関、地方公共団体、
独立行政法人、地方独立行政法人は、除かれます。

　なお、「**事業**」**とは**、小売業や各種サービス業を含め、あらゆ
る業種がこれに該当し、**営利性を要件としません**。したがって、
公益法人も個人情報取扱事業者に該当することがあります。

◀ココが出る！
営利性の有無は、
「事業」とは無関係
です。

⑤ 個人情報取扱事業者の義務

❶　利用目的の特定

　個人情報取扱事業者は、個人情報を取り扱うにあたっては、そ
の利用目的をできる限り特定しなければならず、利用目的を変更
する場合には、変更前の利用目的と関連性を有すると合理的に認
められる範囲を超えて行ってはなりません。

❷　利用目的による制限

　個人情報取扱事業者は、一定の場合（法令に基づく場合等）を
除き、あらかじめ本人の同意を得ないで、特定された利用目的の
達成に必要な範囲を超えて、個人情報を取り扱ってはなりません。

❸ 不適正な利用の禁止

　個人情報取扱事業者は、違法または不当な行為を助長し、または誘発するおそれがある方法により個人情報を利用してはなりません。

❹ 適正な取得

　① 　個人情報取扱事業者は、偽りその他不正の手段により個人情報を取得してはなりません。

　② 　個人情報取扱事業者は、法令に基づく場合、人の生命・身体・財産の保護のために必要がある場合であって本人の同意を得ることが困難であるときその他一定の場合を除き、あらかじめ本人の同意を得ないで、要配慮個人情報を取得してはなりません。

❺ 取得に際しての利用目的の通知等

ココが出る！ ▶
　個人情報取扱事業者は、個人情報を取得した場合は、あらかじめその利用目的を公表している場合を除き、速やかに、その利用目的を、本人に通知し、または公表しなければなりません。

❻ データ内容の正確性の確保

　個人情報取扱事業者は、利用目的の達成に必要な範囲内において、個人データを正確かつ最新の内容に保つとともに、利用する必要がなくなったときは、当該個人データを遅滞なく消去するよう努めなければなりません。

❼ 安全管理措置

　個人情報取扱事業者は、その取り扱う個人データの漏えい、滅失または毀損の防止その他の個人データの安全管理のために必要かつ適切な措置を講じなければなりません。

❽ 従業者の監督

　個人情報取扱事業者は、その従業者に個人データを取り扱わせるにあたっては、当該個人データの安全管理が図られるよう、当

該従業者に対する必要かつ適切な監督を行わなければなりません。

❾ 委託先の監督

　個人情報取扱事業者は、その保有する個人データの取扱いの全部または一部を委託する場合、その取扱いを委託された個人データの安全管理が図られるよう、委託を受けた者に対する必要かつ適切な監督を行わなければなりません。

❿ 漏えい等の報告等

　個人情報取扱事業者は、その取り扱う個人データの漏えい、滅失、毀損その他の個人データの安全の確保にかかる事態であって個人の権利利益を害するおそれが大きいものとして個人情報保護委員会規則で定めるものが生じたときは、原則として、当該事態が生じた旨を個人情報保護委員会に報告しなければなりません。

　また、この場合には、原則として、本人に対し、当該事態が生じた旨を通知しなければなりません。

⓫ 第三者提供の制限

① 　個人情報取扱事業者は、法令に基づく場合、人の生命・身体・財産の保護のために必要がある場合であって本人の同意を得ることが困難であるときその他一定の場合を除き、あらかじめ本人の同意を得ないで、個人データを第三者に提供してはなりません。

② 　個人情報取扱事業者は、第三者に提供される個人データについて、本人の求めに応じて当該本人が識別される個人データの第三者への提供を停止することとしている場合であって、一定の事項について、あらかじめ、本人に通知し、または本人が容易に知り得る状態に置くとともに、個人情報保護委員会に届け出たときは、あらかじめ本人の同意を得ずに、当該個人データを第三者に提供することができます（本人の同意を得ずに当該個人データを第三者に提供することを「**オプトアウト**」といいます）。

◀ 発 展 ▶

内閣府の外局として個人情報保護委員会が設置されており、個人情報保護法に基づき個人情報取扱事業者等に対して勧告、命令、立入検査等の権限を行使することとなっています。

第**6**章　企業活動に関する法規制

注 意 ⚠

要配慮個人情報については、オプトアウトによって第三者に提供することはできません。また、不正の手段により取得した個人データ、他の個人情報取扱事業者からオプトアウトにより提供された個人データについても、オプトアウトによる第三者提供が禁止されます。

ココが出る！

⓬　保有個人データに関する事項の公表等

①　個人情報取扱事業者は、**保有個人データ**に関し、開示等に必要な手続等の一定の事項について、本人の知り得る状態に置かなければなりません。

②　個人情報取扱事業者は、本人から、当該本人が識別される保有個人データの利用目的の通知を求められたときは、原則として、本人に対し、遅滞なく、これを通知しなければなりません。

6 仮名加工情報

❶　仮名加工情報とは

仮名加工情報とは、当該個人情報に含まれる記述等の一部を削除したり、当該個人情報に含まれる個人識別符号の全部を削除する等の措置を講じて、**他の情報と照合しない限り特定の個人を識別することができない**ように個人情報を加工して得られる個人に関する情報をいいます。

たとえば、「1980年4月1日生まれの水道橋太郎（男性）」という情報は、氏名を削除し、または記号に置き換えて、「1980年4月1日生まれのA（男性）」等とすることにより、元の情報等と照合しない限り特定の個人を識別することができなくなりますので、これは仮名加工情報に当たります。

要するに、「仮名加工情報」とは、個人情報に対して氏名を削除する等の加工を施して、加工後のデータ単体では特定の個人を識別できないようにしたものをいいます。

❷　仮名加工情報取扱事業者

仮名加工情報取扱事業者とは、仮名加工情報を含む情報の集合物であって、特定の仮名加工情報を電子計算機を用いて検索することができるように体系的に構成したものその他特定の仮名加工情報を容易に検索することができるように体系的に構成したものとして政令で定めるもの（「**仮名加工情報データベース等**」という）を事業の用に供している者（国の機関、地方公共団体、独立

行政法人等、地方独立行政法人を除く）をいいます。

❸ 仮名加工情報取扱事業者の義務

① 個人情報取扱事業者は、仮名加工情報（仮名加工情報データベース等を構成するものに限る）を作成するときは、他の情報と照合しない限り特定の個人を識別することができないようにするために必要なものとして個人情報保護委員会規則で定める基準に従い、個人情報を加工しなければなりません。

② 個人情報取扱事業者は、仮名加工情報を作成したとき、または仮名加工情報および当該仮名加工情報にかかる**削除情報等**を取得したときは、削除情報等の漏えいを防止するために必要なものとして個人情報保護委員会規則で定める基準に従い、削除情報等の安全管理のための措置を講じなければなりません。

③ 仮名加工情報取扱事業者（個人情報取扱事業者である者に限る）は、法令に基づく場合を除き、特定された利用目的の達成に必要な範囲を超えて、仮名加工情報（個人情報であるものに限る）を取り扱ってはなりません。

④ 仮名加工情報取扱事業者は、法令に基づく場合を除き、仮名加工情報（個人情報であるものを除く）を**第三者**に**提供**してはなりません。

用　語
「削除情報等」とは、仮名加工情報の作成に用いられた個人情報から削除された記述等および個人識別符号ならびに加工の方法に関する情報をいいます。

第**6**章　企業活動に関する法規制

7 匿名加工情報

❶ 匿名加工情報とは

匿名加工情報とは、一定の措置（氏名の全部または一部の削除、マイナンバー・免許証番号・健康保険証番号等の個人識別符号の全部の削除、委託先に渡すために分割したデータとひも付けるIDの削除等）を講じて特定の個人を識別することができないように個人情報を加工して得られる個人に関する情報であって、当該**個人情報**を**復元**することができないようにしたものをいいます。

◀ココが出る！

❷　匿名加工情報取扱事業者

　匿名加工情報取扱事業者とは、匿名加工情報を含む情報の集合物であって、特定の匿名加工情報を電子計算機を用いて検索することができるように体系的に構成したものその他特定の匿名加工情報を容易に検索することができるように体系的に構成したものとして政令で定めるもの（「**匿名加工情報データベース等**」という）を事業の用に供している者（国の機関、地方公共団体、独立行政法人等、地方独立行政法人を除く）をいいます。

❸　匿名加工情報取扱事業者等の義務

① **個人情報取扱事業者**は、**匿名加工情報（匿名加工情報データベース等を構成するものに限る）を作成**するときは、特定の個人を識別することおよびその作成に用いる個人情報を復元することができないようにするために必要なものとして**個人情報保護委員会規則で定める基準**に従い、当該**個人情報を加工**しなければなりません。

② 個人情報取扱事業者は、匿名加工情報を作成したときは、その作成に用いた個人情報から削除した記述等および個人識別符号ならびに行った加工の方法に関する情報の漏えいを防止するために必要なものとして個人情報保護委員会規則で定める基準に従い、これらの情報の安全管理のための措置を講じなければなりません。

③ 個人情報取扱事業者は、匿名加工情報を作成したときは、個人情報保護委員会規則で定めるところにより、当該匿名加工情報に含まれる個人に関する情報の項目を公表しなければなりません。

④ 匿名加工情報取扱事業者は、匿名加工情報（自ら個人情報を加工して作成したものを除く）を第三者に提供するときは、個人情報保護委員会規則で定めるところにより、あらかじめ、第三者に提供される匿名加工情報に含まれる個人に関する情報の項目およびその提供の方法について公表するとともに、当該第三者に対して、当該提供に係る情報が匿名加工情報である旨を明示しなければなりません。

⑤　匿名加工情報取扱事業者は、匿名加工情報を取り扱うに当たっては、当該匿名加工情報の作成に用いられた個人情報にかかる本人を識別するために、当該個人情報から削除された記述等もしくは個人識別符号もしくは加工の方法に関する情報を取得し、または当該匿名加工情報を他の情報と照合してはなりません。

⑥　匿名加工情報取扱事業者は、匿名加工情報の安全管理のために必要かつ適切な措置、匿名加工情報の取扱いに関する苦情の処理その他の匿名加工情報の適正な取扱いを確保するために必要な措置を自ら講じ、かつ、当該措置の内容を公表するよう努めなければなりません。

第6章

企業活動に関する法規制

第**6**節 マイナンバー法

重要度

この節で学習すること

1 目的
マイナンバー法は、個人番号等を活用した効率的な情報管理、利用や迅速な情報の授受等を目的として定められた法律です。

いわゆるマイナンバーのことです。

2 個人番号

個人番号をその内容に含む個人情報をいいます。

3 特定個人情報

4 罰則
個人番号利用事務に従事する者等に違反があった場合には、刑事罰が科せられます。

❶ 目 的

　行政手続における特定の個人を識別するための番号の利用等に関する法律（マイナンバー法）は、行政機関等の行政事務を処理する者による**効率的な情報の管理・利用、迅速な情報の授受、行政運営の効率化・行政分野におけるより公正な給付と負担の確保、手続の簡素化による国民の負担の軽減**等を目的とします。

❷ 個人番号

ココが出る！

　個人番号とは、住民票コードを変換して得られる番号であって、当該住民票コードが記載された住民票にかかる者を識別するために指定されるものをいいます。いわゆる**マイナンバー**のことです。

① 市町村長（特別区の区長を含む）は、**住民票に住民票コード を記載したときは、速やかに、機構**（行政機関の長、地方公共 団体の機関、独立行政法人等、地方独立行政法人および地方公 共団体情報システム機構をいう）**から通知された個人番号とす べき番号をその者の個人番号として指定し、その者に対し、当 該個人番号を通知**しなければなりません。

② 市町村長（特別区の区長を含む）は、当該市町村（特別区を 含む）が備える住民基本台帳に記録されている者に対し、その **申請により、その者にかかる個人番号カードを交付**するものと します。この場合において、当該市町村長（特別区の区長を含 む）は、その者が本人であることを確認するための措置として 政令で定める措置（住民票の写しの提示を受けること等）をと らなければなりません。

ココが出る！

(注) **個人番号カード**とは、いわゆる**マイナンバーカード**のこ とで、氏名、住所、生年月日、性別、個人番号（マイナン バー）その他政令で定める事項が記載され、本人の写真が 表示され、かつ、これらの事項その他主務省令で定める事 項（以下「カード記録事項」という）が電磁的方法（電子 的方法、磁気的方法その他の人の知覚によって認識するこ とができない方法をいう）により記録されたカードであっ て、マイナンバー法またはマイナンバー法に基づく命令で 定めるところによりカード記録事項を閲覧し、または改変 する権限を有する者以外の者による閲覧または改変を防止 するために必要なものとして主務省令で定める措置が講じ られたものをいいます。

この**個人番号カード**は、**本人確認のための身分証明書**と して利用できるほか、自治体サービス、e-Tax等の電子証 明書を利用した電子申請等、様々な行政サービスを受ける 際にも用いることができます。

ココが出る！

③ **個人番号利用事務実施者**（個人番号利用事務を処理する者お よび個人番号利用事務の全部または一部の委託を受けた者）お よび個人番号関係事務実施者（個人番号関係事務を処理する者 および個人番号関係事務の全部または一部の委託を受けた者）

は、**個人番号の漏えい**、**滅失または毀損の防止**その他の個人番号の適切な管理のために**必要な措置を講じなければなりません**。

❸ 特定個人情報

ココが出る!

特定個人情報とは、個人番号（個人番号に対応し、当該個人番号に代わって用いられる番号、記号その他の符号であって、住民票コード以外のものを含む）をその内容に含む個人情報をいいます。

① **何人も**、本人またはその代理人が個人番号利用事務等実施者に対し、当該本人の個人番号を含む特定個人情報を提供するときその他**一定の場合を除き、特定個人情報の提供をしてはなりません**。

② **何人も**、本人またはその代理人が個人番号利用事務等実施者に対し、当該本人の個人番号を含む特定個人情報を提供するときその他**一定の場合を除き、特定個人情報**（他人の個人番号を含むものに限る）**を収集し、または保管してはなりません**。

③ **個人情報保護委員会**は、特定個人情報の適正な取扱いを確保するため、**特定個人情報ファイル**（個人番号をその内容に含む個人情報ファイルをいう）を保有しようとする者が、特定個人情報保護評価（特定個人情報の漏えいその他の事態の発生の危険性及び影響に関する評価をいう）を自ら実施し、これらの事態の発生を抑止することその他**特定個人情報を適切に管理するために講ずべき措置を定めた指針を作成し、公表**するものとします。

❹ 罰　則

① **個人番号利用事務に従事する者**等が、**正当な理由がないのに**、その業務に関して取り扱った個人の秘密に属する事項が記録された**特定個人情報ファイル**（その全部または一部を複製し、または加工した特定個人情報ファイルを含む）**を提供**した

ときは、刑事罰が科せられます。

② **個人番号利用事務に従事する者**等が、その業務に関して知り得た**個人番号**を自己もしくは第三者の**不正な利益を図る目的で提供**し、または盗用したときは、刑事罰が科せられます。

③ 人を欺き、人に暴行を加え、もしくは人を脅迫する行為により、または財物の窃取、施設への侵入、不正アクセス行為その他の個人番号を保有する者の管理を害する行為により、個人番号を取得した者は、刑事罰が科せられます。

第 **7** 節 ビジネスと犯罪

この節で学習すること

1
刑法上の犯罪

企業の役員や従業員の立場で犯す可能性のある犯罪類型について、押さえておきましょう。

会社法は、違法配当の罪や、総会屋への利益供与の罪などを定めています。

2
会社法上の犯罪

本節では、企業の役員や従業員がコンプライアンスに違反して犯罪行為をした場合に、どのような刑罰が科されるのかを説明します。

ココが出る!

試験対策としては、犯罪名を押さえれば足り、刑罰の内容まで押さえる必要はありません。

① 刑法上の犯罪

❶ **会社の企業秘密を他社に漏洩し報酬を得た場合**

① 会社の秘密文書を保管する権限を有する者(部課長など)が、その秘密文書を持ち出した場合→**業務上横領罪**

② 会社の秘密文書を保管する権限を有しない者(平社員など)が、その秘密文書を持ち出した場合→**窃盗罪**

③ 秘密の保管義務のある責任者が、秘密自体を他社に漏らした場合→**背任罪**

❷ **手形の振出権限のない者**(手形振出権限を与えられていない経理部員など)**が勝手に手形を振り出した場合**

① 手形の振出権限のない者が手形や小切手を作成した場合
→**有価証券偽造罪**

② 偽造手形を使用した場合→**偽造有価証券行使罪**

③ 偽造手形を使用して商品の購入や債務の支払いにあてた場合

→**詐欺罪**

❸ 業務上保管している会社の金品等を自分のものにした場合

会社の商品の横流しや集金した金銭の使い込みなどをした場合

→**業務上横領罪**

❹ 公務員に対して金品を送った場合

企業の役員・従業員が、有利な扱いを受けるため、その業務を担当する公務員に対し、社交儀礼の範囲を超えて金品を送った場合→**贈賄罪**

（注） 受け取った公務員は**収賄罪**に問われます。

２ 会社法上の犯罪

❶ 会社が粉飾決算をして剰余金の配当を行った場合

① 粉飾決算をし、架空の利益を計上した上で、株主に剰余金の配当をした場合（タコ配当）→**違法配当罪**

② 剰余金の違法配当が経営者としての地位の保全または役員や特定株主の利益追求のために行われた場合→**特別背任罪**

❷ 金融機関の融資担当役員等が不良貸付を行った場合

金融機関の融資担当役員等が不良貸付を行って、貸付債権を回収できず会社に損害を与えた場合→**特別背任罪**

❸ 株主総会対策として総会屋に金品等を提供した場合

株主総会対策として、会社の役員や支配人等の使用人が株主等の権利の行使に関して総会屋に金品の提供等不正の財産上の利益を提供した場合

→**株主の権利の行使に関する利益供与の罪**

ココが出る!

試験対策としては、犯罪名を押さえれば足り、刑罰の内容まで押さえる必要はありません。

第**6**章 企業活動に関する法規制

注 意

取締役が会社法上の犯罪を行ったことは、取締役の欠格事由となります。

第1節 独占禁止法

問 1　独占禁止法上、事業者は、商業、工業、金融業その他の営利事業を行う者をいい、営利を目的としない公益法人や公共団体は事業者に該当しない。
(41-6-ウ-a)

問 2　ある事業者が他の事業者の事業活動を排除しまたは支配することにより、公共の利益に反して一定の取引分野における競争を実質的に制限する行為は、私的独占として独占禁止法に違反する。
(46-4-キ)

問 3　家電メーカーであるX社が、同業他社であるY社と協定を結び、同種の製品の販売価格を現在の価格より引き上げる行為は、独占禁止法に違反する可能性があるが、X社とY社との間で、同種の製品の販売価格を現在の価格より引き下げる協定を締結し、その協定に基づき、製品を現在より安価で販売する行為は、独占禁止法に違反することはない。
(46-8-ク)

問 4　事業者が、市場シェアを拡大するため、正当な理由がないのに、製造原価を大幅に下回る価格で自社製品の販売を継続した結果、競合他社の販売活動が困難となった。この場合、当該事業者の行為は、公正な競争を阻害するおそれがあるときは、不当廉売として不公正な取引方法に当たる。
(41-6-ウ-b)

解 1 ×　独占禁止法上、事業者とは、商業、工業、金融業その他の事業を行う者をいい、会社などの商人のほか、公益法人や公共団体も含まれる。営利目的の有無は問わない。

解 2 ○　ある事業者が他の事業者の事業活動を排除しまたは支配することにより、公共の利益に反して一定の取引分野における競争を実質的に制限する行為は、私的独占として独占禁止法に違反する。

解 3 ×　家電メーカーであるX社が、同業他社であるY社と協定を結び、同種の製品の販売価格を現在の価格より引き上げる行為は、価格協定として独占禁止法に違反する可能性がある。また、X社とY社との間で、同種の製品の販売価格を現在の価格より引き下げる協定を締結し、その協定に基づき、製品を現在より安価で販売する行為も、価格協定として独占禁止法に違反する可能性がある。

解 4 ○　不公正な取引方法とは、それ自体は競争を直接制限していなくても、公正な競争を阻害する可能性のある行為をいう。そして、不当廉売とは、正当な理由がないのに商品または役務（サービス）をその供給に要する費用を著しく下回る対価で継続して供給し、その他不当に商品または役務（サービス）を低い対価で供給し、他の事業者の事業活動を困難にさせるおそれがあることをいう。設問の事業者の行為も、公正な競争を阻害するおそれがあるときは、不当廉売として不公正な取引方法に当たる。

問 **5**　　パソコンの製造会社であるC社は、C社から購入したパソコンを消費者に販売している小売店Dに対し、正当な理由がないのに、消費者に対するC社製パソコンの販売価格を指定しその価格で販売することをDに強制した。この場合、C社の当該行為は、再販売価格の拘束として不公正な取引方法に該当する。　　　　　　　　　　　　　　　　　　　（42−3−エ−②）

問 **6**　　A社は、自己の取引上の地位がB社に優越していることを利用して、正常な商慣習に照らして不当に、B社に不利益となるように取引条件を設定しB社との間で取引を行った。この場合、A社の当該行為は、優越的地位の濫用として不公正な取引方法に該当する。　　　　　　　（42−3−エ−①）

問 **7**　　不当な取引制限に当たる行為は、公正取引委員会による排除措置命令の対象になるだけでなく、課徴金納付命令の対象にもなる。（41−6−ウ−d）

第2節　消費者契約法

重要度
A

問 **1**　　消費者契約法上の消費者とは個人をいうが、個人事業主のように、事業としてまたは事業のために契約の当事者となる場合における個人は、消費者に含まれない。　　　　　　　　　　　　　　　　　　　　　　　　（45−8−イ）

問 **2**　　消費者Aは、不動産業者B社との間で土地の売買契約を締結した。消費者契約法は、AがB社から土地を購入する旨の売買契約については適用されるが、AがB社に土地を売却する旨の売買契約については適用されない。　　　　　　　　　　　　　　　　　　　　　　　　（40−3−オ−④改）

解 5 ○ 自己の供給する商品を購入する相手方に、正当な理由がないのに、相手方の販売する当該商品を購入する事業者の当該商品の販売価格を定めて相手方をして当該事業者にこれを維持させることその他相手方をして当該事業者の当該商品の販売価格の自由な決定を拘束させることにより、当該商品を供給することは、再販売価格の拘束として不公正な取引方法に該当する。

解 6 ○ 自己の取引上の地位が相手方に優越していることを利用して、正常な商慣習に照らして不当に、相手方に不利益となるように取引条件を設定し、または変更することは、優越的地位の濫用として不公正な取引方法に該当する。

解 7 ○ 事業者が不当な取引制限に該当する行為を行った場合、公正取引委員会から、当該事業者に対し、違反行為の排除措置命令が出されるほか、課徴金納付命令も出される。

解 1 ○ 消費者とは、個人（事業としてまたは事業のために契約の当事者となる場合におけるものを除く）をいう。したがって、法人や事業としてまたは事業のために契約をする場合の個人事業主は、消費者契約法にいう個人に含まれず、消費者に該当しない。

解 2 × 消費者契約法は、消費者契約、すなわち、消費者と事業者との間で締結される契約（労働契約を除く）に適用される。したがって、事業者が売主となり消費者が買主となる売買契約だけでなく、消費者が売主となり事業者が買主となる売買契約についても、消費者契約法が適用される。

問 **3**　消費者が消費者契約法に基づき事業者との間の売買契約を取り消した場合、事業者は当該売買契約に基づきすでに消費者から受領していた売買代金を返還する必要はない。　　　　　　　　　　　　　　　　（44 − 6 − ウ − ③）

問 **4**　消費者契約法上、消費者と事業者との間の消費者契約において、事業者の債務不履行により消費者に生じた損害を賠償する責任の全部を免除する条項が定められた場合、当該消費者契約自体が無効となる。　（42 − 1 − ウ）

問 **5**　消費者契約法上、消費者は、事業者が消費者契約の締結について勧誘をするに際し、当該消費者に対して当該消費者が、社会生活上の経験が乏しいことから、進学、就職、結婚、生計その他の社会生活上の重要な事項に対する願望の実現に過大な不安を抱いていることを知りながら、その不安をあおり、裏付けとなる合理的な根拠がある場合その他の正当な理由がある場合でないのに、物品、権利、役務その他の当該消費者契約の目的となるものが当該願望を実現するために必要である旨を告げることにより困惑し、それによって当該消費者契約の申込みまたはその承諾の意思表示をしたときは、これを取り消すことができる。　　　　　　　　　（オリジナル）

第**3**節　割賦販売法

重要度 **C**

問 **1**　割賦販売業者が、購入者との間で、割賦販売上の割賦販売の方法により指定商品を販売する契約を締結した。この場合、当該割賦販売業者は、購入者に対して、所定の事項について当該契約内容を明示しなければならないが、この明示は書面の交付により行うほか、購入者の承諾を得て、電磁的記録を電子メールで送信するなどの方法により提供することでも行うことができる。　　　　　　　　　　　　　　　　　　　　　（41 − 8 − ク）

解 3 ✕ 　消費者契約法に基づいて意思表示（契約）が取り消された場合、当該契約は遡及的に無効となり、事業者と消費者は、相互に原状回復義務を負う。したがって、事業者は、すでに消費者から受領していた代金を返還しなければならない。

解 4 ✕ 　消費者契約法上、消費者と事業者との間の消費者契約において、事業者の債務不履行により消費者に生じた損害を賠償する責任の全部を免除する条項が定められた場合、当該条項は無効となるが、当該消費者契約自体は無効とはならない。

解 5 ○ 　消費者は、事業者が消費者契約の締結について勧誘をするに際し、当該消費者に対して当該消費者が、社会生活上の経験が乏しいことから、進学、就職、結婚、生計その他の社会生活上の重要な事項に対する願望の実現に過大な不安を抱いていることを知りながら、その不安をあおり、裏付けとなる合理的な根拠がある場合その他の正当な理由がある場合でないのに、物品、権利、役務その他の当該消費者契約の目的となるものが当該願望を実現するために必要である旨を告げることにより困惑し、それによって当該消費者契約の申込みまたはその承諾の意思表示をしたときは、これを取り消すことができる。設問における事業者の行為は、一般に「就職セミナー商法」と呼ばれている。

解 1 ○ 　割賦販売業者が、購入者との間で、割賦販売上の割賦販売の方法により指定商品を販売する契約を締結した場合、当該割賦販売業者は、購入者に対して、所定の事項について当該契約内容を明示しなければならないが、この明示は書面の交付により行うほか、購入者の承諾を得て、電磁的記録を電子メールで送信するなどの方法により提供することでも行うことができる。

問 **1**
　　特定商取引法は、商品の販売にかかる取引のみに適用される法律であり、権利の販売や役務の提供にかかる取引には適用されない。

（40-8-コ）

問 **2**
　　事業者が、特定商取引法上の訪問販売に該当する取引を行い、消費者との間で商品の売買契約を締結した。この場合、当該消費者は、原則として、クーリング・オフを行使し、売買契約の解除に関する事項その他所定の事項を記載した書面を受領した日から起算して8日以内に、書面または電磁的記録により、無条件で当該契約を解除することができる。

（46-3-エ-a改）

問 **1**
　　外国人に関する情報は、個人情報保護法上の個人情報に当たらない。

（40-10-エ-①）

問 **2**
　　個人情報保護法上、要配慮個人情報とは、本人の人種、信条、社会的身分、病歴、犯罪の経歴、犯罪により害を被った事実その他本人に対する不当な差別、偏見その他の不利益が生じないようにその取扱いに特に配慮を要するものとして政令で定める記述等が含まれる個人情報をいう。

（43-8-ア）

解 1 ×　特定商取引法は、商品の販売にかかる取引に限らず、権利の販売や役務の提供にかかる取引にも適用される。

解 2 ○　訪問販売においては、販売業者等の相手方となった消費者（申込者等）は、原則として、クーリング・オフできる旨の書面（法定書面）の交付を受けた日から起算して8日間は、書面または電磁的記録により申込みの撤回または契約の解除（申込みの撤回等）を行うことができる。

解 1 ×　個人情報とは、生存する個人に関する情報であって、当該情報に含まれる氏名、生年月日その他の記述等により特定の個人を識別することができるもの（他の情報と容易に照合することができ、それにより特定の個人を識別することができることとなるものを含む）等をいう。外国人の氏名や住所などの情報も、生存する個人に関する情報である以上、個人情報に該当する。

解 2 ○　個人情報保護法上、要配慮個人情報とは、本人の人種、信条、社会的身分、病歴、犯罪の経歴、犯罪により害を被った事実その他本人に対する不当な差別、偏見その他の不利益が生じないようにその取扱いに特に配慮を要するものとして政令で定める記述等が含まれる個人情報をいう。

　個人情報取扱事業者は、個人情報を取得した場合は、あらかじめその利用目的を公表しているか否かを問わず、その利用目的を本人に通知しなければならない。　　　　　　　　　　　　　　　　　　　（44-3-イ-②）

問 4　個人情報取扱事業者が個人データを第三者に提供するためには、原則として、あらかじめ本人の同意を得ることを要する。　　（40-10-エ-④）

第6節 マイナンバー法　　　　　　　　重要度 B

問 1　マイナンバー法は、行政の効率化や公平・公正な社会の実現を図ることを目的とする法律であり、行政機関に対する手続についての国民の利便性の向上を図ることを目的とする法律ではない。　　　　　　（オリジナル）

問 2　個人番号利用事務実施者は、個人番号の漏えい、滅失または毀損の防止その他の個人番号の適切な管理のために必要な措置を講じなければならない。　　　　　　　　　　　　　　　　　　　　　　　　（オリジナル）

第7節 ビジネスと犯罪　　　　　　　　重要度 A

問 1　A社の取締役Bは、C市における公共工事の指名競争入札に関し、A社に対する便宜を図ってもらうため、C市の担当者Dに多額の金銭を供与した。この場合、Bには贈賄罪、Dには収賄罪が成立し得る。（44-4-オ）

解 3 ✕　個人情報取扱事業者は、個人情報を取得した場合は、あらかじめその利用目的を公表している場合を除き、速やかに、その利用目的を、本人に通知し、または公表しなければならない。したがって、あらかじめその利用目的を公表している場合には、その利用目的を本人に通知する必要はない。

解 4 ◯　個人情報取扱事業者は、原則として、あらかじめ本人の同意を得なければ、個人データを第三者に提供してはならない。

解 1 ✕　マイナンバー法は、行政の効率化や公平・公正な社会の実現を図ることを目的とするだけでなく、行政機関に対する手続についての国民の利便性の効上を図ることも目的とする。

解 2 ◯　個人番号利用事務実施者（個人番号利用事務を処理する者および個人番号利用事務の全部または一部の委託を受けた者）および個人番号関係事務実施者（個人番号関係事務を処理する者および個人番号関係事務の全部または一部の委託を受けた者）は、個人番号の漏えい、滅失または毀損の防止その他の個人番号の適切な管理のために必要な措置を講じなければならない。

解 1 ◯　企業の役員・従業員が、有利な扱いを受けるため、その業務を担当する公務員に対し、社交儀礼の範囲を超えて金品を送った場合、当該役員または従業員には贈賄罪が成立し、当該公務員には収賄罪が成立する。したがって、本問のBには贈賄罪、Dには収賄罪が成立し得る。

問 2 　　A株式会社の代表取締役Bが、A社の決算において経理を不正に操作して架空の利益を計上し、株主に剰余金の配当をした場合、Bには、A社に対する民事上の損害賠償責任が生じるが、刑事上の責任は生じない。

（45-8-ク）

問 3 　　会社の秘密文書の管理権限を有しない従業員がその秘密文書を会社に無断で社外に持ち出した場合、当該従業員には窃盗罪が成立し、刑事罰を科され得る。

（40-6-オ②）

問 4 　　会社の秘密文書の管理権限を有する従業員がその秘密文書を無断で社外に持ち出した場合、当該従業員には窃盗罪が成立し得る。　（オリジナル）

問 5 　　X株式会社の機密情報の管理責任者である従業員Aが、自己の利益を図るためにX社の機密情報をX社の競合会社であるY社に漏えいし、それによりX社に財産上の損害を与えた。この場合、Aには、背任罪が成立し得る。

（43-10-イb）

解 2　×　　株式会社の代表取締役が粉飾決算をし、架空の利益を計上した上で、株主に剰余金の配当をした場合には、当該代表取締役には、会社に対する民事上の損害賠償責任が生じるほか、刑事上の責任（違法配当罪）も生じる。

解 3　○　　会社の秘密文書の『管理権限を有しない者』が会社の『秘密文書等』を無断で持ち出した場合には、窃盗罪が成立し得る。

解 4　×　　会社の秘密文書の『管理権限を有する者』が会社の『秘密文書等』を無断で持ち出した場合には、業務上横領罪が成立し得る。

解 5　○　　会社の秘密文書の『管理責任者である者』が、自己もしくは第三者の利益を図り、または本人に損害を加える目的で、会社の『秘密自体』を漏らし、本人に損害を与えた場合には、背任罪が成立し得る。

第7章

法人と従業員の関係

　本章では、法人と従業員の関係を規律する法律として、労働基準法、労働組合法、労働者派遣事業法などを学習し、さらに、職場内の男女雇用にかかわる法律関係（男女雇用機会均等法、セクシュアル・ハラスメント）について学習します。

　試験対策としては、出題の多い労働基準法を重点的に学習してください。

第1節 従業員の雇用と労働関係

この節で学習すること

1 労働契約
労働者と使用者の間の契約です。一般的な言葉で言えば、社員と会社です。

働く場所は使用者（会社）側が用意するので、その安全を確保することは使用者が負う当然の義務です。
2 安全配慮義務

正規雇用と非正規雇用の格差を解消しようとした新しい概念です。
3 同一労働同一賃金

4 労働基準法
労働者と使用者の間の労働契約に関する基本原則を定めた法律です。

5 労働契約法
労働者の保護を図りつつ、個別の労働関係の安定に資することを目的とした法律です。

労働組合に関する基本的なルールを定めた法律です。
6 労働組合法

ストライキなどの労働争議を解決するための調整方法について定めた法律です。
7 労働関係調整法

① 労働契約

労働契約とは、労働者（被用者、使用人）が使用者に対して労務（労働）を提供し、使用者はその労務（労働）の対価として報酬（賃金）を支払うことを約束する契約をいいます。

労働者とは、職業の種類を問わず、労働基準法の適用される事業・事務所に使用される者で、賃金を支払われる者をいいます。したがって、アルバイトやパートタイマーなども労働者に該当します。労働者に該当するか否かは、使用者との間に使用従属関係があるかどうかによって判断されます。

◀ ココが出る!

注 意 ⚠
労働基準法は、労働者が労働組合に加入しているか否か、労働契約の期間とは関係なく適用されます。

② 安全配慮義務

労働契約法は「使用者は、労働契約に伴い、労働者がその生命、身体等の安全を確保しつつ労働することができるよう、必要な配慮をするものとする。」と規定して、労働契約に特段の根拠規定がなくとも、使用者は、労働契約上の付随的義務として当然に、労働者に対して安全配慮義務を負うことを明らかにしています。

③ 同一労働同一賃金

雇用形態にかかわらず公正な待遇を確保するため、いわゆる「同一労働同一賃金」が、施行されることとなっています。

同一労働同一賃金の導入は、同一企業・団体におけるいわゆる正規雇用労働者（無期雇用フルタイム労働者）と非正規雇用労働者（有期雇用労働者、パートタイム労働者、派遣労働者）との間にある不合理な待遇差の解消を目指すものです。

④ 労働基準法

❶ 労働条件の明示

使用者は、労働契約の締結に際し、労働者に対して賃金、労働

時間その他の労働条件を明示しなければならず、厚生労働省令で定める事項（賃金・労働時間・退職等）については**書面の交付等により明示**しなければなりません。

労働条件の明示は、一般には、就業規則を交付することによって行われています。

明示された労働条件が事実と相違する場合には、労働者は**即時に労働契約を解除**することができます。

❷ 労働契約の期間

① 期間の定めがある場合

原則…3年（一定の労働契約にあっては5年）を超えることができません。

例外…一定の事業の完了に必要な期間を定めるものは、3年を超えることが可能です。

② 期間の定めがない場合

労働者は、**いつでも労働契約の解約の申入れ**をすることができ、**解約申入れ後2週間**を経過すると労働契約は終了します。

❸ 労働契約の締結に関する法規制

① 均等待遇

使用者は、労働者の**国籍、信条または社会的身分を理由**として、賃金、労働時間その他の労働条件について、差別的取扱いをしてはなりません。

② 損害賠償額の予定の禁止

使用者は、労働契約の不履行について違約金を定め、または損害賠償額を予定する契約をしてはなりません。

③ 前借金相殺の禁止

使用者は、前借金その他労働することを条件とする前貸しの債権と賃金を相殺してはなりません。

④ 強制貯金の禁止

使用者は、労働契約に附随して貯蓄の契約をさせ、または貯蓄金を管理する契約をしてはなりません。

❹ 就業規則

① 就業規則とは

就業規則とは、採用から退職までの労働条件や職場の規律などを定めた規則です。労働者だけでなく、使用者もその内容に拘束されます。

② 就業規則に関する規制

イ 就業規則の作成と届出

常時10人以上の労働者を使用する使用者は、就業規則を作成し、所轄の労働基準監督署長に届け出なければなりません。

(注) 「常時10人以上の労働者」には、アルバイトやパートタイマーも含まれます。

語呂合わせ ▶就業規則の作成義務

「この就業規則は、
　　　　就業規則の作成義務

（内容が）上　等だぜ！」
　　　　常時　10人以上労働者を使用する使用者

ロ 就業規則の効力

就業規則の内容は、法令や当該事業場について適用される労働協約に反してはならず、所轄労働基準監督署長は、法令または労働協約に牴触（てい）する就業規則について変更命令を出すことができます。

ハ 就業規則の規定事項

a 絶対的必要記載事項

就業規則を定める場合、必ず記載しなければならない事項であり、これが記載されていなければ、就業規則とは認められません（無効となります）。

i 労働時間に関する事項（始業・終業の時刻、休憩時間、休日、休暇、就業時転換に関する事項）

ii 賃金（臨時の賃金等を除く）に関する事項（賃金の決定・計算・支払方法、締切・支払時期・昇給に関する事

第7章 法人と従業員の関係

項）

  iii **退職**に関する事項（解雇の事由を含む）

 b **相対的必要記載事項**

  使用者が当該制度を実施する場合には就業規則に必ず記載しなければならない事項であり、記載しなくても就業規則の効力には影響しません（有効です）。

  i 退職手当に関する事項（適用される労働者の範囲、退職手当の決定・計算・支払方法・支払時期）

  ii 臨時の賃金等（退職手当を除く）に関する事項（臨時に支払われる賃金・賞与の支払要件・時期、最低賃金額）

  iii 労働者の食費・作業用品等の負担に関する事項

  iv 安全・衛生に関する事項

  v 職業訓練に関する事項

  vi 災害補償・業務外の傷病扶助に関する事項

  vii 表彰・制裁に関する事項

ニ　就業規則の作成・変更の手続

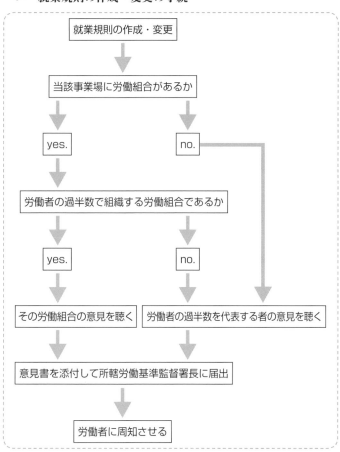

就業規則の作成・変更

↓

当該事業場に労働組合があるか

↓　　　　　　　　↓

yes.　　　　　　　no.

↓　　　　　　　　↓

労働者の過半数で組織する労働組合であるか

↓　　　　　　　　↓

yes.　　　　　　　no.

↓　　　　　　　　↓

その労働組合の意見を聴く　　　労働者の過半数を代表する者の意見を聴く

↓　　　　　　　　↓

意見書を添付して所轄労働基準監督署長に届出

↓

労働者に周知させる

❺　賃金と退職金

①　賃金とは

賃金とは、労働の対価（対償）として使用者が労働者に支払うすべてのものをいいます。名称のいかんを問いません。

②　消滅時効期間

イ　賃金請求権→5年（当分の間3年）

ロ　退職手当　→5年

③　賃金支払いの諸原則

イ　通貨払いの原則

賃金は、原則として、通貨（わが国において強制通用力を

注意 ⚠

賃金支払いの諸原則については、「例外」がよく問われますので、どのような例外が認められているのかを押さえてください。

有する貨幣）で支払わなければなりません。

　ただし、口座振込は、労働者の同意に基づき、労働者の指定する本人名義の口座に振り込まれた賃金の全額が賃金支払日に払戻しできるという条件のもとに認められます。

　また、一定の要件をみたす場合のデジタル払いも認められています。

ロ　**直接払いの原則**

　賃金は、労働者に対して直接支払わなければなりません。

　代理人（親権者、成年後見人等）への支払いは禁止されますが、使者（配偶者等）への支払いは認められます。

ハ　**全額払いの原則**

注意

欠勤等による賃金カット分を控除して支払うことは、全額払いの原則に反しません。

　賃金は、その全額を支払わなければなりません。ただし、法令に定めのある源泉徴収・社会保険料の控除、労使協定により労働組合費等を控除すること（チェックオフ）は認められます。

ニ　**一定期日払いの原則**

　賃金は、毎月１回以上、一定の期日を定めて支払わなければなりません。

　ただし、臨時に支給される賞与、精勤手当、奨励加給等については、この原則の例外が認められます。

（注１）　年俸制をとっていても、支払いは毎月１回以上行う必要があります。

（注２）　「一定期日」とは、必ずしも「25日」等と指定する必要はなく、月給における「末日支払」、週給における「月曜日支払」のように、その日が特定される方法であれば差し支えありません。

④　**賃金額の保障**

イ　**最低賃金法による最低賃金の保障制度**

ロ　**労働基準法による出来高払いの保障給制度**

　労働時間ではなく出来高に応じて賃金を支払う出来高払い制や請負制で使用する労働者については、使用者は、労働時間に応じて一定額の賃金を保障しなければなりません。

⑤ 退職手当

イ　労働基準法上は、使用者は退職手当を支払う義務はなく、任意に支払う場合は、退職手当は賃金に該当しません。

ロ　**就業規則や労働協約等であらかじめ支給することや支給基準を定めている場合**には、退職手当も賃金に該当します。

⑥ 休業手当

資金難や原材料の不足など、使用者の責めに帰すべき事由による休業の場合、使用者は、休業期間中当該労働者に、その平均賃金の**100分の60以上**の休業手当を支払わなければなりません。

語呂合わせ　▶**休業手当の支給**

ロック　アウトで休業手当の支給
60%(60/100)　　　　　　　休業手当の支給

---

⑦ 割増賃金

イ　**割増賃金の支払いが必要となる場合**

災害その他の避けることのできない事由がある場合や時間外・休日労働に関する労使協定（**三六協定**）により、使用者が所定の時間を超えて労働時間を延長して時間外労働・休日労働をさせた場合、通常の労働時間・労働日の賃金の計算額に所定の割増率で計算した割増賃金を支払わなければなりません。

時間帯	割増率
時間外労働	25％以上
時間外労働（月60時間を超えた部分）	50％以上
休日労働	35％以上
深夜労働（午後10時以降午前5時まで）	25％以上
時間外労働が深夜の時間帯に及んだ場合	50％以上
休日労働が深夜の時間帯に及んだ場合	60％以上

（注）　**三六協定**とは、時間外・休日労働に関する労使協定をいいます。使用者が労働者に時間外労働、休日労働をさせるには、労働者の過半数で組織する労働組合がある場合にはその労働組合、労働者の過半数で組織する労働組合がない場合には労働者の過半数を代表する者との書面による労使協定を結び、所轄の労働基準監督署長に届け出ることが必要です。ただし、この労使協

ココが出る！

定は、**免罰効果**を持つのみなので、三六協定があるからといっ
てそれだけで労働者に時間外労働・休日労働を命じることがで
きるわけではなく、労働協約・就業規則・労働契約等において
時間外労働・休日労働が労働者の義務として定められているこ
とが必要であることに注意する必要があります。

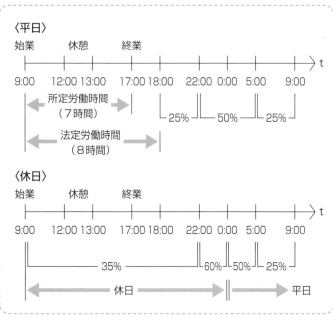

（注）「**法定労働時間**」とは、労働基準法に定める「1日8時間、1
週40時間」をいいます。使用者は、原則として、労働者に、休
憩時間を除き、1週間について40時間、1週間の各日について
は1日につき8時間を超えて、労働させてはならないとされて
います。「**所定労働時間**」とは、各事業場において就業規則等で
定められている労働時間をいいます。
　　なお、労働者が実際に働いた時間を「**実労働時間**」といいます。

語呂合わせ　▶**法定労働時間**

「は、　　しれ（走れ）、労働者！」
1日8時間　1週40時間

　使用者が、当該時間外労働をさせた時間が1か月について
60時間を超えた場合においては、その超えた時間の労働につ
いては、通常の労働時間の賃金の計算額の5割（50%）以上

の率で計算した割増賃金を支払わなければなりません。ただ
し、使用者が、労使協定により、1か月について60時間を超
える時間外労働を行った労働者に対して、当該割増賃金の支
払いに代えて、通常の労働時間の賃金が支払われる休暇（有
給の休暇）を与えることを定めた場合において、当該労働者
が当該休暇を取得したときは、当該休暇に対応する時間分に
ついては、割増賃金を支払うことを要しません。

ロ　割増賃金と時間外労働

就業規則等で法定労働時間に達しない所定労働時間を定
めている場合には、当該所定労働時間を超えても法定労働時
間に達するまでは、割増賃金の支払いは不要です。法定労働
時間を超えて労働した場合に、割増賃金の支払いが必要とな
ります。

ハ　割増賃金と休日労働

a　**休日労働**とは、法定休日（1週1日の休日または4週4
日以上の休日）における労働をいうため、法定休日以外
の休日に労働させた場合には、割増賃金の支払いは不要
です。

たとえば、週休2日制の会社において、2日の休日のう
ちの1日に労働をさせた場合でも、1週1日の休日を与
えているので、他の休日は法定休日とならず、割増賃金の
支払いは不要です。

b　法定休日に労働をさせた場合でも、**休日の振替**を条件に
労働させたときは、その労働は休日労働とはならないた
め、割増賃金の支払いは不要です。

c　法定休日に労働をさせ、その後、**代休**を与えたときは、
割増賃金の支払いが必要です。

❻　労働時間

①　労働時間とは

労働者が使用者の明示・黙示の指示によりその指揮命令下
に置かれている時間をいいます。

◀ **発　展** ▶

時間外労働の上限を
原則1か月45時間、
年間360時間以内と
し、臨時的、突発的
な事情がある場合で
も、年間720時間以
内、単月100時間未
満（休日労働を含
む）、複数月の平均
80時間以内（休日労
働を含む）としなけ
ればなりません。

注　意 ⚠

法定外休日における
労働により法定労働
時間を超えること
となるときは、時間外
労働となりますの
で、この時間外労働
としての割増賃金の
支払いは必要となる
ことに注意してくだ
さい。

用　語

「休日の振替（振替
休日）」とは、あら
かじめ休日と定めら
れた日を労働日と
し、その代わりに他
の労働日を休日とす
ることをいいます。
「代休」とは、休日
労働や長時間の時間
外労働、深夜労働が
行われた場合に、そ
の代償措置として、
以後の特定の労働日
の労働義務を免除す
ることをいいます。

注　意 ⚠

労働時間には、業務
に携わっている時間
だけでなく、待機時
間等のいわゆる手待
時間も含まれます。

② みなし労働時間制

　労働者が労働時間の全部または一部について事業場外で業務に従事した場合において、労働時間の算定が困難なときには、所定労働時間を労働したものとみなされます。この場合は、**時間外労働の問題は生じず、割増賃金は問題となりません。**

③ 裁量労働制

　業務の性質上その業務の遂行方法を大幅に労働者の裁量にゆだねる必要がある業務については、労使協定により定めた時間を労働したとみなすことが認められています（**専門業務型裁量労働制**）。導入するためには、対象業務や労働時間の算定につき書面による労使協定を締結し、所轄労働基準監督署長に届け出なければなりません。

　また、企業の本社等の事業運営上の重要な決定がなされる事業場において、事業運営に関する企画・立案・調査・分析等の業務を行う労働者についても、裁量労働に関するみなし労働時間制を採用することができます（**企画業務型裁量労働制**）。導入するには、労使委員会の5分の4以上の多数による議決により所定の事項を決議し、使用者がその決議を所轄労働基準監督署長に届け出ることが必要です。

④ 変形労働時間制

　業務の繁閑に合わせて労働時間を設定し、時間外労働を調整するもので、一定期間の労働時間を平均して週40時間以内であれば、1日8時間を超える労働を認めるという制度です。導入には、労使協定の締結と所轄労働基準監督署長への届出が必要です。

⑤ **フレックスタイム制**

　労使間で一定の期間（**清算期間**）における総労働時間やコアタイム（全員の就業を義務づける時間）等を定め、その範囲内で各労働者が始業・終業時刻を自己の判断で選択できる制度です。実施にあたっては、就業規則で始業時刻および終業時刻を労働者の決定に委ねる旨を定め、労使協定で適用される労働者の範囲、清算期間、清算期間内での総労働時間等を定めなければなりません。

用　語

「清算期間」とは、フレックスタイム制において、労働者が労働すべき総労働時間を定める期間のことであり、3か月以内の期間に限られます。清算期間が1か月を超える労使協定については、所轄の労働基準監督署長に届け出なければなりません。

❼ 休憩・休日等

① 休憩時間

　　休憩時間とは、拘束時間中の労働者が使用者の指揮監督を離れ、労働義務から完全に解放されている時間をいいます。

イ　労働時間が6時間まで　　　　→休憩を与えなくてもよい。

ロ　労働時間が6時間超8時間まで→45分以上

ハ　労働時間が8時間超　　　　　→1時間以上

　　休憩は、労働時間の途中に与えなければなりません。また、休憩時間は、原則として、事業所単位で一斉に付与しなければなりません。ただし、当該事業場に、労働者の過半数で組織する労働組合がある場合においてはその労働組合、労働者の過半数で組織する労働組合がない場合においては、労働者の過半数を代表する者との書面による協定があるときは、一斉に休憩を与えなくてもよいとされています。

▸**ココが出る！**
原則と例外を押さえてください。

② 休　日

　　休日とは、労働契約上、労働者が労働義務を負わない日をいいます。

イ　原則（週休制の原則）

　　使用者は、労働者に対して毎週少なくとも1回の休日を与えなければなりません。

ロ　例外（変形週休制）

　　4週間を通じて4日以上の休日を与えることもできます。

③ 年次有給休暇

イ　付与日数

　　使用者は、その雇入れの日から起算して**6か月**以上継続勤務し、全労働日の**8割**以上出勤した労働者に対して、継続し、または分割した**10日**以上の有給休暇を与えなければなりません。年次有給休暇の日数は、原則として6か月間継続勤務した者には最低10日とし、その後は1年間の継続勤務ごとに1日、3年6か月超の継続勤務については1年ごとに2日が加算され、最高20日間です。

ロ　時間単位年休

　　なお、年次有給休暇は、日単位での取得が原則ですが、使

⚠**注　意**
年次有給休暇は、要件を満たした労働者に法律上当然に認められる権利ですから、労働者は、年次有給休暇を取得するに際し、会社の取締役会において、年次有給休暇に関する重要な事実を開示してその承認を受ける必要はないことに注意してください。

第**7**章　法人と従業員の関係

用者は、労使協定により、次に掲げる事項を定めた場合において、イに掲げる労働者の範囲に属する労働者が有給休暇を時間を単位として請求したときは、当該協定で定めるところにより時間を単位として有給休暇を与えることができます。

　　ⅰ　時間を単位として有給休暇を与えることができることとされる労働者の範囲

　　ⅱ　時間を単位として与えることができることとされる有給休暇の日数（5日以内に限る）

　　ⅲ　その他厚生労働省令で定める事項

ハ　**労働者の時季指定権と使用者の時季変更権**

　　使用者は、年次有給休暇を労働者の請求する時季に与えなければなりません。 ただし、その請求された時季に有給休暇を与えると、事業の正常な運営を妨げる場合には、使用者は他の時季に与えることができます（**時季変更権**）。

ココが出る!

ニ　**使用者による時季指定**

　　使用者は、10日以上の年次有給休暇が付与される労働者に対し、5日については、毎年、時季を指定して与えなければなりません。

❽　育児休業制度・介護休業制度

　育児休業制度は、原則として1歳に満たない子を養育するために利用できる制度です。

　介護休業制度は、婚姻の届出をしていない内縁の夫婦（事実婚）間において、夫婦の他の一方を介護するためにも利用できる制度です。

❾　労働契約の終了

①　定年制等

　事業主が**定年**を定める場合は、その定年年齢は**60歳以上**としなければなりません。そして、定年を65歳未満に定めている事業主は、以下のいずれかの措置を講じなければなりません。

イ　65歳までの定年引き上げ

ロ　定年制の廃止

ハ　65歳までの**継続雇用制度**（再雇用制度・勤務延長制度等）を導入

継続雇用制度の適用者は、原則として希望者全員です。

なお、平成25年4月1日までに労使協定により継続雇用制度適用対象者の基準を定めていた場合には、その基準を適用できる年齢を令和7年3月31日までに段階的に引き上げなければなりません。

さらに、事業主には、65歳から70歳までの就業機会を確保するため、**高年齢者就業確保措置**として、以下のいずれかの措置を講ずる**努力義務**が課せられます。

イ　70歳までの定年引き上げ

ロ　定年制の廃止

ハ　70歳までの継続雇用制度（再雇用制度・勤務延長制度）の導入

ニ　70歳まで継続的に業務委託契約を締結する制度の導入

ホ　70歳まで継続的に以下の事業に従事できる制度の導入

　　a．事業主が自ら実施する社会貢献事業

　　b．事業主が委託、出資（資金提供）等する団体が行う社会貢献事業

② **解　雇**

使用者が労働者を解雇するには、**30日前に予告**することを要し、予告期間を設けない場合には、**30日分以上の平均賃金（解雇予告手当）**を支払わなければなりません。

ただし、次の各場合には、予告手当なしの即時解雇が認められます（所轄労働基準監督署長の認定が必要です）。

イ　やむを得ない事由のため事業の継続が不可能となった場合（天災事変など）

ロ　労働者に責任のある場合（刑法犯罪を犯した場合など）

==ココが出る!==

注意 ⚠️

解雇の条件を満たしていても、解雇が客観的に合理的な理由を欠き、社会通念上相当であると認められない場合は、解雇権を濫用したものとして、その解雇は無効となります（解雇権濫用法理）。

⑤ 労働契約法

❶ 目　的

労働契約法は、労働者及び使用者の自主的な交渉の下で、労働

契約が合意により成立し、または変更されるという合意の原則その他労働契約に関する基本的事項を定めることにより、合理的な労働条件の決定または変更が円滑に行われるようにすることを通じて、労働者の保護を図りつつ、個別の労働関係の安定に資することを目的とします。

❷ 有期労働契約に対する規制

① 契約期間中の解雇等

使用者は、有期労働契約（期間の定めのある労働契約）について、やむを得ない事由がある場合でなければ、その契約期間が満了するまでの間において、労働者を解雇することができません。

また、使用者は、有期労働契約について、その有期労働契約により労働者を使用する目的に照らして、必要以上に短い期間を定めることにより、その有期労働契約を反復して更新することのないよう配慮しなければなりません。

② 有期労働契約の期間の定めのない労働契約への転換

同一の使用者との間で締結された2以上の有期労働契約（契約期間の始期の到来前のものを除く）の契約期間を通算した期間（以下「通算契約期間」という）が5年を超える労働者が、当該使用者に対し、現に締結している有期労働契約の契約期間が満了する日までの間に、当該満了する日の翌日から労務が提供される期間の定めのない労働契約の締結の申込みをしたときは、使用者は当該申込みを承諾したものとみなされます。

この場合において、当該申込みに係る期間の定めのない労働契約の内容である労働条件は、現に締結している有期労働契約の内容である労働条件（契約期間を除く）と同一の労働条件（当該労働条件（契約期間を除く）について別段の定めがある部分を除く）とされます。

❻ 労働組合法

労働組合法は、労働組合の結成、その自主的運営と活動を積極

的に保護すること（**不当労働行為を禁止**するなど）によって、集団的労使関係（労働者の団結権、団体交渉権および団体行動権（争議権））のルールを定めています。

① 労働組合は、**労働者の経済的地位の向上を図ることを目的に**組織され、使用者の支配・干渉を受けず、自主的に運営されなければなりません。

② 労働者は、2人以上集まれば労働組合を結成して組合活動を行うことができ、労働組合への加入、脱退は各労働者の自由です。

③ 使用者は、労働組合を結成し、または結成しようとした者を人事、給与等で不利益に取り扱ってはならず、労働組合の結成、運営に対して支配、介入してはなりません。

④ 使用者は、団体交渉の申入れを正当な理由なく拒否してはなりません。正当な理由のない団体交渉の拒否は、不当労働行為として禁止されます。

⑤ 労働組合は、団体交渉によって、使用者との間に労働条件その他の待遇について労働協約を定めることができます。

❼ 労働関係調整法

ストライキなどの労働争議の調整には**労働委員会**があたり、労働争議の調整方法には、あっせん、調停、仲裁の3つの方法があります。

❶ あっせん

原則として学識経験を有する第三者が、争議中の労使の間に入って、争点を調べ、助言や妥協点を見出すことにより解決を図る調整方法をいいます。調停に入る前段階として位置づけられます。

❷ 調 停

争議ごとに労働者、使用者、公益のそれぞれを代表する調停委員で構成される調停委員会が設置され、この調停委員会で、労使

▶**ココが出る！**
労働組合は、労働者の「社会的地位」の向上を図ることを目的とするものではないことに注意してください。

▶**ココが出る！**

◀ **発 展** ▶
黄犬契約（yellow dog contract）の禁止：労働者が労働組合に加入しないことを条件に雇用したり、現在加入している労働組合の脱退を条件に雇用することを「黄犬契約」といいますが、これは「不当労働行為」として禁止されています。

注 意 ⚠
労働組合が存在し、労働協約が締結されている企業では、労働協約が就業規則に優先して適用されます。

◀ **発 展** ▶
労働委員会には、国に設置されている「中央労働委員会」と、都道府県ごとに設置されている「都道府県労働委員会」とがあります。

の対立点を聴取して調停案を作成し、これを労使双方に示して受諾を勧告する調整方法をいいます。この調停案には労使は拘束されません。

❸ 仲　裁

争議ごとに公益委員などで構成される仲裁委員会が設置され、仲裁委員会の下した仲裁裁定には、労使双方が法的に拘束されます。

この節で学習すること

1 男女雇用機会均等法 — 男女の平等を確保するために定められた法律です。

いわゆるセクハラにも定義がありますので、きちんと押さえておきましょう。

2 職場におけるセクシュアル・ハラスメントの禁止

1 男女雇用機会均等法

男女雇用機会均等法上、事業主は、労働者の募集・採用について、その性別に関わりなく均等な機会を与えなければならないとされています。

➤ココが出る!

事業主が、労働者の募集または採用にあたり、合理的な理由がないのに、労働者の身長や体重が一定以上であること、または一定以上の体力を有することを選考基準とすることは、実質的に性別を理由とする差別として、男女雇用機会均等法に違反します。

また、事業主は、次に掲げる事項について、労働者の性別を理由として、差別的取扱いをしてはなりません。

➤ココが出る!

① 労働者の配置（業務の配分および権限の付与を含む）、昇進、降格および教育訓練
② 住宅資金の貸付けその他これに準ずる福利厚生の措置であって厚生労働省令で定めるもの
③ 労働者の職種および雇用形態の変更
④ 退職の勧奨、定年および解雇ならびに労働契約の更新

また、事業主は、女性労働者が婚姻し、妊娠し、または出産したことを退職理由として予定する定めをしてはなりません。事業主が妊娠中の女性労働者、出産後1年を経過しない女性労働者を

第7章 法人と従業員の関係

解雇した場合、当該解雇は原則として無効となります。

❷ 職場におけるセクシュアル・ハラスメントの禁止

❶ セクシュアル・ハラスメントの意味

　職場におけるセクシュアル・ハラスメントとは、職場での性的な言動に対する労働者の対応により、当該労働者がその労働条件につき不利益を受け、または当該性的な言動により当該労働者の就業環境が害されることをいいます。

　男女雇用機会均等法は、セクシュアル・ハラスメントを対価型と環境型の2つに分けています。

　　イ　**対価型**

　　　職場において労働者の意に反する性的な言動がなされ、それを拒否したことで、当該労働者がその労働条件につき解雇、降格、減給等の不利益を受けるもの。

　　ロ　**環境型**

　　　職場において行われる労働者の意に反する性的な言動により、労働者の就業環境が不快なものとなり能力の発揮に重大かつ看過できない支障が生じるもの。

❷ 職場におけるセクシュアル・ハラスメント対策

　事業主は、職場におけるセクシュアル・ハラスメントが生じることがないよう雇用管理上必要な措置を講じなければなりません。

ココが出る！ ▶

　セクシャル・ハラスメントは、女性労働者に対する行為だけが対象とされるわけではなく、男性労働者に対する行為も対象とされます。

298

この節で学習すること

1 労働者派遣

派遣の定義を押さえましょう。

派遣事業の定義を押さえましょう。

2 労働者派遣事業

具体的にイメージしながら、三者の関係を整理しましょう。

3 派遣元事業主・派遣先事業主・派遣労働者の三者の法律関係

❶ 労働者派遣

　労働者派遣とは、自己の雇用する労働者を、当該雇用関係のもとに、かつ、他人の指揮命令を受けて、当該他人のために労働に従事させることをいいます。

❷ 労働者派遣事業

　労働者派遣事業とは、労働者派遣を業として行うことをいいます。

　労働者派遣事業は、自己の雇用する労働者を派遣する点で、自己が雇用していない労働者を供給する労働者供給事業と区別されます。また、他人の指揮命令を受ける点で、労働者が注文主から指揮命令を受けない請負と区別されます。

◀ **ココが出る！**

労働者供給事業や請負とどの点に違いがあるかを押さえてください。

◀ 発 展 ▶

労働者派遣事業を行うには、厚生労働大臣の許可が必要です。

　なお、事業者間において締結された契約が、その名目は、「請負契約」または「委任契約」であっても、その実質が、当該業務に従事する労働者を注文者または委任者の事業場等に常駐させ、注文者または委任者が、当該労働者に対し、当該業務の遂行方法、労働条件等について直接指揮命令をするようなものである場合には、「**偽装請負**」として、当該契約関係は、実質的には労働者派遣の関係と認定されます（判例）。このような場合に、請負人または受任者が派遣元事業主としての許可を得たり、または届出をすることを怠ったときは、労働者派遣法違反として罰則の適用を受けることがあります。

　労働者派遣事業を行ってはならない業務として、①**港湾運送業務**、②**建設業務**、③**警備業務**等が定められています。

❸ 派遣元事業主・派遣先事業主・派遣労働者の三者の法律関係

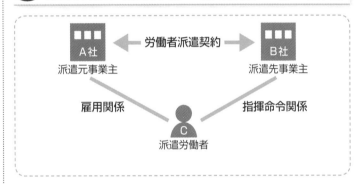

ココが出る！

上記の図解を参照しながら、三者の関係を押さえてください。

❶ 派遣元事業主と派遣労働者の法律関係

　派遣元事業主と派遣労働者との間には、**雇用関係**があります。派遣元事業主は、派遣労働者に対し、年次有給休暇、賃金、割増賃金、産前産後休暇、災害補償等の労働法上の責任を負います。

❷ 派遣先事業主と派遣労働者の法律関係

　派遣先事業主と派遣労働者との間には、**雇用関係はなく**、**指揮命令関係**があります。派遣先事業主は、派遣労働者に対して、労働時間、休憩、休日、深夜業、危険有害業務の就業制限、育児時

間等の労働法上の責任を負います。

❸ 派遣元事業主と派遣先事業主の法律関係

　派遣元事業主と派遣先事業主との間には、**労働者派遣契約**が存在します。契約の内容として、派遣労働者が従事する業務の内容や事業所の所在地、勤務時間、指揮命令に関する事項を定めなければなりません。

第1節 従業員の雇用と労働関係

問 1 　労働基準法は、労働組合に加入している労働者を保護することを目的とする法律である。したがって、労働組合に加入していない労働者には労働基準法の規定は適用されない。 　　　　　　　　　　　　　　　　　　(41－6－エ－a)

問 2 　賃金および労働時間に関する事項は、労働契約の締結に際し、使用者が労働者に対して明示しなければならない事項であるが、当該事項の明示は、口頭で行えば足り、書面の交付等による必要はない。

(45－3－ウ－②改)

問 3 　労働者の過半数で組織する労働組合がある事業場の使用者は、就業規則の作成または変更について、当該労働組合の意見を聴かなければならない。 　　　　　　　　　　　　　　　　　　　　　　(41－6－エ－c)

問 4 　使用者は、原則として、賃金を毎月1回以上、一定の期日を定めて労働者に支払わなければならない。 　　　　　　　　　　　(41－6－エ－b)

問 5 　労働基準法上、使用者は、その事業場の労働者の過半数で組織する労働組合との間で時間外労働等に関する労使協定（三六協定）を締結した場合には、割増賃金を支払うことなく、労働者に、休憩時間を除き1日につき8時間、1週間につき40時間を超えて労働させることができる。

(42－4－ウ)

問 6 　労働者は、使用者が指定した時季でなければ、年次有給休暇を取得することができない。 　　　　　　　　　　　　　　　　　(41－6－エ－c)

解 1 ✕ 　労働基準法は、労働者が労働組合に加入しているか否かとは関係なく適用される。

解 2 ✕ 　使用者は、労働契約の締結に際し、労働者に対して賃金、労働時間その他の労働条件を明示しなければならず、厚生労働省令で定める事項（賃金・労働時間・退職等）については、書面の交付等により明示しなければならない。

解 3 ○ 　労働者の過半数で組織する労働組合がある事業場の使用者は、就業規則の作成または変更について、当該労働組合の意見を聴かなければならない。

解 4 ○ 　使用者は、原則として、賃金を毎月1回以上、一定の期日を定めて労働者に支払わなければならない（一定期日払いの原則）。

解 5 ✕ 　時間外労働等に関する労使協定（三六協定）を締結したからといって、割増賃金を支払うことなく、労働者に、休憩時間を除き1日につき8時間、1週間につき40時間（法定労働時間）を超えて労働させること（時間外労働）ができるわけではない。時間外労働を労働者にさせる場合には、割増賃金の支払いが必要である。

解 6 ✕ 　使用者は、原則として、年次有給休暇を労働者の請求する時季に与えなければならない。ただし、その請求された時季に有給休暇を与えると、事業の正常な運営を妨げる場合には、使用者は他の時季に与えることができる（時季変更権）。したがって、使用者が指定した時季でなければ、年次有給休暇を取得することができないとは限らない。

問	7	労働契約法上、使用者による労働者の解雇は、客観的に合理的な理由が

あれば、社会通念上相当であると認められない場合であっても、有効であ

る。 (43-4-エ)

問	8	労働組合から団体交渉の申し出を受けた使用者は、正当な理由なくこれ

を拒否してはならない。 (42-6-オ-④)

第2節 職場内の男女雇用にかかわる問題

重要度 **B**

問	1	男女雇用機会均等法上、事業主は、労働者の配置、昇進、降格、教育訓

練等一定の事項について、労働者の性別を理由として、差別的取扱いをし

てはならない。 (45-4-ク)

問	2	男女雇用機会均等法上、事業主は、職場においていわゆるセクシュア

ル・ハラスメントが生じることのないよう、雇用管理上必要な措置を講じ

なければならない。 (42-8-エ)

第3節 労働者派遣法

重要度 **A**

問	1	労働者派遣法上、労働者派遣事業を行うことができる業務に制限はな

く、派遣元事業主は、自己の雇用する労働者をあらゆる業務に派遣するこ

とができる。 (42-1-オ)

問	2	労働者派遣法上、派遣元事業主と派遣先との間で労働者派遣契約が締結

されると、これにより、派遣元事業主と派遣労働者との間の労働契約が消

滅するとともに、派遣先と派遣労働者との間の労働契約が成立する。

(44-4-エ)

解 7 ✕　解雇の条件を満たしていても、解雇が客観的に合理的な理由を欠き、社会通念上相当であると認められない場合は、解雇権を濫用したものとして、その解雇は無効となる（解雇権濫用法理）。したがって、客観的に合理的な理由があっても、社会通念上相当であると認められない場合は、当該解雇は、無効である。

解 8 ◯　労働組合から団体交渉の申し出を受けた使用者は、正当な理由なくこれを拒否してはならない。

解 1 ◯　男女雇用機会均等法上、事業主は、労働者の配置、昇進、降格、教育訓練等一定の事項について、労働者の性別を理由として、差別的取扱いをしてはならないものとされている。

解 2 ◯　男女雇用機会均等法上、事業主は、職場においていわゆるセクシュアル・ハラスメントが生じることのないよう、雇用管理上必要な措置を講じなければならないとされている。

解 1 ✕　労働者派遣法上、労働者派遣事業を行ってはならない業務として、①港湾運送業務、②建設業務、③警備業務等が定められている。

解 2 ✕　労働者派遣法上、派遣元事業主と派遣先との間で労働者派遣契約が締結されるが、これによって派遣元事業主と派遣労働者との間の労働契約が消滅するわけではない。また、派遣先と派遣労働者との間には指揮命令関係があるだけで、労働契約は成立しない。

問 3

　　労働者派遣法上、派遣元事業主が派遣先の事業に派遣労働者を派遣した場合、派遣労働者に対する労働法上の責任はすべて派遣元事業主が負い、派遣先の事業主は労働法上の責任を負わない。　　　　　　　　（43-8-カ）

解 3 ✕ 　派遣先事業主と派遣労働者との間には雇用関係はないが、指揮命令関係があるため、派遣先事業主は、派遣労働者に対して、労働時間、休憩、休日、深夜業、危険有害業務の就業制限、育児時間等の労働法上の責任を負う。

第 8 章

ビジネスに関連する家族法

本章では、ビジネスにかかわりを持つ家族関係の法律（相続などの民法の家族法と呼ばれる分野）について学習します。試験対策としては、夫婦間の財産関係と相続からの出題が多いので、これらを重点的に学習する必要があります。

第1節 取引と家族関係

この節で学習すること

1
婚姻・離婚

普通は結婚といいますが、法律用語では婚姻といいます。

夫婦といえども別個独立の人間ですが、通常の他人同士とは違って、夫婦ならではの例外があります。

2
夫婦間の財産関係

① 婚姻・離婚

❶ 婚姻成立の要件

婚姻は、婚姻意思の合致があることに加えて、婚姻届の提出・受理によって成立します。

❷ 婚姻の効果

婚姻の効果をまとめると、次のとおりです。

① 夫婦は婚姻の際に定めた夫または妻の氏を称する。

② 夫婦は同居し、互いに協力し、扶助し合わなければならない。

③ 夫婦は互いに貞操義務を負い、配偶者の不貞行為は離婚原因となる。

ココが出る!

④ **夫婦間の契約は、婚姻中はいつでも取り消すことができ**る。

◀ 発 展 ▶

労働者災害補償保険法などの各種社会立法にも、内縁を準婚として扱うものがあります。

❸ 内縁関係

現在の裁判所の考え方は、内縁を婚姻に準じた関係（準婚）であるとして、届出と不可分のもの以外は、婚姻に近い法的効果を与える傾向にあります。

❹ 離 婚

婚姻は、夫婦の一方の死亡または離婚によって将来に向かって解消されます。

① 離婚の種類

イ 協議離婚

夫婦の合意により離婚届を夫婦の住所地や本籍地の市区町村役場へ提出し、受理されることにより成立します。

ロ 調停離婚

家庭裁判所での調停により成立します。

ハ 審判離婚

調停不成立の場合に家庭裁判所が調停に代わる審判をして成立します。

ニ 裁判離婚

家庭裁判所における離婚請求訴訟での裁判により成立します。

② 離婚の効果

離婚の効果をまとめると、次のとおりです。

イ 夫婦間の法律関係が将来に向かって解消される。すなわち、夫婦が離婚した場合、夫婦の同居、協力および扶助の義務は、**将来に向かって消滅**する。

ロ 女性は、原則として、前婚の解消または取消しの日から起算して100日（**再婚禁止期間**）を経過した後でなければ、再婚をすることができないという規定があった。しかし、当該規定は民法改正により削除された（令和6年4月1日施行）。

ハ 配偶者の血族との姻族関係は消滅する。

ニ 婚姻に際して改氏した配偶者は、婚姻前の氏に復する（復氏）。ただし、**離婚のときから3か月以内に本籍地または住所地の市区町村役場に届け出ることによって、婚姻中に称していた氏を称する**ことができる。

ココが出る！

第8章 ビジネスに関連する家族法

② 夫婦間の財産関係

夫婦の婚姻中の財産関係については、夫婦財産契約が締結されていれば、それに従います。夫婦財産契約が締結されていない場合は、以下の❶〜❹によります。

❶ **夫婦別産制**

① 婚姻前から夫婦の一方が所有する財産や婚姻中に自己の名で取得した財産は、その者の**特有財産**となります。

② 夫婦いずれの所有に属するかが不明な財産は、夫婦の共有財産と推定されます。

用　語

「特有財産」とは、夫婦の一方が単独で有する財産をいいます。たとえば、婚姻前から有していた自己の預金で購入した財産や、相続によって取得した財産などがこれに該当します。

❷ **婚姻費用の分担**

生計費・医療費・出産費・子の養育費等は、配偶者間で分担します。

❸ **日常家事債務（日常必要な家事について生じた債務）の連帯責任**

夫婦の一方が日常家事債務を負った場合には、夫婦の他方も連帯して責任を負います。

夫婦の一方が第三者との間でした行為が実際には日常家事に含まれない場合でも、その取引の相手方である第三者において、その行為が当該夫婦の日常家事の範囲に属すると信じるについて正当な理由があるときは、その第三者は保護され、夫婦の他の一方は、日常家事債務の連帯責任を免れることができません（判例）。

❹ **財産分与**

財産分与とは、夫婦が婚姻中に協力して取得した財産を、離婚する際または離婚後に分けることをいいます。これは、夫婦別産を根底に、離婚により困窮に陥る配偶者の保護および夫婦の一方の名による蓄財に対する他方の貢献（寄与分）の評価を趣旨とするものです。

第2節 相続

この節で学習すること

1 相続人
死んだ人の財産を血縁関係に基づいて受け継ぐ人のことを相続人といいます。

2 相続分
血縁関係に応じて、相続する割合が民法で定められています。

3 相続の承認・放棄
相続は良いことばかりではないので、承認するか、放棄するか、選べるようになっています。

4 遺産分割
相続人が複数いる場合には、協議などによって相続財産を分割することができます。

5 遺言
「いごん」と読みます。自分の死後に自分の財産を特定の人と割合で分配するための意思表示です。

6 遺留分
相続人には、相続財産を期待する利益があります。これをある程度（半分）まで保護する制度が、遺留分です。

7 寄与分
たとえば、親の面倒を最後までよく見てくれた次女には少し手厚く相続させたい、というための制度です。

8 特別寄与料
死んだ人の面倒をよく見てくれた相続人ではない親族に対して、金銭の請求権を与える制度です。

① 相続人（法定相続人）

　人が死亡した場合、その人が有していた財産（現金・預貯金・不動産などの積極財産および借金などの消極財産）について相続が開始されますが、その場合に、まず、誰が相続人（法定相続人）となるのかという点について説明します。

① **被相続人の配偶者 (夫また妻) は、常に相続人となります。**

② **配偶者以外は、以下の順位で相続人となります。**

第2順位の者は、第1順位の者が相続人となるときは相続人となることができません。また、第3順位の者は、第1順位の者も第2順位の者も相続人とならなかったときに相続人となることができます。

　イ　**第1順位**：被相続人の子（実子のほか養子も含まれる）
　　　　　　　　　　　子が先に死亡していて孫がいる場合は、子に代わって孫が相続人となります（代襲相続）。

　（注）養子は、養親の嫡出子たる身分を有します。

　ロ　**第2順位**：被相続人の直系尊属（被相続人に子がいない場合）

　（注）直系尊属とは、父母や祖父母をいいます。

　ハ　**第3順位**：兄弟姉妹（被相続人に子も直系尊属もいない場合）
　　　　　　　　　　　兄弟姉妹が先に死亡している場合は、その子（被相続人の甥、姪）が相続人となります（代襲相続）。

子を代襲相続する場合には、孫・ひ孫と二重に代襲相続が行われる（これを再代襲相続といいます）のに対して、兄弟姉妹の場合には、兄弟姉妹の子（甥・姪）までしか代襲相続は認められません。

　（注）　**代襲相続**とは、被相続人の子または兄弟姉妹が、相続の開始以前に**死亡**、または相続の**欠格**（法律の規定により相続資格を有しないこと）もしくは**廃除**（被相続人の意思によって相続資格を剥奪すること）によって相続権を失った場合に、その者の子や孫が相続人となることをいいます。代襲者は、被代襲者の相続分と同じ相続分を受けます。なお、被相続人の子または兄弟姉妹が相続の放棄をした場合には、その者の子は、代襲相続はできません。

大衆は、肺　結核で死亡した。
代襲相続　　廃除　欠格　　　死亡

2 相続分（法定相続分）

　では、次に、各相続人には、どれだけの相続分（法定相続分）が認められるのでしょうか。この点については、次のようになります。

❶　配偶者と子が相続人である場合

　この場合は、配偶者の相続分が$\frac{1}{2}$で、子の相続分が$\frac{1}{2}$となります。

> ココが出る！

（注１）　子が3人いる場合、子1人あたりの相続分は、$\frac{1}{2} \times \frac{1}{3}$ $= \frac{1}{6}$となります。

（注２）　3人の子（A・B・C）のうち、Aが2人の子D・E（被相続人の孫）を残してすでに死亡している場合、生存するB・Cの相続分は、各$\frac{1}{6}$（$= \frac{1}{2} \times \frac{1}{3}$）、Aを代襲相続するD・Eの相続分は、各$\frac{1}{12}$（$= \frac{1}{2} \times \frac{1}{3} \times \frac{1}{2}$）となります。

❷　配偶者と直系尊属が相続人である場合

　この場合は、配偶者の相続分が$\frac{2}{3}$で、直系尊属の相続分が$\frac{1}{3}$となります。

❸　配偶者と兄弟姉妹が相続人である場合

　この場合は、配偶者の相続分が$\frac{3}{4}$で、兄弟姉妹の相続分が$\frac{1}{4}$となります。

　ここで、相続人と相続分についての例題をあげておきましょう。

第8章 ビジネスに関連する家族法

[例題]

　Xは、その配偶者Yとの間に、子A・Bがあり、Aには子C・D、Bには子E（養子）があるが、Aはすでに死亡していた。その後、Xが7,200万円の遺産を残して死亡したが、Bは相続を放棄した。この場合において、Dの法定相続分として正しいものは、次の①〜④のうちどれか。

　　①　900万円　　　②　1,200万円
　　③　1,800万円　　　④　2,100万円

[解答]

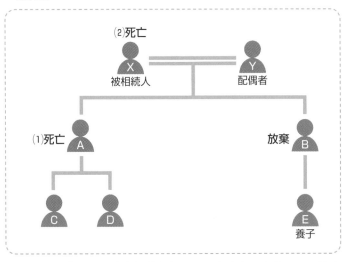

　まず、誰がXの法定相続人となるかを確定します。Xの法定相続人となるのは、配偶者Y、死亡したAを代襲相続するAの子C・Dです。Bは相続の放棄をしていますので、相続人とはなりません。また、養子は養親の嫡出子たる身分を有しますが、養親たるBが相続を放棄していますので、養子EはBを代襲相続することはできません。

相続の放棄は、代襲相続の原因とはなりえないことに注意してください。

　次に、各法定相続人の法定相続分を計算します。まず、配偶者Yの法定相続分は、遺産の$\frac{1}{2}$ですから、7,200万円 × $\frac{1}{2}$ ＝ 3,600万円となります。残りの$\frac{1}{2}$（3,600万円）を、死亡したAの子であるC・Dが1,800万円ずつ分けることになります。したがって、Dの法定相続分は1,800万円となり、③が正解となります。

❸ 相続の承認・放棄

　相続は、被相続人の死亡によって開始されますが、相続人には、被相続人の財産（権利義務）を承継するか否かの選択の自由が与えられています。すなわち、相続人は、**自己のために相続の開始があったことを知った時から3か月以内**に、相続について、単純承認、限定承認または相続の放棄をすることができます。**3か月以内に限定承認または相続の放棄をしなかったときは、単純承認をしたものとみなされます。**

　この「自己のために相続の開始があったことを知った時から3か月」を**熟慮期間**といいますが、この期間は、利害関係人または検察官の請求によって、家庭裁判所において伸長することができます。

　相続人が複数ある場合、個々の相続人は、限定承認を除き、**単独で**単純承認または相続の放棄をすることができます。

❶　単純承認

　単純承認とは、被相続人の権利義務を無限に承継する旨の意思表示をいいます。

　ただし、単純承認をする旨の意思表示がなくても、次のいずれかの場合には、単純承認をしたものとみなされます（法定単純承認）。

① 　相続人が相続財産の全部または一部を処分したとき。

② 　相続人が熟慮期間内に限定承認または相続の放棄をしなかったとき。

③ 　相続人が、限定承認または相続の放棄をした後であっても、相続財産の全部もしくは一部を隠匿し、私にこれを消費し、または悪意でこれを相続財産の目録中に記載しなかったとき。

❷　限定承認

　限定承認とは、相続によって承継した財産の限度で被相続人の債務および遺贈を弁済することを留保した上で権利義務を承継す

注　意 ⚠

熟慮期間である3か月の起算点は、「相続の開始があった時」ではなく、「自己のために相続の開始があったことを知った時」であることに注意してください。

ココが出る！

る旨の意思表示をいいます。

限定承認は、相続人が数人あるときは、**共同相続人の全員が共同してのみ**これをすることができます。したがって、共同相続人のうちに単純承認をした者がいる場合には、他の共同相続人のみで限定承認をすることはできません。この場合に債務の負担を免れたい共同相続人は、相続の放棄をする以外にありません。しかし、共同相続人のうちに相続の放棄をした者がいる場合には、他の共同相続人のみで限定承認をすることができます。なぜならば、相続の放棄をした者は、その相続に関しては、初めから相続人とならなかったものとみなされるからです。

相続人は、限定承認をしようとするときは、熟慮期間内に、相続財産の目録を作成して**家庭裁判所**に提出し、限定承認をする旨を**申述**しなければなりません。この場合、共同相続人の一部の者について熟慮期間が満了した後でも、他の共同相続人についてはまだ熟慮期間内であるというときは、熟慮期間を経過した者も含めて、なお共同相続人全員で限定承認をすることができます。

❸ 相続の放棄

相続の放棄とは、相続の開始によって一応生じた相続の効果が自己に帰属することを拒絶する旨の意思表示をいいます。

相続の放棄をしようとする者は、熟慮期間内に、その旨を**家庭裁判所に申述**しなければなりません。相続の放棄をした者は、その相続に関しては、初めから相続人とならなかったものとみなされます。

④ 遺産分割

❶ 意　義

遺産分割とは、相続財産（遺産）を、各相続人の相続分に応じて具体的に分割することをいいます。

❷ 種　類

遺産分割の種類には、次のものがあります。

ココが出る！

限定承認は、単純承認または相続の放棄と異なり、個々の相続人単独ではすることができないことに注意しましょう。

注　意

家庭裁判所への申述が必要とされるのは、限定承認と相続の放棄の場合であり、単純承認の場合には不要です。

① 指定分割…被相続人の遺言による指定によって行う分割

② 協議分割…相続人間の協議によって行う分割

> 遺産分割協議の成立には、**共同相続人全員**（相続放棄をした者を除く）**の合意**が必要であり、これに反する遺産分割協議は無効となります。**相続人全員の合意があれば、必ずしも遺言による指定相続分や法定相続分に従う必要はありません。**また、ある人の取得分をゼロとする分割協議も有効とされています。

③ 調停分割…家庭裁判所の調停によって行う分割

④ 審判分割…家庭裁判所の審判によって行う分割

⑤ 訴訟手続による分割…民事訴訟手続によって行う分割

❺ 遺　言

遺言とは、遺言者の最終の意思表示をいい、被相続人が、自分の死後に財産を相続させる者や相続させる財産の内容などについて生前に行う意思表示をいいます。遺言は、民法で定められた形式で作成する必要があり、これに違反する遺言は無効となります。

❶　未成年者

未成年者であっても、**満15歳に達した者**は、単独で遺言をすることができます。

❷　成年被後見人

成年被後見人が遺言をするには、遺言をする時において事理を弁識する能力を回復していることが必要であり、かつ、**医師2人以上の立会い**が必要となります。

医師2人以上の立会いを必要とするのは、成年被後見人が遺言をする時において精神上の障害により事理を弁識する能力を欠く状態になかったことを証明させるためです。

◀ 発　展 ▶

従来、相続において配偶者は、遺産分割での相続分の関係から、住み慣れた住居を売却して住む家がなくなったり、住居を財産として受け取ることができても現金をほとんど手にすることができなかったりなどの問題を抱えていました。そこで、被相続人の持ち家に住んでいる配偶者について、被相続人亡き後の居住を保護するため、「**配偶者短期居住権**」と「**配偶者居住権**」の2つの権利が創設されています。配偶者短期居住権とは、相続開始時に被相続人の持ち家に無償で住んでいた配偶者は、一定期間、その家を無償で使用することができるとする権利であり、配偶者居住権とは、相続開始時に被相続人の持ち家に住んでいた配偶者は、原則として、その終身の間、その家を無償で使用・収益できるとする権利です。

❸　被保佐人・被補助人

被保佐人・被補助人は、単独で遺言をすることができます。

❹　遺言の方式

遺言の方式には、一般的に用いられる普通方式と、遭難等特別な場合に用いられる特別方式とがあり、普通方式は、さらに、①**自筆証書遺言**、②**公正証書遺言**、③**秘密証書遺言**の３種類に分けられます。

①　自筆証書遺言

自筆証書遺言とは、**遺言者が遺言の全文、日付および氏名を自書して押印するもの**をいいます。自筆証書遺言は、証人の立会いが必要なく、遺言を作成したこと自体を秘密にしておくことができる反面、容易に作成できるため、偽造、変造や隠匿等の危険があります。

遺言者本人が遺言をしていることを明確にするために「全文自書」が要件とされているため、**ビデオテープによる遺言、全文がワープロ書きである遺言、点字で書かれた遺言などは無効**となります。

ただし、「財産目録」の部分については自書することを要せず、ワープロでの作成が認められます。この場合、財産目録の各頁に署名押印することが必要です。

②　公正証書遺言

公正証書遺言とは、**遺言者が公証人および証人の面前で口授した内容を、公証人が所定の方式により作成する遺言**をいいます。公正証書遺言は、公証人が遺言の内容を整理して作成し、原本は公証役場に保管されます。

③　秘密証書遺言

秘密証書遺言とは、**遺言内容を記載した証書に遺言者が署名押印し、これを封筒に入れて封をした上で封印し、公証人と証人の面前に提出して自己の遺言書である旨等を申述し、その内容を記載した書面に公証人が遺言者および証人とともに署名押印する方式の遺言**をいいます。秘密証書遺言は、遺言内容を第三者に知られず、変造の危険も少ないというメリットがありま

す。

　なお、相続が開始した後に封印のある遺言書を発見した場合、その遺言書は、家庭裁判所において相続人またはその代理人の立会いのもとでなければ、開封してはならないものとされています。また、**自筆証書遺言と秘密証書遺言については**、遺言の偽造や変造を防止するため、遅滞なく**家庭裁判所に提出して**、**遺言の検認を受けなければなりません**（法務局に保管された自筆証書遺言については検認は不要）。家庭裁判所外で開封したり、遺言の検認の手続を怠ったりした場合には、遺言は当然には無効とはなりませんが、これらの行為を行った者は、過料に処せられることがあります。

❺　遺言の撤回

　遺言者は、いつでも、遺言の方式に従って、その遺言の全部または一部を撤回することができます。そして、**前の遺言が後の遺言と抵触するときは、その抵触する部分については、後の遺言で前の遺言を撤回したものとみなされます。**

ココが出る!

> **注 意** ⚠️
> 前の公正証書遺言を後の自筆証書遺言で撤回することもできます。

6 遺留分

❶　意　義

　遺留分とは、近親者の相続期待利益を保護し、被相続人死亡後の遺族の生活を保障するため、一定の相続人のために法律上留保が認められた遺産の割合をいいます。

❷　遺留分権利者

　遺留分の保障を受けることができる者（遺留分権利者）は、被相続人の配偶者、直系卑属（子・孫など）、直系尊属（父母・祖父母など）に限られ、**兄弟姉妹は遺留分を有しません。**

ココが出る!

❸　遺留分の割合

　遺留分（総体的遺留分）の割合は、次のとおりです。
　①　直系尊属だけが相続人である場合→相続財産の$\frac{1}{3}$

② それ以外の場合→相続財産の $\frac{1}{2}$

　なお、遺言などにより遺留分を侵害された者は、**遺留分侵害額請求権**を行使して、金銭的賠償を得ることができるだけで、その遺言は無効ではないことに注意してください。

　たとえば、遺産額1,000万円、妻、子供2人、被相続人の兄弟姉妹2人の場合の各人の遺留分（個別的遺留分）は、次のようになります。

- 妻……1,000万円 × $\frac{1}{2}$（総体的遺留分の割合）× $\frac{1}{2}$（相続分の割合）= 250万円
- 子（1人分）……1,000万円 × $\frac{1}{2}$（総体的遺留分の割合）× $\frac{1}{2}$（相続分の割合）× $\frac{1}{2}$（2人の子で平等に分ける）= 125万円
- 兄弟姉妹……遺留分なし

⑦ 寄与分

◀ 発 展 ▶

寄与分が認められた事例としては、たとえば、重い認知症の被相続人を10年間にわたり介護してきた相続人や被相続人とともに約7年間農業に専従してきた相続人の例があります。

　被相続人の財産を形成し、または維持するうえで特別な貢献をしてきたような者が相続人の中にいる場合、その者は、**相続財産の配分にあたって寄与分として別枠で相続**できます。この場合、寄与分を除いた相続財産を各相続人間で配分することになります。

⑧ 特別寄与料

　特別寄与料とは、被相続人の相続人でない親族（特別寄与者）が、無償で療養看護などの労務提供をして被相続人の財産の維持増加に特別の寄与をした場合に、相続の開始後、相続人に対して金銭（特別寄与料）を請求できるとするものです。

　ここで、親族とは、6親等内の血族、配偶者、3親等内の姻族をいいます。したがって、子の配偶者（1親等の姻族）、先順位の相続人がいる場合の兄弟姉妹（2親等の血族）、被相続人の配偶者の連れ子（1親等の姻族）などは、この制度の対象となります。他方、この制度はあくまでも法律婚を前提としていることか

ら、被相続人の内縁の配偶者やその連れ子は対象とはなりません。

第8章 一問一答トレーニング

第1節 取引と家族関係

重要度 A

問 1　夫婦間で婚姻中に締結した契約は、詐欺や強迫等の取消事由がない限り、婚姻中に取り消すことはできない。　　　　　　　　　　　　（43−4−カ）

問 2　夫婦が離婚した場合、婚姻後に生じた夫婦の財産にかかわる法律関係は、婚姻が成立した時に遡って消滅する。　　　　　　　　　　　（46−8−コ）

問 3　夫婦が離婚したときは、夫婦のうち婚姻に際して改氏した者は、婚姻前の氏に復することとなり、いかなる場合でも離婚後は婚姻中に称していた氏を称することはできない。　　　　　　　　　　　　　　　　（45−4−エ）

問 4　民法上、夫婦が婚姻中に得た財産はすべて夫婦の共有財産となるため、婚姻中に夫婦の一方が相続によって取得した財産は夫婦の共有財産となる。　　　　　　　　　　　　　　　　　　　　　　　　　　　（44−4−イ）

問 5　夫婦間で夫婦財産契約が締結されていない場合、夫婦のいずれに属するか明らかでない財産は、民法上、その共有に属するものと推定される。　　　　　　　　　　　　　　　　　　　　　　　　　　　　　（46−1−ケ）

問 6　民法上、夫婦の一方が日常の家事に関して第三者と法律行為をしたことによって生じた債務は、当該法律行為を行った者が単独で負担する。　　　　　　　　　　　　　　　　　　　　　　　　　　　　（43−1−ケ）

324

解 1　×　夫婦間の契約は、婚姻中はいつでも取り消すことができる。

解 2　×　夫婦が離婚した場合、婚姻後に生じた夫婦の財産にかかわる法律関係は、将来に向かって消滅する。

解 3　×　夫婦が離婚したときは、夫婦のうち婚姻に際して改氏した者は、婚姻前の氏に復する（復氏）。ただし、離婚のときから3か月以内に本籍地または住所地の市区町村役場に届け出ることによって、婚姻中に称していた氏を称することができる。

解 4　×　婚姻中に夫婦の一方が自己の名で取得した財産は、その者の特有財産となる。したがって、婚姻中に夫婦の一方が相続によって取得した財産は、その者の特有財産となる。

解 5　○　夫婦間で夫婦財産契約が締結されていない場合、夫婦のいずれに属するか明らかでない財産は、民法上、その共有に属するものと推定される。

解 6　×　民法上、夫婦の一方が日常の家事に関して第三者と法律行為をしたことによって生じた債務は、当該夫婦が連帯して負担するものとされている（日常家事債務の連帯責任）。

第2節 相 続

問 1 Aには、子Bと、Bの子でありAの孫であるCがいる。この場合において、Bが死亡した後に、Aが遺言をせずに死亡したときは、Cは、Aの法定相続人とはならない。 (42-4-カ)

問 2 Aが死亡し、相続が発生した場合において、Aに配偶者Bと子CおよびDがおり、そのほかに親族がいないとき、Aが遺言をせずに死亡すると、B、CおよびDの法定相続分はそれぞれ相続財産の3分の1である。 (41-10-エ-②改)

問 3 相続人が配偶者および直系尊属である場合、直系尊属の法定相続分は3分の2である。 (42-1-ケ)

問 4 Aが死亡して、相続が発生し、Aの配偶者Bと子CがAを相続した場合において、Cが相続について単純承認をしたときは、Bは相続を放棄することはできない。 (41-10-エ-④改)

問 5 Aが死亡し、Aの子BがAの相続人となった。この場合において、Bは、所定の期間内に単純承認または限定承認をしなかったときは、相続を放棄したものとみなされる。 (45-1-ケ)

問 6 Aが死亡し、相続が発生した場合において、Aの配偶者Bと子CがAを相続したとき、BおよびCは、共同してしなければ、Aの相続について限定承認をすることができない。 (41-10-エ-③改)

解 1 ✕　被相続人の子または兄弟姉妹が、相続の開始以前に死亡、または相続の欠格（法律の規定により相続資格を有しないこと）もしくは廃除（被相続人の意思によって相続資格を剥奪すること）によって相続権を失った場合に、その者の子や孫が相続人となる（代襲相続）。したがって、Cは、Bを代襲してAの法定相続人となる。

解 2 ✕　配偶者と子が相続人である場合、配偶者の法定相続分は2分の1であり、子の法定相続分も2分の1である。そして、子が数人いる場合は、子の法定相続分である2分の1を頭割りしたものが各人の法定相続分となる。設問の場合は、配偶者Bの法定相続分は2分の1であり、子CおよびDの法定相続分は、それぞれ4分の1となる。

解 3 ✕　相続人が配偶者および直系尊属である場合、配偶者の法定相続分は3分の2、直系尊属の法定相続分は3分の1である。

解 4 ✕　共同相続人の1人が単純承認をしても、他の相続人は、相続の放棄をすることができる。

解 5 ✕　相続人は、自己のために相続の開始があったことを知った時から3か月以内に、相続について、単純承認、限定承認または相続の放棄をすることができる。3か月以内に限定承認または相続の放棄をしなかったときは、単純承認をしたものとみなされる。したがって、Bは、「単純承認または限定承認をしなかったときは、相続を放棄したものとみなされる」のではなく、限定承認または相続の放棄をしなかったときは、単純承認をしたものとみなされる。

解 6 ◯　限定承認は、相続人が数人あるときは、共同相続人の全員が共同してのみこれをすることができる。

問	7			

相続人の協議による遺産の分割が成立するには、原則として、被相続人のすべての法定相続人の合意が必要である。　　　　　　　　（42-8-ク）

問	8			

いったんなされた遺言は、撤回することができない。　　　（42-8-オ）

問	9			

遺留分権利者は、被相続人の配偶者、子および兄弟姉妹に限られ、被相続人の直系尊属は遺留分権利者に含まれない。　　　　　　　（46-4-ケ）

解 7 ○　遺産分割協議の成立には、共同相続人全員（相続放棄をした者を除く）の合意が必要である。

解 8 ×　遺言者は、いつでも、遺言の方式に従って、その遺言の全部または一部を撤回することができる。

解 9 ×　遺留分権利者は、被相続人の配偶者、直系卑属（子・孫など）および直系尊属（父母・祖父母など）であり、兄弟姉妹は遺留分権利者に含まれない。

第**8**章　ビジネスに関連する家族法

索 引

MEMO

MEMO

<ruby>年度版<rt>ねんどばん</rt></ruby> <ruby>合格革命<rt>ごうかくかくめい</rt></ruby>

2024年度版　合格革命
ビジネス<ruby>実務法務検定試験<rt>じつむほうむけんていしけん</rt></ruby>® <ruby>3級<rt>きゅう</rt></ruby> テキスト&<ruby>一問一答<rt>いちもんいっとう</rt></ruby>

（2011年度版　2011年3月25日　初版 第1刷発行）
2024年3月15日　初　版　第1刷発行

編 著 者	ビジネス実務法務検定試験®研究会	
発 行 者	猪　野　　　樹	
発 行 所	株式会社　早稲田経営出版	

〒101-0061
東京都千代田区神田三崎町3-1-5
神田三崎町ビル
電話 03(5276)9492（営業）
FAX 03(5276)9027

組　　版	株式会社　グ ラ フ ト
印　　刷	株式会社　ワ コ ー
製　　本	株式会社　常 川 製 本

© Waseda keiei syuppan 2024　　　Printed in Japan　　　ISBN 978-4-8471-5160-6
N.D.C. 336

書籍の正誤に関するご確認とお問合せについて

書籍の記載内容に誤りではないかと思われる箇所がございましたら、以下の手順にてご確認とお問合せをしてくださいますよう、お願い申し上げます。

なお、正誤のお問合せ以外の**書籍内容に関する解説および受験指導などは、一切行っておりません。**
そのようなお問合せにつきましては、お答えいたしかねますので、あらかじめご了承ください。

1 「Cyber Book Store」にて正誤表を確認する

早稲田経営出版刊行書籍の販売代行を行っている
TAC出版書籍販売サイト「Cyber Book Store」の
トップページ内「正誤表」コーナーにて、正誤表をご確認ください。

CYBER TAC出版書籍販売サイト
BOOK STORE

URL：https://bookstore.tac-school.co.jp/

2 1 の正誤表がない、あるいは正誤表に該当箇所の記載がない ⇒ 下記①、②のどちらかの方法で文書にて問合せをする

★ご注意ください★

お電話でのお問合せは、お受けいたしません。
①、②のどちらの方法でも、お問合せの際には、「お名前」とともに、
「対象の書籍名（○級・第○回対策も含む）およびその版数（第○版・○○年度版など）」
「お問合せ該当箇所の頁数と行数」
「誤りと思われる記載」
「正しいとお考えになる記載とその根拠」
を明記してください。
なお、回答までに１週間前後を要する場合もございます。あらかじめご了承ください。

---

① ウェブページ「Cyber Book Store」内の「お問合せフォーム」より問合せをする

【お問合せフォームアドレス】

https://bookstore.tac-school.co.jp/inquiry/

---

② メールにより問合せをする

【メール宛先　早稲田経営出版】

sbook@wasedakeiei.co.jp

※**土日祝日はお問合せ対応をおこなっておりません。**
※**正誤のお問合せ対応は、該当書籍の改訂版刊行月末日までといたします。**

乱丁・落丁による交換は、該当書籍の改訂版刊行月末日までといたします。なお、書籍の在庫状況等により、お受けできない場合もございます。
また、各種本試験の実施の延期、中止を理由とした本書の返品はお受けいたしません。返金もいたしかねますので、あらかじめご了承くださいますようお願い申し上げます。

（2022年7月現在）